Completing College
Rethinking Institutional Action

高等教育理念与组织变革译丛
周光礼 ◎ 主编

完成大学学业
反思高校行动

（美）文森特·廷托 ◎ 著

李 菁 ◎ 译

华中科技大学出版社
http://www.hustp.com
中国·武汉

© 2012 by The University of Chicago. All rights reserved.
Licensed by The University of Chicago Press，Chicago，Illinois，U. S. A

湖北省版权局著作权合同登记　图字：17-2022-092 号

图书在版编目（CIP）数据

完成大学学业：反思高校行动/（美）文森特·廷托著；李菁译. —武汉：华中科技大学出版社，2022.8（2024.7重印）
　（高等教育理念与组织变革译丛）
　ISBN 978-7-5680-8335-5

Ⅰ. ①完… Ⅱ. ①文… ②李… Ⅲ. ①高等学校-学业评定-研究-美国 Ⅳ. ① G642.475

中国版本图书馆 CIP 数据核字（2022）第 122809 号

完成大学学业：反思高校行动　　　　　　　　　　（美）文森特·廷托　著
Wancheng Daxue Xueye：Fansi Gaoxiao Xingdong　　　李　菁　译

策划编辑：张馨芳	
责任编辑：江旭玉	
封面设计：刘　婷　赵慧萍	
责任校对：张汇娟	
责任监印：周治超	
出版发行：华中科技大学出版社（中国·武汉）	电话：(027) 81321913
武汉市东湖新技术开发区华工科技园	邮编：430223
录　　排：华中科技大学出版社美编室	
印　　刷：湖北金港彩印有限公司	
开　　本：710mm×1000mm　1/16	
印　　张：20.25　插页：2	
字　　数：266 千字	
版　　次：2024 年 7 月第 1 版第 2 次印刷	
定　　价：98.00 元	

本书若有印装质量问题，请向出版社营销中心调换
全国免费服务热线：400-6679-118　竭诚为您服务
版权所有　侵权必究

译丛总序

高等教育学是第二次世界大战后在西方兴起的一个综合性和应用性很强的研究领域。尽管最早的高等教育学专著要追溯到19世纪英国人纽曼的《大学的理念》，但其知识基础和制度基础却是高等教育大众化、普及化的产物。大众化、普及化催发了高等教育研究的强烈需求，一批高质量的研究成果相继问世，知识的系统化发展取得重大进展。与此同时，高等教育研究也获得了稳固的制度化支持，专门的高等教育研究机构、专业性的学术期刊社和专业性学会等纷纷成立。应该说，高等教育学因对高等教育改革的巨大推动作用而受到各国政府和学界的共同关注，成为当代国外人文社会科学的一个重要而又充满活力的新研究领域，成为一个跨越人文科学、社会科学和自然科学的交叉性的学术方向。

20世纪80年代初，随着高等教育领域的"拨乱反正"，为了加强对院校自身发展的研究，中国大学普遍设立高等教育研究所或高等教育研究室。作为一种"校本研究"，高等教育研究朝着行政化方向发展，大部分高等教育研究机构成为秘书性的"服务机构"和"咨询机构"。当然，也有部分大学的高等教育研究室有意识地朝学术性方向发展，开始了知识传统的积淀。21世纪以来，随着中国高等教育大众化、普及化，高等教育研究受到普遍关注，大批高等教育学术成果涌现出来。然而，总体来看，中国高等教育学的研究与教学起步晚、水平不高，仍有不少问题需要解决，有不少薄弱环节亟待加强。其中，一个突出问题是知识基础的建设滞后于制度基础的建设。如果说，西方高等教育学的演化过程是先有知识传统的积淀，而后进行学科设施的建设，那么，中国正好相反，我们是先进行学科设施建设，而后进行知识传统的培育。从1978年开始，厦门大学、北京大学、华中工学院（今华中科技大学）、清华大学、中国人民大学等重点大学纷纷成立了专门的高等教育研究机构。据不完全统计，中国现有400多个附属于大学的高等教育研究所（院、中心）。从1980年开始，《高等教育研究》《高等工程教育研究》《中国高教研究》等一大批高等教育研究的专业学术期刊创刊。时至今日，中国拥有上百种高等教育方面的专业学术期刊，其中核心期刊有20种之多，这些重要期刊每年刊发学术论文3000余篇。1983年，中国高等教育学会成立，现拥有专业性二级分会63个。1983年，高等教育学作为教育学的二级学科进入国家学科目录，开始培养高等教育学硕士研究生和博士研究生。然而，这些学科设施的建设仍然掩盖不了知识基础的薄弱。为了强化知识基础建设，学术界热衷于对西方高等教育学名著的引进、消化和吸收，但我们在这方面的工作仍然做得不够。虽然我们翻译出版了一些高等教育理论方面的名著，但高等教育理念与组织变革方面的译著并不多。目前，国内学界仍缺乏对西方高等教育理念与组织变革的系统了解以及对其最新趋势的跟踪研究，批判、消化和吸收工作也就难以深入开展。因此，当务之急是要紧密跟踪国外高等教育理念和组织变革发展的最新趋势，大胆借鉴其新理论和新方法的成果。

中国的高等教育强国建设，尤其是"双一流"建设，对高等教育研究提出了更高的要求。正如习近平总书记所言："我们对高等教育的需要比以往任何时候都更加迫切，对科学知识和卓越人才的渴求比以往任何时候都更加强烈。"新形势要求我们迅速改变高等教育学研究和教学比较落后的局面，解决目前高等教育学发展中存在的诸多问题，克服各种困难，迅速提高中国高等教育学的研究和教学水平，以适应快速变化的高等教育改革与发展的需要，迎接新时代的挑战。

高等教育学的研究对象，是高等教育与社会发展之间的关系。它以行动取向体现理论与实践的统一；其目的和功能是提供高等教育改革的依据，服务于"基于证据的改革"实践。一个国家的高等教育，是与一个国家的文化模式相适应的。高等教育研究以各国具体的高等教育实践为基础，它要反映各国高等教育体制与结构、组织与管理，因而各国的高等教育学都具有自己的特色，这是知识的特殊性。但同时必须认识到，现代高等教育学是西方的产物，西方高等教育的许多理论、范畴和方法反映了高等教育的本质，属于全人类共同文明成果，可以为我所用，这是知识的普遍性。高等教育学要建立中国自主的知识体系，既要立足中国实践，扎根中国大地，又要大胆借鉴西方高等教育的理论与方法，充分吸收其积极成果。正是基于这种考虑，我们组织翻译了这套"高等教育理念与组织变革译丛"，以系统全面地反映西方高等教育理论发展的现状和成就，为中国高等教育学科的教学和科研提供参考资料和理论借鉴。

"高等教育理念与组织变革译丛"精选西方高等教育研究领域富有影响力的专著，代表了当代西方高等教育研究的最新学科框架和知识体系。所选的专著，有如下三个突出特点。一是学术水平高。作者基本上都是该领域的名家，这些专著是其主要代表作，系统展现了作者多年的研究心得。例如，《当代大学的动态演变：增长、增累与冲突》《寻找乌托邦：大学及其历史》《美国研究型大学的发展（二战至互联网时期）：政府、私营部门和新兴的网络虚拟大学》《研究型大学的使命：高等教育与社会》是加州大学伯克利分校高等教育研究中心举办的"克拉克·克尔高等教育系列讲座"的名家成果。

二是实践性和应用性强。这些著作直接面向问题、面向实践、面向社会，探讨高等教育实践中出现的新问题，作者用大量实践经验和典型案例来阐述相关理论问题，所提出的理论和方法针对性较强，具有现实参考价值。例如，《大学变革之路：理解、引领和实施变革》具有强烈的问题意识和应用导向。三是涉及主题广。这些专著涉及高等教育研究的四个主要领域，即体制与结构、组织与管理、知识与课程、教学与研究，能够满足不同类型读者的需求。例如，《卓越性评估：高等教育评估的理念与实践》和《完成大学学业：反思高校行动》涉及本科教学，对中国一流本科建设具有启发意义。

"高等教育理念与组织变革译丛"具有权威性、学术性、实践性的特点。该译丛展示了当代西方高等教育研究的新视野和新途径，它的出版将填补国内高等教育研究领域的某些空白点，为读者尤其是高等教育学、教育经济与管理等各专业的师生及研究人员提供高等教育研究的崭新知识体系，为中国高等教育领域的知识创新提供参照与借鉴；它所提供的新理论、新方法以及新的概念框架和思维方式，对中国高等教育决策者和管理者更新观念、开阔视野和增强理论素养具有重要的现实意义。我相信，"高等教育理念与组织变革译丛"的问世，必将有力地推动中国高等教育研究的知识基础建设，并对中国高等教育持续改进产生巨大的促进作用。

（中国人民大学教育学院教授、博士生导师，教育部"长江学者"特聘教授）

2022 年 6 月于北京

前言

36年前,我开始研究学生留校率问题,而本书的问世为这段探索历程画上了一个圆满的句号。1975年,我在《教育研究评论》(Review of Educational Research)期刊上发表了一篇文章,勾勒出了学生留校率的理论雏形;1987年,《放弃大学学业:反思学生流失的原因与对策》(Leaving College: Rethinking the Causes and Cures of Student Attrition)第一版出版,我在书中对学生留校率理论进行了扩充;1993年,该书第二版又对这一理论进行了修正,主要借鉴社会学理论模型来解释高等教育中的学生流失现象,以揭示高校的学业环境和社会环境对学生学业成功的重要作用。借此,我试图反驳当时盛行的一种观念,即认为放弃学业的学生自身缺乏持之以恒的精神,或者说"受害者有罪论"。然而,如果将20世纪80年代的种族政治和阶级政治作为背景来思考,我们不难发现这样的指责为何既有失偏颇又令人反感。我认为,一所高校的学生留校与毕业状况,以及与之相反的学生流失状况,不仅与其生源背景有关,而且反映了其学业和社会环境,当然还包括学校为营造这些环境所采取的行动措施。无论是在过去,还是在现在,与其他学生群体相比,低收入家庭学生和少数族裔学生顺利毕业的可能性都较小,因此,我们所观察到的这种教育成就不平等(以毕业率为衡量标准)的现象,在一定程度上可以且应当归咎于学校的行动措施。

然而，了解影响学生留校状况的因素是一回事，而采取行动留住学生则是另一回事。自《放弃大学学业：反思学生流失的原因与对策》第一版和第二版面世以来，我用了几年时间阅读关于高校应采取哪些有效行动的文献，同时开展了相关研究。我关注的重点是创建教育社群，引导学生积极主动地投入到学习当中。与此同时，我也曾有幸和全美400多所高校（包括两年制学院和四年制大学）的许多行政管理人员、教师以及学生事务专家进行过交流。此外，通过参与美国教育机会理事会（Council for Opportunity in Education）以及佩尔高等教育机会研究所（Pell Institute for the Study of Opportunity in Higher Education）的工作，我也有机会参与了联邦TRIO计划的项目。如果没有这些经历，我也不可能认识到这一点：无法促进学生的学业成功，并不是因为高校及其内部成员没有这样的意愿，而是因为他们心有余而力不足，缺乏相应知识，不清楚哪些举措、做法和政策是合适的。我还认识到，课堂学习对于学生的学业成功至关重要，教师在促进学生留校的工作中发挥着关键性作用。然而据我所知，课堂学习却是学校行动中最不受重视的一个方面。

《完成大学学业：反思高校行动》这本书试图将这些认识汇聚起来，旨在解答多年前我就隐约意识到的一个问题。当时我还只是一名潜心学习但缺乏实际经验的研究生，总在思考高校能做些什么才能留住学生、提升毕业率，尤其是长期以来公认的难以顺利毕业的学生群体。本书的目的不在于创建一个关于高校有效行动的理论，也并非进一步研究学生的学业成功问题，相反，本书构建了一个高校行动框架，介绍了不同类型的政策和措施，用于帮助高校提升学生留校率和毕业率。因此，本书面向的读者不仅包括对将理论转化为实践感兴趣的研究人员，而且包括那些关心学生的大学体验，且有能力采取行动为学生创造良好大学体验的管理者和高校教职工。

我试图在概念的普适性和应用的针对性之间取得平衡：一方面，我提出了一个普适性的行动框架，介绍了适用于各个高校的多种政策和措施；另一方面，我也回应了特定类型高校和特定学生群体的具体需求。虽然本书中列举了不同类型高校提升学生留校率的行动方案，但还是无法涵盖所有可行的方案或是所有类型的高校和学生。不过我希望，本书构建的行动框架以及推荐的行动和政策具有足够的实用价值，任何一所高校都能依据自身情况进行调整和应用，从而进一步提升全校所有学生的留校率。

目录

第一章 引言 / 001

第二章 学业要求 / 013

第三章 支持 / 031

第四章 评价与反馈 / 071

第五章 参与 / 085

第六章 行政措施 / 109

第七章 促进学生学业成功 / 147

附录A 留校率和坚持学业率 / 163

附录B 留校率和问责制 / 189

注释 / 197

主要参考文献 / 221

致谢 / 309

译后记 / 312

第一章 引言

毋庸置疑，高等教育使人受益。一般而言，上过大学并获得学士学位的人，毕生收入要比没有上过大学的人至少高出100万美元（Baum and Payea 2004，2005；Baum and Ma 2007）。大量事实证明，在个人发展、健康状况以及其他方面，没拿到大学文凭的人难以与拿到的人相提并论。不仅如此，两类人群的收入差距似乎正在扩大，没有接受高等教育所付出的代价也随之越来越沉重（Baum and Payea 2005）。[1]

问题的关键不仅在于要上大学，更重要的是获得学位，尤其是四年制学士学位。进入大学学习但未获得学位的人，在收入上并无明显优势。他们的毕生收入与没有上过大学的人相差无几，仅高出约25万美元（Baum and Ma 2007，见附录A，图1.2）。换言之，获得大学文凭的人，其毕生收入要比那些没拿到的人高出至少75万美元。而获得学士学位的人与获得副学士学位的人之间的毕生收入差距，大致也是如此。拥有副学士学位的人，其毕生工作收入比仅拥有高中文凭的人高出约35.4万美元，但与获得四年制学士学位的人相比，低了约65万美元。然而，这并不意味着读两年制学院并获得副学士学位没有价值。比如说，据我们了解，获得副学士学位能对下一代的发展产生积极影响（Attewell and Lavin 2007a）。[2] 不过，就个人毕生收入而言，为获得四年制学士学位而努力是值得的，不仅过去是这样，现在更是如此。

随着时间的推移，重视高等教育会使整个美国受益无穷。尽管高等教育的益处数不胜数，但显而易见的是，美国没能为自己的公民接受高等教育提供应有的支持，从而付出了巨大的代价，影响了美国社会的各个方面，如选举、医疗、就业、贫困比例、犯罪率、儿童学前准备、志愿服务比例，等等（Baum and Payee 2004；Baum and Ma 2007；Carnevale and Rose 2001）。同样，美国若想在竞争日益激烈的全球市场保持领先地位，高等教育的重要性不言而喻。劳动力的受教育程度是保持美国国际竞争力的决定性因素。美国接受高等教育的人口比例（24至35岁之间，拥有大学毕业证书或学士学位的人占总人口的比例），曾位居世界第一。如今，这一优势已不复存在。学界普遍认为，美国在提升高等教育人口比重方面，正迅速落后于其他许多国家（National Center for Public Policy and Higher Education 2006；Tierney 2006）。人口结构的发展趋势表明，除非美国的大学毕业率能大幅提升，否则这一劣势将更为明显。

高等教育中的学生留校率

联邦政府、州政府和一些机构在过去几十年投入了大量资金，以降低高等教育门槛。得益于此，美国高等教育入学人数从1980年的900万增加到2011年的2000万，增加了不止一倍。然而，大学毕业率并未因此得到明显提升，总体涨幅几乎可以忽略不计（Bound, Lovenheim, and Turner 2009；Radford, Berkner, Wheeless, and Shepherd 2010；Supiano 2011）。[3] 在美国，仅有勉强过半的四年制大学生，在六年内且不转学的情况下获得学士学位（Nagda 2003）。在社区学院，用六年时间获得副学士学位或毕业证书的学生不足三分之一。部分学生则需要花费超过六年的时间才能获得学位，还有学生甚至需要转学才能在超过六年的时间内获得学位。因此，被四年制大学录取的学生最终获得学士学位的比例约为63%，而被社区学院录取的学生获得学士学位、副学士学位或毕业证的比例约为40%（见表A10）。[4]

对于没有转过学的学生而言，毕业状况存在具体差异。一项针对1995年入学的学生开展的纵向研究（时长六年）中的数据表明，就获得学士学位的比例而言，女生（21.9%）高于男生（19.6%）；白人学生（22.6%）和来自亚洲或太平洋岛屿的学生（33.1%）高于美籍非裔（14.0%）、拉美裔（13.7%）和美洲印第安/阿拉斯加土著学生（8.8%）；高收入家庭的学生（42.0%）高于低收入家庭的学生（19.0%）；父母受过高等教育的学生（37%）高于父母未受过高等教育的学生（12.2%）；高中阶段平均学分绩点高于3.25的学生（29.6%）高于平均学分绩点低于2.25的学生（7.5%）（Nagda 2003）。此外，不符合佩尔助学金申请条件（来自低收入家庭且为同代人中的第一个大学生）且没有转过学的学生，六年之内获得学士学位的比例为41.1%，而在符合申请条件的学生中，该比例仅为7.5%。[5]

获得学位花费的时间也因人而异。在获得学士学位且没有转过学的学生（55%）中，33%的人在常规四年制学业期限内获得学位，其余22%的人则要多花两年时间（Nagda 2003，见表7.1至表7.6）。在所有获得学士学位的学生中，60%的人用了四年时间，其余40%的人则要花费六年时间。尽管有的全日制学位（比如工程学）的学制本身就超过了四年，但显而易见的是，不少学生在获得四年制学士学位上所花费的时间远不止四年。

同样，不同学年的学生流失率也不尽相同。一般而言，有如下发现：第一学年的学生流失率最高，随后逐年递减（见表A3）。离开最初就读的四年制学院和大学（无论是公立还是私立）的学生，有38%的人是在第一学年离开的，29%的人是在第二学年。[6]第二学年的学生流失情况能在很大程度上反映第一学年已经存在的或潜在的问题。因此，很多大学会将有限的资源向第一学年的学生倾斜。

不同高校的新生留校率存在显著差异。例如，在某些私立大学的毕业生中，90%以上是最初录取的学生，而在一些公立大学的毕业生中，相应比例却不到30%。[7]这一巨大差异在一定程度上反映了高校在使命与生源特点上的区别。在优质生源大学或者说择优录取的大学（生源包括来自富裕家庭、父母受过高等教育的学生，以及高中成绩优异或入学考试分数更高的学生），学生留校率和毕业率会更高（Astin and Oseguera 2005；Gold and Albert 2006；Horn and Carroll 2006）。不过，即使同为优质生源大学，不同学校的毕业率仍存在显著差异（Astin 2005：14）。显然，除了生源质量，毕业率的提升还取决于许多其他因素。

无论采用何种数据分析方法，有一点是确定无疑的：20世纪90年代以来，四年制大学和两年制学院的毕业率并没有大幅提升（Mortenson 2009b；Radford，Berkner，Wheeless，and Shepherd 2010），最终获得学位的学生总体比例也没有明显上升（Bound，Lovenheim，and Turner 2009）。[8] 与此同时，低收入家庭学生的录取人数尽管在不断增加，并且他们享有与高收入家庭学生近乎平等的接受高等教育的机会，然而在同一时期，两类学生在能否坚持学业并顺利毕业方面的差距似乎有所扩大（Horn，Berger and Carroll 2004，见表5-B；Haycock 2006）。比如，1989—1990年，低收入家庭学生中五年内获得四年制学士学位的人数比例仅为16.7%；1995—1996年，该比例降至15.0%。相反，高收入家庭学生的相应比例从38.4%升至41.0%。换言之，后者获得四年制学士学位的概率是前者的近三倍。由于低收入家庭学生上大学的人数原本就少于高收入家庭学生，二者在获得学士学位比例上的差距也就更为明显。

措施必须行之有效

尽管美国成功提升了高等教育入学率，缩小了贫富家庭学生在接受高等教育机会方面的差距，但顺利完成大学学业（我称之为"学业成功"）的学生人数却没有显著增加。这背后的原因并不是社会对这一问题的关注不够或者投入不够。事实上，高校、基金会、州政府在20多年来以及联邦政府在近年来，已经投入了大量人力、物力、财力，制定和实施了一系列提升留校率的方案（其中很多方案专门针对来自低收入家庭和受忽视的学生群体)。[9] 有些大学的留校率和毕业率确实得到了提升,然而对于许多学校甚至那些在为此不懈努力的学校而言,效果并不理想(Carey 2005b;Carey and Hess 2009)。

导致这些措施收效甚微的因素有很多。其中一个因素与学生流失率的研究现状有关,另一个涉及高校提升留校率行动方案的有效性。有关学生流失率的大量研究对解决方案的制定者和实施者并无太大帮助。这些研究将学生离开学校的原因和学生留下并完成学业的原因混为一谈,而二者并非镜像关系。尽管二者之间存在必然关联,但了解学生离开的原因并不等于一定能将他们留住(Padilla 1999)。此外,现有研究倾向于关注一些有理论价值却难以付诸实践的概念,如"学业与社会融入"(Tinto 1975,1993)。当然,对于做理论研究的学者而言,或许有必要了解如今所谓的"学业与社会投入"的概念对于留校率研究的价值。但这类研究未能面向大学中的实践者以便给出如何增加学生学业与社会投入的建议,至少是没有给出明确的建议。[10] 尽管也有部分研究涉及措施的有效性问题(Braxton,Hirschy, and McClendon 2004;Engstrom and Tinto 2007;Kuh,Kinzie,Schuh,Whitt,and Associates 2005;Pascarella and Terenzini 1991,2005;Seidman 2003;Tinto 1993,1997;Tinto and Goodsell 1994;Tinto,Goodsell,and Russo 1993;Tinto and Russo 1994),但我们对解决方案的认识依然是碎片化的,缺乏系统性。

高校提升留校率的行动方案也同样存在问题。多年来,众多高校尽管付出了努力,却依然缺乏一个清晰的指导框架:哪些行动方案事关重大?应该如何筹划和有效实施?然而,屡见不鲜的是,学校投资实施了一系列方案,但方案之间毫无关联,结果就是东一榔头西一棒子,彼此之间缺乏协调,因而总体上没能对提升留校率起到应有的作用。此外,大多数高校的行动方案关注的是课余生活,却忽略了大学教育的中心——课堂。对于绝大多数学生而言,课堂或许是校园中唯一一个与教师和朋辈互动交流的场所，也是他们进行正规学习的场所。我们不要忘了，所谓的传统意义上的学生，即高中一毕业就进入住宿制学院或大学学习的全日制学生，仅占大学生总人数的四分之一。大多数学生不住校。不少学生，尤其是低收入家庭学生，都是边工作边读书。他们的时间和精力需要用在很多方面，大学学习只是其中之一。他们来学校上课，下课后又匆匆离开，为生计而奔波。对于这些学生而言，大学体验主要来源于课堂学习，能否顺利毕业也主要取决于他们的课堂学习成效。

如果高校想大幅提升留校率和毕业率，尤其是低收入家庭学生的留校率和毕业率，就必须围绕课堂教学制定行动方案，重点放在提升学生的课堂学习效果上，尤其在第一学年。同时，调整课程体系和教学方法，从而让所有学生尤其是基础薄弱的学生感受到这些变化。除此之外，学校必须实现课堂之间的有机衔接，让课程学习循序渐进，促使学生如期完成学业。

本书将基于前人有关学生留校率和毕业率的研究成果，构建一个以课堂学习为中心的高校提升留校率行动方案框架。本书旨在引导高校系统构思提升留校率和毕业率的具体方案，与此同时，力求指导学校规划和实施方案，从而提升总体效能，帮助学生取得学业成功。

高校行动方案框架

学生的学业成功条件

首先，我们必须意识到，不论是学院还是大学，一旦录取了一名学生，就有义务尽其所能地帮助这名学生一直留在该校学习直至顺利毕业。为了提升留校率和毕业率，学校必须首先从自身做起，为目标的实现创造良好的内部环境。当然，学校也可以通过改善外部环境来帮助更多在校生和未来将要录取的学生取得学业成功[11]，或者在生源方面下功夫，招收那些更可能留下来且顺利毕业的学生。[12]不过，对于多数大学来说，生源质量是很难直接把控的，而在改善学生的学习和生活环境方面，学校则拥有更多自主权。过去的行动造就了现有的环境，而环境是可以不断改善的。事实上，高校必须改善环境。从长远来看，首先高校必须了解并创造有助于学生取得学业成功的环境。环境改善了，学生的留校率和毕业率自然就会提高。

那么，根据有关学生留校率的研究，哪些环境因素有助于提升留校率和毕业率呢？现有研究一致认为，与提升学生留校率相关的环境要素有四个，即学业要求、支持、评价与反馈、参与（Tinto 2010）。下面将对这四个要素做简要说明。

学业要求

学生的学业成功在某种程度上会受到自我要求的影响。而学生自我要求的形成，也会受到一系列高校行动方案的影响，尤其是学校针对学生学业表现制定的学业要求，以及教师对学生课堂学习提出的要求。学校对学生的学业要求是否清晰一致以及要求的高低，都将直接影响学生的学业成功的概率。高要求是学生取得学业成功的条件之一，低要求则在某种程度上意味着失败。简言之，低要求之下，学生难以取得学业成功。

支持

学校不仅要提出高要求，还需为学生提供学业支持，帮助他们达到学业要求。倘若学校不提供学业支持、社会心理支持或者经济资助，很多学生尤其是入校时学业基础薄弱的学生，将难以取得学业成功。[13] 学校提供的支持尤其是学业支持，在第一学年尤为重要。第一学年十分关键，尽管这一时期学业成功与否仍是未知数，但学校是否提供支持则会对学生的学业成功产生巨大影响。最需要支持的是课堂学习，因为学业成功取决于每一门课程的学习成效。

评价与反馈

如果高校能通过评价和定期反馈促使师生员工调整自己的行为，从而更好地促进学生的学业成功，那么学生取得学业成功的可能性就越大。评价和反馈对于第一学年的课堂学习尤为重要，因为学生会主动调节自己的行为，以适应大学生活中新的学业和社会要求。

参与

决定学生学业成功的第四个因素是参与，现在一般被称为"投入"，这或许也是最重要的因素。学生在学业和社会生活中与教职工和朋辈的交流越充分，他们取得学业成功的可能性就越大。学业与社会参与不仅能让学生产生归属感，给予他们社会支持和情感支持，而且会提高学生对各种教育活动和学业课程的投入程度。

上述四个环境要素一应俱全的大学最有可能留住学生。尽管不同要素的重要性因人而异，比如学业支持对基础薄弱的学生更为重要，但四个因素都缺一不可。无论缺了哪一个，都会影响到其他要素发挥效能。例如，如果缺乏反馈，学校就无法提供必要的支持，学生和教师也无法对自己的行为做出必要的调整。这四个环境要素对于课堂学习，尤其是第一学年的课堂学习无比重要。

总而言之，如果学校对学生的学业成功有着明确且较高的要求，同时能给予学生学业和社会支持，定期对学生的学习进行评估与反馈，帮助学生参与校园生活尤其是课堂学习，与他人积极互动，学生取得学业成功的概率就越大。

尽管我们的侧重点在于影响留校率的环境因素，但这并不意味着学业成功与学生自身的因素无关。学生自身的因素当然非常重要，他们的价值观、投入程度、能力以及入学前的学业准备情况，都会影响他们的学业成功。有的学生甚至能在不利于学习的环境中，全凭自身的意志力、技能和坚持获得成功，而有的学生就算在有利的环境中，也无法完成学业。如果学生自己不愿意参与有助于学业成功的活动，学校能做的或者说应该做的事情是非常有限的。不过即便如此，学校仍然有责任为学生创造有利的环境，帮助他们取得学业成功。

本书第二章至第五章将详述促进学生学业成功的四个环境因素——学业要求、支持、评价与反馈、参与，以及创造这些因素的具体措施，且每一章都会提供成功案例并进行分析。第六章主要探讨大学应当制定哪些政策，以保障这些有利措施的组织和成功实施，并使得这些措施在未来得以延续并取得更大成效。此外，我们认为，大学能成功提升留校率和毕业率，并非只是各项实施方案累加的结果，而是因为这些方案本身就具有系统性，而且学校有能力调动不同部门、不同人员的力量，朝着同一个目标努力，即帮助学生取得学业成功。

本书的第七章即最后一章发出号召，呼吁各个高校采取系列措施，提升本校的学生留校率和毕业率。前面的章节只是为学校提供一系列可供采纳的行动方案，而第七章则希望告诉高校，如果提升学业成功率对它们而言不是一句空话，它们应当怎么做。学业成功并非偶然，需要学校确保行动方案的目的性、组织性和系统性，而且需要全体教师、学生工作人员和管理人员的共同参与。

附录 A 提供了有关学生留校率的现有数据及其详细分析。附录 B 简要探讨了学校责任与留校率问题。

第二章　学业要求

学业要求会对学生的学业表现产生很大的影响。学生的自我要求以及获得学业成功需要付出的努力，在一定程度上决定了学生的实际表现（Malaney and Shively 1995）。学生的自我要求是高校行动的一面镜子，受到诸多直接或间接因素的影响，其中最关键的因素是高校对学生提出的学业要求，通常体现在高校管理者和教职工的言行中。这些言行能否对学生留校率产生最为直接的影响，取决于学业要求是否明确以及要求的高低。[1]

让学生了解如何获得学业成功

学生的留校率和毕业率取决于学校是否针对学生获得学位设定了明确一致的学业要求。学业要求大致分为三类：一是学校层面的要求，二是专业层面的要求，三是课程要求。学生一般可以通过导学活动、专业咨询、课程作业、与任课教师的课堂互动以及向教职工一对一咨询，详细了解各类学业要求。除此之外，学生也可以在与朋辈和教职工的日常交流中对学业要求有所了解。

了解获得学业成功的路径，即了解学校的规章制度和获得学位的要求，是学生顺利完成学业并如期获得学位的关键。就像约吉·贝拉（Yogi Berra）说的："你都不知道自己要去哪儿，那你能去哪儿呢。"学生为获得学位而设定的自我要求，不仅与他们入学时的基本认知有关，还会受到教职工学业建议的影响（Bahr 2008；Elliott and Healy 2001；Frost 1991；Metzner 1989；Ryan and Glenn 2003；Young，Backer，and Rogers 1989）。例如，Seidman（1991）针对社区学院开展的一项研究发现，入学第一学期接受过三次咨询（涉及课程计划、学业与社会投入等）的学生，其留校率比只参加过新生入学教育活动的学生高出20%。Metzner（1989）针对一所公立大学中1000多名新生开展的调查显示，学生对学业建议的满意度和第二学年的留校率呈正相关,原因之一在于学生的满意度越高,第一学年的平均绩点也会越高。最近的一项研究(Bahr 2008)发现,在加利福尼亚州107所学期制社区学院中,接受过学业咨询的全日制学生,其学习成绩都得到了提升。对于入学时学业基础薄弱的学生而言,成绩提升尤为显著。遗憾的是,大部分高校仍然没有为学生提供系统的学业咨询,而且并非所有学生都能有幸遇到一位经验丰富的学业导师(Heverly 1999)。

对于许多尚未选定专业的新生或者转专业的学生而言,获得好的建议非常必要(Lewallen 1993)。若在第一学年或者转专业的关键节点没有获得必要的指导,学生学习的积极性有可能会减弱,离校的可能性也会增加;对于继续学业的学生来说,贸然转专业可能会导致延迟毕业。虽然学生修了学分,但可能尚未达到获得学位的学分要求。确实有些学生到了第四学年末,因未修满本专业学分而无法如期毕业。在这种情况下,高校不仅要给尚未选定专业的新生提供指导(通常称为学业发展咨询),还应为想转专业的学生提供明确的建议。

很多学生在进入大学时对大学教育知之甚少。比如,相对于来自富裕家庭的学生和父母受过高等教育的学生而言,低收入家庭的学生和父母未受过高等教育的学生通常缺乏相关知识或文化资本,不了解上大学是一种什么样的体验,也不知道怎样才能获得学业成功。[2] 入学教育活动、学业咨询,以及类似于学生支持服务中心的校园项目,则能帮助这类学生抵御大学生活中"惊涛骇浪"的冲击,顺利抵达毕业的彼岸(Engle, Bermeo, and O'Brien 2006)。

通过正式的导学关系或者师生之间的日常交流,可以增进新生对大学的了解。新生可以从朋辈以及背景相似的学长、学姐那里获得相关信息(Anderson and Ekstrom 1996;Twomey 1991)。Attinasi(1989)针对少数族裔学生开展了一项研究,研究表明可以通过朋辈互助的方式帮助新生构建"认知地图",让他们尽快熟悉大学校园的自然环境、社会环境和学习环境,以消除陌生感。

不过,没有什么比课堂学习要求更为重要。顺利完成课堂学习能为学生留校直至顺利毕业提供保障。虽然学业咨询中会涉及课堂学习要求,但学生对这些要求的了解更多来自他们与任课老师的互动,甚至是同学之间的互动。学生可以通过教师提供的教学大纲、课程材料以及课程期间与教师的交谈,了解一门课程的学业要求(例如评分标准)。而任课老师的实际行为,尤其是评价和评分,往往比正式文件(如教学大纲)上的陈述更能让学生了解学业成功的要求。要求的一致性很重要,且实际行为优于文字表述,这一点无论在哪里都一样。

对学生努力程度的要求

学校对于学生付出努力程度的要求也会影响学生的留校率(Pace 1980)。高要求是学业成功的条件之一,低要求则是导致学业失败的一个因素。一项基于对学习动机和学业成绩的文献综述研究(Schilling and Schilling 1999:5)得出了以下结论:单单是对学生提出要求,他们的成绩也会提高;要求越高,成绩就越好;即使学习能力相当,结果依然如此。同样,Reason、Terenzini 和 Domingo(2006)也在研究中发现,在学业基础相似的情况下,学生在学业挑战性更大的学校里,学习能力可以在第一学年得到更大的提升。

美国国家学生参与度调查(NSSE)的结果更为直观。学校对学生的努力程度提出了要求,而学生对于这种要求的认知,直接与他们实际付出的努力以及最终获得学业成功的可能性呈正相关(Kuh et al. 2007)。同样,在留校率超出预期的高校,学生能感受到更大的学业挑战(Laird、Chen, and Kuh 2008)。

遗憾的是,学生在学习中付出的努力少之又少,尤其在关键的第一学年。美国国家学生参与度调查提供的数据表明,通常大一新生在学习上投入的时间,仅为教师所认为的获得学业成功所需时间的一半(Kuh 2003;National Survey of Student Engagement 2006a:19,见图7)。我们经常会发现这样的现象:教职工认为他们对学生的行为或努力程度提出了要求,但学生的自我要求却与这些要求相去甚远。调查表明,学生不仅在刚入学时的学习时间少于入学前的预期,而且在整个第一学年的学习过程中,他们对获得学业成功所需投入程度的自我要求也逐步降低。无论最初的自我要求是高还是低,无论学校层次如何,情况都一样。即使是在生源更好的大学,虽然学生有着更高的自我要求,学习也更加努力,但每周的学习时间依然比预期少了2~6个小时(National Survey of Student Engagement 2006a:20)。

Arum 和 Roska(2001)关于大学前两年学生学习状况的调查也得出了类似结论。该调查表明,约35%的学生每周学习时间少于5个小时,近50%的学生表示上一学期没有一门课程布置过20页以上的写作任务。Arum 和 Roska 还发现,在过去几十年里,学生花在学习和预习上的时间减少了近50%。

学生不够努力的现象表明,教师普遍对学生的要求过低,教师的实际行为也反映了这个问题,而且教师没有创造一个促使学生更加努力学习的教育环境。一般而言,教师没有坚持运用教学法(如定期布置作业并给予反馈),也没有采取评价手段(如测试或各种形式的课堂评价)来引导学生在学习任务上投入更多时间。学生所处的这种教育环境,非但不能强化学校和老师对学生的要求,反而还会弱化要求。

与朋辈之间的互动以及学习氛围也会影响学生对自己的要求(Astin 1993;Bank, Slavings, and Biddle 1990;Berger and Milem

2000；Bonous-Hammarth 2000；Kaya 2004；Pascarella and Terenzini 1991，2005）。例如，最近的一项研究（Oseguera and Rhee 2009）发现，一所大学的学生留校状况（以全体学生的总体退学意愿为衡量标准）会对学生个体的退学意愿产生影响。大多数情况下，学生留校状况集中反映了学校在课堂教学和行政管理方面存在的问题。也就是说，学校仍然有责任对学生个体以及群体提出明确一致的高要求。学校一方面要满足学生个体的需求，另一方面也要提高对所有学生的要求。

最近的新生参与度调查（SENSE）结果很好地说明了设定清晰的高要求是十分重要的。这项调查由社区学院学生参与中心组织实施。在2009年秋季学期第四到第五周，该中心调查了120所社区学院的50000多名新生对学校管理措施和学生行为表现的初步印象。结果表明，"当新生感受到教职工对他们有明确的高要求时，他们更能了解获得学业成功需要付出多少努力，同时也会付诸行动"（Center for Community College Student Engagement 2009：6）。

有时，学校对不同类型的学生会有不同要求。这些要求或许会以贴标签的形式体现出来，比如将某个特定学生群体称为"补习生"。此外，教师或学生对待不同社会阶层、社会性别或种族个体的方式，也能间接反映学校的不同要求。无论采用何种方式，学生都会很快了解学校对他们的要求，而且学生对要求差异性的体会越深，受到的影响就越大。这一点在Rendon（1994）和Barnett（2011）关于有效性和社区学院学生学业成功的研究中得到了印证。Solorzano、Ceja和Yosso（2000）在研究中也有类似发现，即在白人占多数的学校中，有色人种学生经常会遭遇"微歧视"。

制定对学生的要求

学校可以采用不同的方式制定对学生的要求。首先,学校可以对学生的行为提出明确一致的要求,同时明确获得学位或结业证书的条件。其次,学校可以帮助学生树立自我要求,为学生提供清晰的路线图,引导他们顺利完成专业学习。最后,学校可以与教师一起,对课程结业标准的制订提出明确一致的要求。

设定学校层面的要求

高校管理者,尤其是大学校长,对于营造一所大学的学业要求氛围至关重要(Carey 2005a,2005b;Sporn 1996;McLeod and Young 2005)。一所学校的学业要求氛围决定了该校师生的个体行为,个体之间如何相处,以及个体如何应对耗时费力且又常常矛盾的多重要求。就以教师如何平衡教学和科研要求(Wolverton 1998)为例,如果一所大学对教师教学能力的要求很高,并为教学工作提供支持,那么教师在教学上的投入也就更多。这样的要求不仅会影响教职工的行为,同时也会影响学生所处的多重要求环境。

当然,做出要求与执行要求是两码事。强化对学生行为的要求,必须依靠全体教职工尤其是教师来付诸实施。格伦奥克斯社区学院(Glen Oaks Community College)就是一个典型的例子。这所学校的招生顾问及其他教职工会不断向学生强调上课出勤的重要性。他们会告诉学生,如果一学期缺课时长达到总课时的15%,任课教师就有权让他们退课。在课程开始后的第一周,任课教师会将旷课名单提交给学生服务中心,由工作人员联系旷课学生。第三周也会如此,不同的是这一次,旷课学生会收到校方信件,强调按时上课的必要性。[3]

多数高校会在正式开学前的新生入学教育活动中对学生提出要求，并让学生了解有关获得学业成功条件的信息（Barefoot 2005；Mullendore and Banahan 2005；Ward-Roof and Hatch 2003）。虽然目前尚不明确入学教育活动对设定要求有多大的作用，不过经验表明，这些活动可以帮助家庭成员更好地了解孩子或伴侣在大学会面临什么，进而了解他们能为上大学的家庭成员做些什么（Mullendore and Hatch 2000）。这对于父母未受过高等教育的学生和低收入家庭学生来说尤为重要，因为这种了解能帮助化解亲友要求和学校要求之间可能存在的矛盾。

不过，学生很可能会被过量的信息所湮没，导致他们要么根本就没读过这些信息，要么到第一个学期结束时就已经把这些信息忘得一干二净了。雪上加霜的是，尚未入学的学生往往缺乏经验，不知道从何问起。因此，入学教育活动必须为学生和在遇到问题时可以求助的对象牵线搭桥，同时为学生创建一个轻松自在的咨询环境（Ward 2010）[4]。有时候，入学教育活动会让老生担任新生向导，担任导师，抑或是在像圣地亚哥峡谷学院（Santiago Canyon College）举办的"发现SCC：大学生活介绍"活动中担任负责人。此外，尤其像在乔治城大学（Georgetown University）和佛罗里达大学（University of Florida）这类住宿制大学，入学教育活动还包括户外项目（也称为野外项目）。还有很多学校，如圣路易斯大学（St. Louis University）等，会让入学教育活动贯穿整个第一学年（Lowe and Cook 2003；Wilcox, Winn, and Fyvie-Gauld 2005），活动形式丰富多样，包括新生研讨会、大一体验课程和学习社群等。这些活动能帮助学生更好地获取信息，建立社会联系，从而让学生获得归属感。

比如，阿斯南塔克社区学院（Asnuntuck Community College）利用广受欢迎的大一体验课程，为通识教育或人文科学学生提供导学咨询。任课老师邀请学业导师直接与学生交流，确保学生能清晰地了解学校对他们的要求，同时帮助他们设定自己的学业目标和职业目标。一项调查发现，入校第一学期就选修该课程的学生，相对于第二学期才选修这门课的学生而言，更有可能在下一个学期继续留校学习（Center for Community College Student Engagement 2009）。这也是全美高校广泛开设此类课程的原因之一（Griffin and Romm 2008）。

招生管理工作也会对学生留校率产生直接或间接的影响。直接的影响就是有助于把控生源质量，间接的影响是能帮助新生对即将进入的大学环境形成预期。入学前的预期就像一个镜头，学生可以通过这个镜头了解学校，形成对学校的初步印象。如果学生入学后的体验和入学前的预期截然不同（"学校和我想象的不一样"），学生就有可能会选择离开。然而如果招生管理工作能确保学生形成的最初预期与入学后的体验一致，那么学生留校率就会攀升。

咨询：提供学业成功的路线图

要想获得学业成功，学生需要一张路线图，引导他们了解大学的各个方面，帮助他们完成专业学习，指导他们使用学校提供的学习资源，了解所学专业获得学位或毕业证书的条件（Gordon 2007；Gordon and Habley 2000；Gordon，Habley and Grites 2008；King and Kerr 2005）。为了满足上述需求，许多高校设立了一系列咨询项目。这些项目主要面向大一新生，尤其是那些尚未选定专业和想要转专业的学生。

几乎所有大学，无论两年制还是四年制，都为新生提供了某种形式的咨询活动，有的学校做得比其他学校更为系统。奥克兰大学（Oakland University）、艾奥瓦大学（University of Iowa）和佐治亚大学（University of Georgia）等许多高校采取了早期集中咨询的方式。另一些学校，如威斯康星大学白水分校（University of Wisconsin-Whitewater），在条件允许的情况下要求学生在第一学年与咨询顾问进行多次面对面交流。大多数高校主要为所有大一新生提供咨询服务，但也有少数学校，包括辛克莱社区学院（Sinclair Community College）、路易斯安那州立大学（Louisiana State University）和辛辛那提大学（University of Cincinnati）等，为"学业困难生"提供额外的咨询服务。还有一些学校，如霍华德社区学院（Howard Community College），则面向高中毕业班学生提供咨询。

威斯康星大学白水分校为大一新生提供咨询

  威斯康星大学白水分校的学业咨询和探索中心为大一新生提供具有前瞻性和启发性的学业咨询，帮助他们完成高中向大学的过渡，制订学业规划，为大学学业提供指引。学期初会有一个简短的说明会，内容主要包括如何选课和一个时长15分钟的预备咨询，帮助学生了解学校提供的各种资源。一段时间之后，学校还会安排每个学生和咨询顾问进行30分钟的面谈（正式咨询），内容涉及下学期的选课流程和选课建议，以及学位要求和有关学业观审和恢复学业的标准。

所有新生中，至少有50%的人没有明确的学业和职业规划（Gaffner and Hazler 2002; Gordon 2007; Lewallen 1993; Kramer, Higley, and Olsen 1994）。由于较高的学生流失率与这种不确定性存在关联（Lewallen 1993），很多高校［如伊利诺伊大学（University of Illinois）、印第安纳大学（Indian University）、俄勒冈州立大学（Oregon State University）、宾夕法尼亚州立大学（Pennsylvania

State University)、弗吉尼亚联邦大学（Virginia Commonwealth University）等］专门针对这类学生设立了特殊咨询项目或咨询中心（Korschgen and Hageseth 1997；Steele 2003）。有些高校［如北卡罗来纳州立大学（North Carolina State University）］设立了大一新生学院，为不确定专业选择的学生提供课程计划与咨询服务，让学生能对未来的学业做出谨慎而明智的选择（Tagg 2003）。另一些学校，如位于纽约的门罗社区学院（Monroe Community College），则为学生提供了一种"不定专业"的选择，给予他们时间和资源去探索学业和职业发展的可能性。[5]

无论设立何种咨询项目，为不确定专业选择的学生提供咨询都需要专业技巧，但普通教师往往缺乏这种能力。大多数咨询项目依赖受过专业训练的咨询顾问，他们通常在咨询中心为这些学生答疑解惑。在另一些学校中，如福克斯谷技术学院（Fox Valley Technical College），咨询顾问则会和各院系或专业的指定教师合作，一同帮助学生尽快确定专业（Frost 1991；Gordon and Habley 2000）。

宾夕法尼亚州立大学为不确定专业选择的学生提供咨询

即将入学的新生，如果在申请大学时没有选定专业，将会先被录取到学校的本科学习部。本科学习部的首要任务就是帮助新生在朝着毕业目标前进的同时，探索找到适合自己的专业。

录取的新生中，会有近40％的人进入本科学习部学习——这一比例高于宾夕法尼亚州立大学的大多数学院。目前，即将入学的这届新生中，也有20％的人选择进入本科学习部。录取到该校其他学院的新生如果想换专业且需要相关建议，也可以报名进入本科学习部。

本科学习部有25名专业咨询顾问，大部分为全职，他们为学生提供电子版或纸质版资料，帮助他们主动探索不同专业，指导他们了解大学学业的各种要求。第一学年开启之前，这些顾问会在为期一天的导学咨询活动中和学生进行分组面谈，之后还会对学生的学业进展进行全年跟踪。他们会给每个学生发送电子邮件，通报每个学生的学习情况，每学期会与大部分学生进行至少一次一对一面谈。在宾夕法尼亚州立大学本科学习部学习的学生中，六年内完成学业的人数比例与其他院系相差无几，这证明本科学习部的咨询服务是行之有效的。

然而，专业选择的不确定性不仅仅体现在学生入学后不知道或者不确定自己的学业和职业道路。也有很多学生发现最初选择的专业并不适合自己（Gordon and Steele 1992；Titley and Titley 1980）。虽然难以得到精确数据，但我估计有三分之一到二分之一的四年制学生会在大学期间至少换一次专业（Kramer，Higley，and Olsen 1994；Gordon 2005）。他们对自己选择的专业从信心满满到摇摆不定。遗憾的是，这些学生往往享受不到学校提供的学业发展咨询服务，因为这类服务只覆盖了那些入学时没有确定专业的学生。然而，这类咨询服务对学生的学业成功至关重要，俄亥俄州立大学（Ohio State University）提供的专业选择咨询项目就是一个很好的典范。在四年制大学中有一个非常普遍的现象：那些在第三年或者第四年中断学业的学生，尽管修了很多学分，但始终没能达到获得某一个学位的学分要求。由于没有得到有效的咨询服务，这些学生频繁更换专业，最终也没有选定一个契合自身兴趣的专业，往往因无法毕业而放弃学业。

众所周知，职业咨询也会对留校率和毕业率产生影响（Luzzo 2000；Nutt 2003）。职业选择与专业选择密切相关，有效的职业咨询能引导学生进行专业选择，让他们能发现所选专业的价值且愿意一直学下去。这也是为什么有些学校［如罗文大学（Rowan University）］将学业咨询与职业咨询服务中心合并。中心的顾问接受过综合培训，能在学业规划和职业发展两个方面为学生提供指导。还有一些学校，如奎恩堡谷社区学院（Quinebaug Valley Community College），建议未确定专业的学生前往学院的职业发展中心接受咨询，帮助他们在大学学业初期设立并进一步明确自己的职业发展目标。

一旦确定专业，学生还需要了解课程要求、课程进度安排，以及其他与专业和获得学位相关的信息。有关学业而非职业的咨询理应由本专业的教师负责。遗憾的是，并非所有教师都能了解最新的专业和学位要求，以及学生获得学分的情况。此时，俄亥俄州的迈阿密大学（Miami University）研发的学位进程管理系统（DARS）最能派上用场。[6] 该系统有效运行时，可供师生精确掌握有关学位/学分进展、待修课程、课程进度以及可选课程的最新信息。学位进程管理系统可以解决学生对学业咨询顾问的一些常见抱怨：有些顾问很难联系上，有些顾问对课程要求一无所知，经常无法提供正确的建议。此外，并非所有学生都能有幸遇上一个好的咨询顾问。

学位进程管理系统的优点之一，就是学生有时不需要通过学业咨询顾问就能获取相关信息，但这也是该系统的一个弊端。所有选课登记都可以在线完成，如得克萨斯大学（University of Texas）使用的互动式学位进程管理系统（IDA）。许多学校仅要求学生从学业咨询顾问那里获得选课登记密码，但其他一些使用学位进程管理系统的学校，如雪城大学（Syracuse University），则要求学生与顾问见面，并需要顾问签字才能完成在线选课登记。通过这种方式，教师和学生便有了相互交流的机会，教师也可以尽其所能发挥所长，也就是说，教师可以和学生就一系列学业问题进行交流，而这些问题对于全面了解一个专业至关重要。

如前所述，很多学校会设立正式的咨询中心，配备专业的咨询顾问。许多咨询中心将工作重心放在新生身上，这是可以理解的（Commander, Valeri-Gold, and Darnell 2004；Stark 2002），因为新生是最需要获得咨询建议的群体。这些咨询中心的工作可能会由咨询顾问和来自不同院系的教师共同完成，这些教师会针对某个特定专业或院系提供具体建议，而且他们也是学生开始专业学习后的首位学业咨询顾问。教师与咨询顾问的合作十分重要，因此新生咨询中心需保证二者相互配合、相互协调来开展咨询工作，以确保新生得到的咨询建议是准确和一致的。

有不少学校，如福克斯谷技术学院、加利福尼亚大学戴维斯分校（University of California-Davis）以及新罕布什尔大学（University of New Hampshire），也会聘用经过培训的学生顾问参与新生咨询项目。学生顾问会为新生年级中的某些特定群体（如某个种族/族裔或某个专业的学生）提供咨询服务，或者参与第一学年的研讨课。虽然学生顾问无法取代专业咨询顾问以及受过培训的教师，但他们可以为新生提供非正式的咨询服务，作用不容小觑。比如，学生顾问能根据具体问题为新生推荐可咨询的对象，或者推荐最佳学习场所（Koring and Campbell 2004）。学生顾问也可以担任"早期预警"系统的哨兵，让学校及时了解学生面临的问题（如社交或个人方面的问题）并进行干预，防止其学业停滞甚至中断。这一点我们也将在评价与反馈章节中详细说明。学校应安排教职工与学生顾问对接，在需要的时候提供帮助，这一点很重要。任何情况下，学生顾问都没有义务为他们不够了解的问题提供咨询建议。所以，如果要保证学生顾问体系的有效运作，不仅要对学生顾问进行培训，还应给予他们结构化支持。这一点对于任何咨询项目都很重要。咨询项目能否取得成效，取决于学校是否愿意投入，为教师和员工提供一系列支持服务，其中最重要的就是对他们进行培训。无论是咨询项目，还是其他任何项目，一个项目最终能否取得成功，归根结底取决于实施者的能力（Nutt et al. 2003；Folsom 2007）。

接下来的问题是学校应采用何种组织模式来设立咨询项目（Pardee 2000；King 2003）。King 和 Kerr（2005）介绍了七种模式，他们建议两年制社区学院设立一个集中管理咨询办公室，为全体新生服务，即一种全覆盖模式。咨询顾问团队由接受过培训的教师和学生组成，他们不仅为全体新生提供咨询，也为未确定专业或转专业的学生提供持续的咨询服务。针对四年制大学尤其是规模较大的学校，King 和 Kerr 则建议采用双轨模式，即由受过专业培训的咨询顾问和非常了解专业学习的全职教师共同提供咨询服务。咨询顾问为未确定专业的学生以及全体新生提供学业政策、选课登记等方面的咨询；全职教师则为已选定专业的学生提供咨询，使其了解所学专业的具体要求。[7]

由于咨询顾问人数有限，无论采用哪种模式，都难以覆盖到每一位学生。因此，除了一对一咨询，有些学校还辅以集体咨询。例如，山麓学院（Foothill College）就把咨询服务融入新生研讨课等类似课程中。虽然集体咨询无法回答每一个学生提出的问题，但往往能提高个人咨询服务的效率。将咨询服务融入课堂教学可以同时帮助新生和学业基础薄弱的学生。这一点我们将会在第三章进行讨论。

越来越多的学校，如亚利桑那州立大学（Arizona State University）、路易斯维尔大学（University of Louisville）和瓦伦西亚社区学院（Valencia Community College），开始提供线上咨询服务，或者线上线下相结合的专业咨询服务。瓦伦西亚社区学院不仅长期设有线下的学业咨询中心，同时提供线上的发展咨询项目——人生地图（Life Map），引导学生选定专业，制订具体的学业规划，直至顺利毕业。[8] 卡佩拉大学（Capella University）和里奥萨拉多学院（Rio Salado College）两所网校，以及鞍峰学院（Saddleback College）和南奥兰治社区学院区欧文谷学院（Irving Valley College of the South Orange Community College District）等多所学校，都采用了预测分析软件为学生提供咨询建议（Norris et al. 2008）。预测分析软件的原理与亚马逊和网飞（Netflix）根据个人消费者近期的消费数据推荐同类商品的算法类似，可根据学生的偏好、课程计划和修课信息，针对毕业条件进行课程推荐。早期预警系统和学校决策制定也运用了类似方法，这一点我们将在第四章和第五章介绍。

为课堂学习成功设定要求

对学生的要求尤其是对学习产生直接影响的要求主要体现在课堂学习中，即任课教师对学生努力程度的要求（Kirk 2005）。值得一再强调的是，低要求不会造就成功；对学生努力程度设定较高的、明确的要求才能促进学业成功。但是，美国国家学生参与度调查提供的数据显示，在第一学年，学校对学生努力程度的要求不仅一开始就低于教师提出的相应要求，而且还在不断降低。

如此一来，教师的行为变得至关重要。任课教师必须对学生提出高要求，而且要不断强化这些要求。因此，教师不仅要通过书面的课程大纲以及课堂上与学生的口头交流提出高要求，还必须采取行动来进行强化。这些行动包括制定评分标准、对作业和测验进行反馈、树立典范、采用要求学生大量投入的教学方法。

学业要求和学业成功：评述

为学生的学业成功提供清晰的路线图并设定高要求，需要学校全体教职工尤其是教师的协同合作。教职工必须明白，他们的实际行为和言语传达同样重要。良好的学业环境一旦形成，将对学生的学业成功产生巨大的推动作用。具备这种学业环境的大学，不仅能帮助在读学生获得学业成功，还能吸引更多对这样的环境心怀向往的学生。

第三章　支持

除了对学生提出要求，学校的支持对学生的学业成功同样至关重要。倘若学校不提供学业支持、社会支持，或是经济资助，很多学生将难以达到学校的要求，也难以顺利毕业（Community College Survey of Student Engagement 2008；Ward，Trautvetter，and Braskamp 2005；Zhao and Kuh 2004；Belcheir 2001；Filkins and Doyle 2002；Upcraft，Gardner，and Barefoot 2005）。大量研究证明，新生对学校支持的感受与其社会能力和个人能力的发展水平相关（Belcheir 2001；Laird，Chen and Kuh 2008；Polewchak 2002；Zhao and Kuh 2004）。比如，Filkins 和 Doyle（2002）的研究发现，学生对学校支持的评价与他们自主报告的社会能力和个人能力的发展水平呈正相关。该项研究的调查对象是 6 所城市大学中来自低收入家庭和父母未受过高等教育家庭的一年级学生。最近一项针对全美 30 所四年制大学的 6687 名全日制和非全日制新生的研究表明，尽管学生第一学年学业能力的提升受众多因素的影响，但其中最重要的因素是他们能感受到的学校在学业、个人能力和社会能力发展方面的支持力度（Reason，Terenzini，and Domingo 2006）。

学生的学业成功离不开学校的高要求和支持，这并不是一个新鲜的观点。Sanford（1966）与 Erickson（1968）两位学者一致认为，学校应在挑战（即我们现在所说的要求）与支持之间寻求平衡。如果挑战太大，同时又缺乏足够的支持，会导致学生消极应对，比如对挑战视而不见，或者放弃学业以逃避挑战（转引自 Hamrick，Evans，and Schuh 2002）。正如 Baxter Magolda（1999a：23）所言："当前为学生构建意义（认知世界）（making meaning）提供支持，对于提升学生意义构建（赋予世界意义）（meaning-making）的能力至关重要。"

学 业 支 持

提供学业支持对于学生留校来说最为重要,尤其是在大学中最为关键的第一学年。因为学生是否选择继续就读,很大程度上取决于学校在第一学年提供的学业支持。令人担忧的是,不少大学新生的学业基础相当薄弱。根据美国教育部的报告,2000年入学的大学新生中至少有28%的人修读了至少一门阅读、写作或数学基础技能课程或补习课程(National Center for Education Statistics 2004:17)。两年制学院中修读基础技能课程的学生比例更高(在两年制公立学院中,该比例为42%,在四年制公立大学中,该比例为20%)(National Center for Education Statistics 2004,见表4)。然而,这些数据也不能真实反映出需要补习的学生人数,因为并非所有需要补习的学生都修读了这些课程(Attewell, Lavin, Domina, and Levey 2006)。

对于许多学生而言,能否获得学业成功的关键在于能否得到相应的学业支持,支持的形式包括基础技能课程、发展性课程或补习课程、个别辅导、学习小组、补充教学和暑期衔接课程等(Barefoot 1993; Blanc, DeBuhr, and Martin 1983; Blanc and Martin 1994; Commander, Stratton, Callahan, and Smith 1996; Congos, Langsam, and Schoeps 1997; Peterfreund, Rath, Xenos, and Bayliss 2008; Ryan and Glenn 2003; Upcraft, Gardner, and Barefoot 2005)。学业支持对于阅读课程来说尤为重要。Adelman (2004) 指出,相较于其他能力(如数学)而言,阅读能力薄弱的学生更难顺利毕业。[1]

针对纽约城市大学(City University of New York)学生的一项研究表明,仅靠修读补习课程,并不能确保基础薄弱的学生最终能顺利毕业，但可以缩小他们与那些无需补习的学生之间的差距（Lavin，Alba，and Silberstein 1981）。换言之，坚持修读一门课程直至通过考核非常重要。Bettinger 和 Long（2004a，2005），以及 Attewell、Lavin、Domina、Levey（2006）分别进行的两项研究也得出了类似结论。前者的研究对象为俄亥俄州几所普通四年制公立大学的约 8000 名新生；后者为两年制学院的学生，这些学生于 1992 年高中毕业，同时也是美国国家教育纵向研究（NELS）的研究对象。

事实上，需要学业支持的不仅仅是学业基础薄弱的学生。Attewell、Lavin、Domina 和 Levey（2006）的研究表明，在 1992 年高中毕业并进入大学学习的学生中，不少学业基础相对较好的人也修读了补习课程。对这部分学生来说，新生研讨课或学习技能课等形式的学业支持，同样有助于他们在第一学年取得好成绩（Barefoot 1993；Davis 1992）。佛罗里达州教育厅对全州在 1999 年秋季入学的 36123 名全日制社区学院一年级学生进行了长达五年多的跟踪研究（Windham 2006）。这些学生中，有 10716 名学生（占比约为 30%）修读了学业技能（Study Life Skills）课程，学习获得学业成功的必备技能。经比较发现，完成该课程学习的学生获得副学士学位或毕业证的比例为 58%，而未修读该课程的学生，相应比例为 41%。这一结果足以证明，该课程能让"每个学生从中受益，无论他们入学时的基础是好是坏"（Windham 2006：7）。

学业支持若能与当前的课堂学习任务相结合，将更为有效（Perin 2011）。这种结合使学业支持能围绕具体课程展开，针对性更强。这也是补充教学、基础技能学习的社团，以及在专业课程中融入基础技能学习等举措让学生受益良多的原因之一（Kenney and Kallison 1994；Engstrom and Tinto 2008）。虽然大部分学校都设有学习中心，但这些中心为学生提供的大多是一般性的学业支持，无法解决学生在课堂学习中遇到的具体问题。

在第一学年提供学业支持最为重要,尤其是在第一学期的前几周乃至整个学期。在一门课程的开始阶段,或者在专业学习的先修课程中学习进展顺利,会增加未来学业成功的可能性。相反,进展不顺则会大大降低未来完成学业的可能性。因此,学校应针对第一学期的关键课程以及其他必要课程提供上述学业支持,而且越早越好。

自我效能与学业成功

Bandura(1986)提出的社会认知理论,可以帮助我们认识早期课程学习顺利对后续学业成功的影响。该理论认为,个人对自身表现的自我评价会改变自我效能感,从而影响自身的未来表现。这些自我评价基于下述信念,即"相信自己有能力规划并付诸行动来应对可能发生的情况"(Bandura 1995:2)。这种信念影响人的选择以及未来采取的行动方案(Pajares 1996)。对自己的能力有信心,会促使人们参与更为复杂的任务,影响他们在任务上的投入程度,以及在遇到困难时能坚持多久。对于那些曾经为获得学业成功而一直努力拼搏的人来说,更是如此(Zajacova, Lynch, and Espenshade 2005; Vuong, Brown-Welty, and Tracz 2010)。

针对第一学期的学业支持项目之所以能帮助学生在该学期取得好成绩,主要是因为这些项目能提升学生的自我效能感,减轻他们的压力,从而增加他们后续学业成功的可能性(Chemers, Hu, and Garcia 2001; Coffman 2002; Fencl and Scheel 2005; Grant-Vallone, Reid, Umali, and Pohler 2003; Lent, Brown, and Lark 1984; Multon, Brown, and Lent 1991; Ostrow, Dark, and Berhman 1986)。对于学业基础薄弱的学生或者过去在学业上存在困难的学生而言,学业成功不仅取决于他们对基础技能的掌握,更取决于他们相信自己有能力获得成功的信念（Hall and Ponton 2005）。这一点同样适用于众多少数族裔学生、父母未受过高等教育的学生，尤其是那些低收入家庭的学生（Hall and Ponton 2005；Solberg and Villarreal 1997；Torres 2004；Filkins and Doyle 2002）。Rendon（1994）和 Barnett（2011）以及 Torres（2006）也持有同样观点，他们认为，肯定学生（包括受忽视的学生群体）获得学业成功的可能性十分重要。

社 会 支 持

学生留校率也会受到校内外社会因素直接或间接的影响，尤其是那些影响学生归属感以及学校社团参与度的社会因素。在大学第一学年，学生必须面临现有社会关系（包括家人和朋友）的调整，同时要与大学里的教职工和同学建立新的人际关系。因此，社会支持在第一学年尤其重要（Gloria, Kurpius, Hamilton, and Wilson 1999；Gloria and Kurpuis 2001；Somera and Ellis 1996；Skahill 2002）。社会成员身份，或者用 Schlossberg 的术语来说，即存在感（Schlossberg 1989），会产生许多积极影响，促进学生留校率的提升（Astin 1984；Lotkowski, Robbins, & Noeth 2004；Pascarella and Terenzini 1991, 2005；Thomas 2000；Tinto 1993）。

首先，一系列的社会支持可以帮助学生更好地适应大学生活，缓解学业压力（Rayle and Chung 2007；Sand, Kurpuis, and Rayle 2004；Torres and Solberg 2001）。其次，学生更容易从同学那里获取信息，帮助他们适应陌生的校园环境（Attinasi 1989；Torres 2004）。再次，学生的自我价值感会因此提升，从而提高学业成绩（Rendon 1994；Barnett 2011）。最后，学生对学校的感情或认同也会加深，继续学业的意愿也会增强（Karp, Hughes, and O'Gara 2010）。这一点对于弱势学生群体尤为重要，因为在以白人学生为主体的学校，这些弱势学生偶尔会觉得自己格格不入（Hausmann，Ye，Schofield，and Woods 2007，2009；Torres and Solberg 2001）。反之，缺乏社会存在感往往会导致学生无法适应甚至退学（Cabrera，Nora，Terenzini，Pascarella，and Hagedorn 1999；Gohn，Swartz，and Donnelly 2000；Jackson，Soderlind，and Weiss 2000）。Fleming（1984）的研究发现，在白人学生占多数的学校，少数族裔学生会感受到一种不友好的氛围。被边缘化的感受，加上缺乏社会支持，会使这些学生的心态逐渐崩塌。

并非所有学生都能顺利适应社会关系的变化。对于很多学生来说，是去是留取决于正式咨询、导学关系、教师和朋辈咨询等类型的社会支持（Bahr 2008；Lidy and Kahn 2006；Morales 2009；Salinitri 2005；Sorrentino 2007）。例如，Crisp（2010）关于社区学院导学服务的一项研究发现，接受过指导的学生在人际关系和学业上都能更好地融入，同时也会为获得学位付出更多努力。

对低收入家庭和父母未受过高等教育的学生（Crisp and Cruz 2009；Torres 2004），以及学业基础薄弱的新生（Salinitri 2005）来说，获得指导尤为重要。在白人学生占多数的校园环境中，有色人种学生偶尔会有无助和被冷落的感觉，这时导学项目就能为他们提供帮助（Fleming 1984；Hurtado and Carter 1997；Johnson et al. 2007）。导学项目、种族研究中心和机构可以为这些学生单独提供社会和情感支持，同时也可以在以白人学生为主体的校园中，为这些少数族裔学生提供一个避风港，让他们找回失去的归属感（Attinasi 1989；Fleming 1984；Guiffrida 2003；Torres 2004）。对于新生来说，这些中心和机构就像是一个安全熟悉的入境港口，帮助他们形成校园学业和社会环境的认知地图（Attinasi 1989；London 1989；Terenzini et al. 1994；Torres 2004）。学生在这里可以放松下来，给自己充电（Fleming 1984）。

此外，学生还可以通过在课堂内外与教职工以及同学的交流互动来获得社会支持（Diel-Amen 2011；Giddan 1988；Johnson et al. 2007；Swenson，Nordstrom，and Hiester 2008；Thomas 2000）。在大学期间，特别是在关键的第一学年，学习社群可以为学生提供各种形式的社会支持，如住宿制、课外活动，抑或是学习社群等分享性学习项目。

经济资助

虽然目前尚未达成一致结论，但现有研究发现，经济资助力度越大，似乎越有助于提升学生留校率（Gansermer-Topf and Schuh 2005，2008），尤其是低收入家庭学生的留校率（Heller 2003；Pascarella and Terenzini 2005；Paulsen and St. John 2002；St. John 1991，2000）。相比较而言，提供助学金似乎比提供助学贷款更有助于提升留校率（Bettinger 2004；Dowd and Coury 2006；Dynarski 2002，2003；Gross，Hossler，and Ziskin 2007；Hossler et al. 2009）。[2]

资助、贷款和助学金的额度标准会影响学生的一系列选择：公立/私立；四年制/两年制；全日制/非全日制；或是边读书边工作（St. John 1990；Heller 1996；Advisory Committee on Student Financial Assistance 2010）。[3]如果资助标准偏低，低收入家庭学生往往会选择就读两年制学院，这样一来，他们的留校率和最终的毕业率也会更低（Bettinger 2004）。即使在录取时能确保学生的学业基础相当，但情况依然如此（Bound，Lovenheim，and Turner 2009）。非全日制学生以及边读书边工作的学生，对学业的投入自然会减少，那么完成学业的所需时间必然会延长，甚至可能迟迟不能毕业

(St. John 2004)。一项针对 2003—2004 年入学的两年制或四年制大学生毕业状况的研究表明,选择非全日制项目的学生中有接近 70% 的人在三年内退学。相比之下,四年制大学中全日制学生的相应比例仅为 17%,两年制学院中全日制学生的相应比例为 40%(Berkner et al. 2007)。[4]

遗憾的是,在过去三十年间,由于学费不断上涨,佩尔助学金逐渐成了杯水车薪(Fischer 2007;Farrell 2007),不仅如此,学校资助也由按需资助转变为按成绩资助,并从低收入家庭学生流向中高收入家庭学生(St. John 2001)。举例来说,2003—2004 学年,美国大学为全日制学生提供的资助总额大约为 102 亿美元,其中约有 54% 的额度按成绩发放,近 60% 的奖学金发放给了高收入家庭学生(家庭年收入为 60176 美元及以上),仅有约 20% 的奖学金发放给了低收入家庭学生(家庭年收入为 33346 美元及以下)。甚至是按需发放的助学金,也只有大约 21% 发放给了低收入家庭学生(Heller 2008)。[5]更为讽刺的是,对于中低收入家庭的学生而言,资助额度的多少与毕业率的高低成正比,但对于家庭收入排在前 50% 的学生而言,似乎并非如此(Bowen, Chingos, and McPherson 2009:231)。

资助额度还会影响学生在社交和学业方面投入的时间,从而也可能会影响学生留校率(Herzog 2005;Lichtenstein 2005;St. John 2004)。Cabrera、Nora 和 Castaneda(1992)针对学生投入程度和学生经济资助共同作用的分析表明,尽管学生的投入程度对留校率的直接影响更为显著,经济资助也会通过影响学生的投入程度对留校率产生间接影响。这或许可以解释许多勤工俭学项目为何能提升学生留校率(Astin 1975;DesJardins, Ahlberg, and McCall 2002;Hossler et al. 2009;St. John, Hu, and Tuttle 2000;St. John, Hu, and Weber 2001)。通过这类项目,学生既能获得经济资助,又能在大学里建立自己的社交网络。

当学生（尤其是低收入家庭学生）在就读期间遇到经济困难时，经济资助对学生留校率的直接影响最为显著（McGrath and Braunstein 1997；Gross，Hossler，and Ziskin 2007）。提到经济困难，人们通常会想到家庭变故，但一些低收入家庭的学生，在助学金申请尚未获得大学资助办公室批准前，连必要的书本和学习必需品都买不起。这样一来，学校提供的短期经济资助，对这些学生达到课堂学习要求而言至关重要。

这里有必要对经济资助的作用进行补充说明。与任何其他形式的投资一样，学生对高等教育的投资取决于他们对这一投资价值的认知。虽然学生（特别是低收入家庭学生）的经济能力显然是有限的，但认可高等教育的投资价值会促使一些学生坚持学业。即使迫于经济压力，只能选择非全日制教育或者必须边读书边工作，他们也会坚持下来。相反，如果有些学生认为高等教育的投资价值微不足道，就算没有经济压力，他们也可能会选择放弃学业。大学虽然无法控制高等教育的成本，但是可以通过提高教育质量来提升高等教育的投资价值。

学业支持项目

学业支持项目种类丰富，形式多样，包括暑期衔接项目、第一学年研讨课、补充教学、学习社群、嵌入式学业支持、基础技能课程、社会支持项目、经济资助项目。

暑期衔接项目

暑期衔接项目旨在帮助学生顺利完成从高中到大学的过渡，让所有新生都能站在同一条起跑线上（Fenske, Geranios, Keller, and Moore 1997；Kezar 2000；Pascarella and Terenzini 2005）。社区学院

［如高原社区学院（Highland Community College）、首府社区学院（Capital Community College）、孤星学院北哈里斯分校（Lone Star College-North Harris）和圣达菲社区学院（Santa Fe Community College）］，大学学院［如印第安纳大学与普渡大学印第安纳波利斯联合分校（Indiana University-Purdue University at Indiannapolis）］，以及公立和私立大学［如圣十字学院（印第安纳）（Holy Cross College）、摩根州立大学（Morgan State University）、鲍伊州立大学（Bowie State University）、加利福尼亚理工大学（California Polytechnic University）、东肯塔基大学（Eastern Kentucky University）、旧金山州立大学（San Francisco State University）和雪城大学］，都开办了暑期衔接项目。暑期衔接项目服务于各类学生群体，包括国际学生和母语为非英语的学生、少数族裔学生、残障学生以及如 STEM（科学、技术、工程和数学）等特定专业领域的学生，同时还为学生提供一系列学业和社会支持服务。尽管如此，该项目的首要目的始终都是为基础薄弱的学生提供学业支持（Kezar 2000；Walpole et al. 2008）。学生在第一学期开学前就到学校参加为期一周到四周不等的学业和社会支持的强化项目，内容包括各种咨询服务。学校通常会要求学生住在校园里，参加各种拓展活动，体验一系列大学课程，帮助学生完成从高中学习到大学学习的过渡。如果学生在进入大学前就能做好学业和社会心理上的准备，那么他们在第一学年所需的支持必然就会减少。所以，暑期衔接项目能提升学生留校率（Critical Issues Bibliography 2001；Buck 1985；Evans 1999；Gancarz, Lowry, McIntyre, and Moss 1998；Gold 1992；Garcia 1991；Walpole et al. 2008）。如果将暑期衔接项目与紧随其后的秋季学期初的支持项目结合起来，那么暑期衔接项目会有更显著的长期影响。这就需要分别负责两个项目的教职工相互配合，以确保项目活动的延续性。[6]

加利福尼亚大学圣迭戈分校的暑期衔接项目

加利福尼亚大学圣迭戈分校（University of California-San Diego），每年有120—150名新生参加为期四周的OASIS暑期衔接项目，该项目旨在提升学生的学业、社会和领导技能。学生需修读两门学分课程——"当代问题（一）：大学与社会"和"教育研究20：学习原理导论"。这两门课的学分可计入总学分。在整个项目期间，在读本科生会帮助这些新生适应大学学业，指导教师将帮助他们适应大学环境，并提供学业和社会支持。在此期间，全体学生都会住在同一栋宿舍，那些秋季学期正式入学后打算走读的学生也不例外。经历了共同的学习和宿舍生活，学生们能收获珍贵的友谊，从而能顺利完成从高中到大学的过渡。此外，学生还会了解到大量有关校园资源的个性化信息。

与秋季学期的后续支持项目实现对接是该项目的一大特色。暑期衔接项目结束后，学校还提供了OASIS学习社群和学业过渡项目，为每一位学生提供一系列的个性化服务，包括单独辅导、专业指导、专业咨询和社交网络的建立。学校给学生配备了一名朋辈导师，即学业过渡咨询顾问。这位导师会与新生约谈，跟进他们在第一学年的学习进展。此外，学生以小组为单位参加每周一次的学习社群研讨课，主题是如何在第一学年获得学业成功。研讨课的小组成员相对固定，在整个第一学年，小组成员一起学习，一起参加其他活动。数据表明，无论基础好坏，与未参与暑期衔接项目的学生相比，参与过的学生坚持完成学业的比例与之持平甚至更高。2001年，参与该项目的新生在第一学年结束时的留校率为96%，未参与该项目的学生的相应比例为92%，同时，参与过该项目的学生存在学业困难（平均绩点低于2.0）的情况较少。1995年，参与过该项目的学生中，81%的人在五年内顺利毕业，而未参与该项目的学生中，五年内毕业的比例则为78%。值得一提的是，加利福尼亚大学圣迭戈分校的暑期衔接项目不同于其他同类项目，其定位是为那些原本上不了一流大学的学生提供学业支持，因此会优先招收学业基础较为薄弱的学生。

第一学年研讨课

广受欢迎的第一学年研讨课曾经只是入学教育活动的一种延续形式，如今其形式更加多元（Upcraft, Gardner, and Barefoot 2005; Hunter and Linder 2005）。[7]有的研讨课与以前一样，主要为学生提供有关学业要求的信息，介绍大学的学习生活；有的则采用大学学业成功课程的形式，旨在提升学生的学习技能、时间管理技能和其他有助于提高学业成绩的技能。有的研讨课将导学活动、学业技能和一系列帮助学生融入校园生活的学习和社交活动结合起来；有的则只包括学业课程。有的研讨课面向全体学生；而有的只针对特定群体，如学业基础薄弱的学生。有的研讨课由学生自愿选择是否参加；有的则要求所有学生参加，如巴尔的摩县社区学院开设的研讨课。第一学年研讨课一般是单独开设的课程，但越来越多的第一学年研讨课采用与其他课程关联起来的学习社群的形式，如下文将要详细介绍的阿巴拉契亚州立大学（Appalachian State University）和巴鲁克学院（Baruch College）的第一学年研讨课（Friedman and Alexander 2007; Henscheid 2004; Swing 2004）。

查菲学院的大学成功课程

查菲学院（Chaffey College）为处于学业观审期的学生设立了一个为期两学期的项目，名为"敞开大门"（Enhanced Opening Doors）。学生须修读学业顾问讲授的两门大学学业成功课程。这些课程讲授基础学习技能，让学生了解大学的相关要求。学生还必须前往学校的学业成功中心，接受阅读、写作和数学三门课程的个性化辅导。美国人力资源开发和研究公司（MDRC）近年来的一项研究发现，敞开大门项目提高了学生的平均绩点，增加了平均绩点在2.0及以上的学生人数，同时提升了结束学业观审期的人数比例（Scrivener，Sommo，and Collado 2009）。

巴尔的摩县社区学院的大学学业成功课程

巴尔的摩县社区学院（Community College of Baltimore County）要求所有新生都必须参加一门1学分的线上课程（含1.5学时的面授课时），课程名称是"从高中到大学"（Transitioning to College）。这门课在以下四个学院开设：文理学院、理工学院、医疗健康学院和商学院/社会学院。虽然课程重点是制定学业规划，但也会帮助学生熟悉并利用学校提供的一系列支持服务，比如学业咨询、经济资助、残障人士服务、学业辅导与写作辅导。此外，该课程还针对如何管理时间/金钱/生活等一系列个人事务向学生提供有效的建议。负责授课的全职和兼职教师会接受为期一周的培训，面授的1.5学时计入他们的教学工作量。除了面向非裔美籍学生的5个板块和作为学习社群组成部分的板块，大部分课程板块面向相同的学生群体开放。14个课程板块完全采用线上教学，每个板块都有上机学时，以提高学生的信息技术技能。

无论课程形式和重点如何，新生研讨课只要开设得当，其成效是显而易见的（Barefoot 1993；Davis 1992；Goodman and Pascarella 2006；Pascarella and Terenzini 2005；Scrivener，Sommo，and Collado 2009；Tobolowsky，Cox，and Wagner 2005）。Zeidenberg、Jenkins 和 Calcagbno（2007）花了近六年时间跟踪调查了佛罗里达州社区学院的学生（包括补习生和非补习生）。这些学生中有的参加了大学成功课程的学习，有的则没有。调查结果表明，无论是补习生还是非补习生，在控制其他个人因素的情况下，该课程有利于提高获得毕业证书或学位证书的学生比例。

这类课程能取得成效并非易事。尽管受到诸多因素的影响，课程能否发挥成效以及成效高低主要取决于授课人员的素质和接受培训的情况、面授时长、课程内容、活动安排，以及研讨课与学生修读的其他课程之间的匹配情况（Hunter and Linder 2005；Hunter 2006）。比如，延长面授时长（从一般情况下的 1 个小时延长至 2~3 个小时），学习成绩优异的本科生助教参与授课，与其他课程或学习社群课程关联起来，将使研讨课更有助于提升学生留校率。然而即使开设成功，第一学年研讨课还是会面临一系列后续挑战，尤其是学分上的问题。尽管事实证明研讨课属于偏学术性的课程，但很多学校并不认同这一观点，仅将该课程最多设定为 1 个学分。或许正因如此，越来越多的大学将第一学年研讨课并入学习社群课程，相关内容我们将在下文进行详细介绍（Friedman and Alexander 2007；Henscheid 2004；Swing 2004）。这样一来，第一学年研讨课成为学习社群的一部分，其授课内容和活动安排也会依据学习社群学生的需求而不断变化。

与暑期衔接项目一样，第一学年研讨课开展了一系列活动，来帮助学生建立社会联系，从而获得社会支持（Smith，MacGregor，Matthews，and Gabelnick 2004；Tinto，Goodsell，and Russo 1993；

Tinto and Goodsell 1994）。这一点在生活-学习社群中尤为明显，如亚利桑那大学（University of Arizona）、南卡罗来纳大学（University of South Carolina）、马里兰大学（University of Maryland）和西肯塔基大学（Western Kentucky University）中的生活-学习社群。社群成员住在一起，共同修读两门或多门课程（Kanoy and Bruhn 1996；Pike 1999）。[8] 有的大学会要求教师和学生同住在学生公寓（Golde and Pribbenow 2000）。另一些大学，如阿巴拉契亚州立大学、克莱顿大学（Creighton University）、米勒维尔大学（Millersville University）和夏威夷大学马诺亚分校（University of Hawaii at Manoa），会让朋辈导师加入进来，从而更好地配合负责研讨课或学习社群的教职工开展工作。无论怎样，生活-学习社群和其他形式的学生支持，如果能嵌入专业项目中或与之关联，都能有效促进学生在社交和学业两方面的投入。

补充教学

补充教学主要是一项学业支持策略，以学习小组的形式为学生提供某一门课程的学业支持（Blanc, DeBuhr, and Martin 1983；Blanc and Martin 1994；Commander, Stratton, Callahan, and Smith 1996；Congos, Langsam, and Schoeps 1997；Hodges, Dochen, and Joy 2001；Hurley, Jacobs, and Gilbert 2006；McGuire 2006；Muhr and Martin 2006；Peterfreund, Rath, Xenos, and Bayliss 2008；Stone and Jacobs 2006；Zaritsky and Toce 2006）。学生能将他们在课程学习小组中获得的学业支持，直接应用到与该课程相关的学习任务中。

如前所述，对于许多甚至是大多数学生来说，学业成功的基础是能顺利完成每一门课程的学习。由于第一学期的课程最为重要，尤其是基础课或其他课程的入门课，因此补充教学针对的通常是这一类课程，德州农工大学（Texas A & M University）和南卡罗来纳大学的补充教学就是如此。学生只有顺利修完基础课和入门课，才能完成后续课程的学习（Ogden，Thompson，Russell，and Simons 2003）。补充教学也会针对通过率相对较低的课程，埃尔卡米诺学院（El Camino College）和曼彻斯特社区学院（Manchester Community College）就采取了这种做法。无论针对哪一类课程，补充教学都减少了挂科或勉强及格的学生人数，学生的平均成绩得以提升（Congos 2003；Congos and Schoeps 2003；Hodges，Dochen，and Joy 2001；Wolfe 1998；Wright，Wright，and Lamb 2002）。补充教学之所以行之有效，一定程度上是因为学生与其他小组成员共同学习的时间增加了。和新生研讨课一样，在美国及其他国家，补充教学在两年制学院和四年制大学中得到了广泛应用。[9]

尽管如此，并非所有需要补充教学的学生都能持之以恒地利用学习小组来获得学业支持，有的学生只在临考前加入这些课程的学习中。除了采取强制措施（Hodges，Dochen，and Joy 2001），学校还可以通过以下方法提高出勤率：在课前或课后立即做出该课程的补充教学安排，采用视频或线上补充教学（Martin and Blanc 2001；Wang 2005），同时确保每个补充教学单元的活动安排从头到尾都与每节课的内容相对应。

埃尔卡米诺学院的补充教学

加利福尼亚州埃尔卡米诺学院的补充教学（SI）项目始于2002年，由Luis Barrueta负责，资金来源于资助第一学年项目开发的第五类拨款。该校的补充教学项目涉及众多学科，但重点针对数学课程，特别是入门代数、初级代数和中级代数。起初，这个项目仅有4个板块，规模小，目的只是测试其可行性，如今该项目已拓展至一学期35个板块。

埃尔卡米诺学院的补充教学从小规模开始,从评价中获取真实意见,不断改进,同时在第五类拨款资助结束后继续得到学校和从中受益的各专业系主任的支持,从而得以不断发展。学校尽力聘用有能力的项目主管,将补充教学的单元与相关课程紧密结合。从2002年夏季到2009年春季,该项目成效显著:参加过入门代数课程补充教学的学生与未参加过的学生相比,前者的课程通过率为77.4%(即课程成绩为A、B或C),后者则为59.5%;就初级代数课程补充教学而言,参加过的学生课程通过率为73.4%,未参加的通过率为41.9%;就中级代数课程补充教学而言,参加过的学生课程通过率为75.5%,而未参加的通过率为42.8%。[10]

理查德·J. 达利学院的补充教学

理查德·J. 达利学院(Richard J. Daley College)的补充教学项目名称是全面学业支持与促进投资回报(CASH-to-ROI),该项目要求补习数学、英语和阅读理解的学生,在一学期内选择参加8次课后小组学习,小组规模为7~10人,每组指派一名兼职员工作为导师/协调者负责组织讨论。讨论的材料为包含多个章节的科幻冒险故事。学生需要综合应用三门课程知识来完成作业和讨论问题。学习小组的出勤率占学生综合成绩的15%。在参与该项目的学生中,80%~90%的学生通过了数学、英语和阅读理解补习课程的考核,而未参与该项目的学生,补习课程的通过率仅为前者的一半。[11]

学习社群

虽然本书第五章将详细讨论学习社群，但这里需要指出的是，越来越多的学校将学习社群作为学业支持的一种形式。学习社群将学习技能课程，或上文提到的新生研讨课（Friedman and Alexander 2007；Maxwell 1998；Tinto 1999）纳入相关课程中。如果学习社群授课教师在设计课程活动时，能与其他专业课程的任课教师相互协调，那么学习社群将最大程度地发挥作用。与补充教学一样，将学习社群中的支持性课程与专业课程有机结合，学生就能迅速将其在支持性课程中的收获学以致用，从而达到专业课程的学业要求，而他们的成绩也能随之提升。例如，Friedman 和 Alexander（2007）在一项研究中，把 1294 名大学新生分为三类，对其成绩进行评估：第一类是参加过 37 个以新生研讨课为主导课程的学习社群的学生；第二类是参加过与课程无关联的研讨课的学生；第三类是未参加任何研讨课的学生。研究发现，学生在学习社群课程中成绩的高低顺序也和上述分类一致，即第一类学生成绩最好，第二类次之，第三类最差。

由于很多学生入校时学业基础薄弱，一些学校的学习社群主要针对学生的基础技能需求，比如迪安萨学院（DeAnza College）、希尔斯布鲁社区学院（Hillsborough Community College）、国王郡社区学院（Kingsborough Community College）、拉瓜地亚社区学院（LaGuardia Community College）、大都会社区学院（Metropolitan Community College）、西雅图中央社区学院（Seattle Central Community College）、加利福尼亚州立大学东湾分校（California State University East Bay）、天普大学（Temple University）和得克萨斯大学艾尔帕索分校（University of Texas-El Paso）。这些学校将一门或多门基础技能课程与一门专业课程相结合。这种学习社群模式可以把基础技能教学和相关专业课程教学匹配起来（Malnarich et al. 2003；Tinto，1999）。

例如，在国王郡社区学院，参加发展教育学习社群的学生以小组为单位，修读了一门英语补习课、一门卫生或心理学专业课，以及一门1学分的导学课。虽然影响因素众多，参加了学习社群的学生与对照组学生（未参加学习社群的学生）相比，前者成绩更好。一般而言，他们修读并完成了更多课程，获得了更多学分，也更有可能继续第二年的学业。此外，统计数据显示，在纽约城市大学，参加了学习社群的学生英语测试的通过率更高，达到了大学学业和学位的英语水平要求（Scrivener et al. 2008；Bloom and Sommo 2005）。

Engstrom 和 Tinto（2007，2008）针对基础技能学习社群开展了一项全国性的研究，展现了需要提升基础技能的学生在学习社群中的收获。该研究得到了卢米纳教育基金会的资助以及威廉和弗洛拉·休利特基金会的资金支持。研究者对加利福尼亚、佛罗里达、马萨诸塞、马里兰、新泽西、纽约、北卡罗来纳、宾夕法尼亚、田纳西、得克萨斯和华盛顿州的13所两年制学院和六所四年制大学的基础技能学习社群进行了研究。[12] 他们采用了类似于社区学院学生参与度调查（CCSSE）的工具，对基础技能学习社群中的学业基础薄弱生进行调查，将他们与没有参加学习社群的学生进行对比，旨在研究他们在学业和社交投入、认知能力以及学业规划等方面呈现的特征。为了了解这些学生能否坚持完成后续学业，研究者进行了为期几年的跟踪调查，选取了三所两年制学院和两所四年制大学作为个案研究对象，连续三年对基础技能学习社群的学生进行访谈。[13] 研究结果表明，在学业基础薄弱的学生当中，参与了学习社群的人能更加积极地参加各类活动，如课堂学习，以及师生共同参与的各项课内和课外活动等。这些学生还认为，他们通过参加学习社群得到了更多鼓励、支持，同时也收获了更多知识。

一位学生描述了与专业课程关联的基础技能课程如何帮助他提高专业课程成绩，他说："将 ESL（English as a Second Language，英语作为第二语言）课程与会计课程关联非常有用，因为会计学老师要我们用完整的句子回答问题……也提高了我的写作水平。而且会计英语课上学的都是会计学专业词汇，我们学起来更有兴趣，因为这些词汇是我们想学的。通过学习会计英语课程，我的会计课程也学得更好了。"

另一名学生谈到了学习社群经历对学习者自尊的影响："根据别人的不同意见和反馈，你会不断地去思考、去琢磨；你会意识到自己并不是一无所知，自己并不是个傻子。"

还有一名学生说，学习社群的经历让他找回了自信，学业也进步了。"和同一群学生一起上课，让人很放松。刚开始你会害怕，因为总有人说得比你好，写得比你好。但是时间久了，每天看到的都是熟悉的面孔，你会更加自在，和同学的交流也会越来越多……渐渐地，这些熟悉的面孔让我更有信心……以前我不敢发言，但现在我不怕了……我越自信，我的表现就越好……自从参加了学习社群，我觉得自己变聪明了。我能感觉得到这一点。"

参加了学习社群的学生更有可能继续第二学年的学业，这也是意料之中的。在四年制大学中，参加学习社群的学生和对照组学生坚持学业的比例平均相差近10%；在两年制学院中，这一比例的差异略高于5%（当然，在有些学校，差异高达15%）。

学生能坚持学业有如下几方面的原因。首先，学习社群在课程设计上有意加强了课程之间的关联。上文提到的补充教学也运用了同样的匹配原则。不同的是，补充教学的学业支持只针对一门课程，而基础技能学习社群中，学业支持可以同时关联几门课程。其次，学习社群提供的是额外的学生支持服务，没有参加的学生则无法获得这样的支持。最后，教职工为参加学习社群的学生设定了较高的要求，注重在社群内营造互帮互助的氛围，帮助学生学会大学入学前没有掌握的技能。

有些学校的基础技能学习社群还为学生提供咨询和其他支持服务，如塞里图斯学院（Cerritos College）和斯卡吉特谷学院（Skagit Valley College）。学校这么做是因为有充分的证据表明，学业基础薄弱的学生尤其是低收入家庭学生以及受忽视的学生，要想获得学业成功，不仅需要学业支持，往往还需要社会支持。例如，夏威夷社区学院（Hawai'i Community College）的 Hulu'ena 项目，要求学业基础薄弱的夏威夷土著学生在第一学期参加三门课程，分别为一门针对该群体特殊需求开设的发展教育课程，一门涵盖一系列支持活动的大学成功课程，以及一门夏威夷文化课程。学校必须为学生提供学业咨询、专业咨询和特殊学生管理服务，还对学生的学业成绩提出了较高的要求。

国王郡社区学院的 ESL 学习社群

国王郡社区学院的学习社群始建于 1995，提供 ESL 强化项目。ESL 学习社群包括 10 个学习小组，每组最多 25 人，全部是新生。他们共修读五门相互关联的课程：ESL、演讲课、两门学生发展课程，以及一门通识教育课程，如心理学、历史学或社会学。如今，通过敞开大门项目，每学期开放的学习社群有 30 多个，每年可以为 1200 多名新生提供服务。该项目开设三门相互关联的课程：英语课、学生发展课程和通识教育课程。所有参加学习社群的学生，无论是 ESL 学习社群还是其他学习社群，都会得到各种支持，帮助他们融入校园，顺利适应大学生活，获得学业成功。参加 ESL 强化项目的学生，以及敞开大门项目中英语成绩最差的学生，可以和读写中心的导师预约面对面指导，这些导师每周都会旁听一节课。学校还会为参加第二学期项目（Second Semester Program）的学生提供补充教学，形式为学习小组或一对一指导。

一项针对385名参加过ESL强化项目的学生开展的纵向研究发现，与没有参加该项目的同等数量的学生相比，参加过的学生不仅在常规ESL课程中通过率更高、成绩更好，在后续ESL课程中的表现也更加出色。不仅如此，从长期成效来看，与专业课程关联的ESL项目要比与专业课程无关联的ESL项目更有助于学生获得学业成功，无论是英语水平考试的及格率、毕业率和留校率，还是所有课程的平均成绩，都能证明这一点（Song 2006）。

大都会社区学院的发展教育学习社群

大都会社区学院的改善学业获得成功项目（AIM）设立于1998—1999年间，该学习社群的学生以小组为单位，在一个学季内修读两门或两门以上的阅读、写作、数学、个人或职业发展课程。和塞里图斯学院、斯卡吉特谷学院一样，大都会社区学院让学生服务工作人员参与该项目。职业发展顾问为学生提供面对面咨询，还会授课。学习社群的很多教师，特别是数学和英语教师，都来自不同院系，但是所有教师都必须参加年度培训，在项目开展全过程中定期分享各自的经验，讨论改进方式。在学习社群上课是没有课酬的，但筹备学习社群的活动会占用一定的时间，因此这些教师一开始就会获得一笔津贴作为补偿。该项目之所以获得成功，不仅是因为参与项目的全职或兼职教师愿意接受灵活的工作安排，愿意与他人合作，而且是因为该项目还为学校员工提供了发展项目,并且这些教师的工作得到了教育和学生服务主管人员的支持。此外,学院为该项目提供了专门预算予以支持。多年来,该项目一直在不断改进,比如重视学习策略(如基于问题的学习)的应用,从而显著提高了学生成绩和留校率。在参加了 AIM 项目的学生中,有 81% 的人会继续下一学季的学业,61% 的人会坚持完成整个学年的学业,而只参加了常规发展课程的学生,相应比例分别为 68% 和 52%。参加了 AIM 项目的学生,其毕业率和全校学生的总体毕业率大致相同(Raftery 2005)。

嵌入式学业支持

如今还有一种学业支持项目,即综合基础教育与技能培训项目(I-BEST),广泛应用于华盛顿州的技术职业学院和社区学院中,如海莱恩社区学院(Highline Community College)、罗瓦哥伦比亚社区学院(Lower Columbia Community College)和塔科马社区学院(Tacoma Community College)。这一项目将基础技能嵌入面向需要补习基础技能的成人学生开设的技术和职业课程中。参加该项目的学生不仅可以学习基础技能,而且能获得毕业或学位所需的学分。该项目需要基础技能授课教师和专业课程授课教师相互配合,且共同授课时间须占总课时的一半以上。将基础技能与专业课程相结合,能让学生在专业学习中掌握基础技能,还能让学生将基础技能应用到专业学习中。由此看来,该项目也采用了和补充教学以及基础技能学习社群一致的匹配方式。

Jenkins、Zeidenberg 和 Kienzl(2009)针对 31000 名学生进行了研究,其中约有 900 名学生参加了 I-BEST 项目。在控制学生背景差异的前提下,研究者仍然发现参加过该项目的学生(包括那些修读了至少一门非 I-BEST 人力资源课程的学生），学业成绩比其他需要补习基础技能的学生更好。相较于其他学生而言，参加过 I-BEST 项目的学生继续修读学分课程、获得毕业要求学分、获得职业证书的可能性更大，并且能在基础技能考试中获得更好的成绩。

海莱恩社区学院的 I-BEST 项目

海莱恩社区学院开展的 I-BEST 项目由技术/职业课程任课教师和 ESL 任课教师共同合作实施，在课程上综合了基础技能与技术/职业能力的培养。为了使该项目满足培养全日制 AAS（文理副学士）的要求，华盛顿州要求教学重叠时间达到 50%，即技术专业课和基础技能课的任课教师共同授课的时间必须达到总学时的一半以上，余下时间为单独授课。I-BEST 课程包括每周 5 学时的不计学分的成人基础教育课和 ESL 课程。

该项目的重点在于，基础技能教学的开展能紧密结合学生学习需求，以及特定专业领域所必需的技能和知识。两类课程的任课老师会花大量时间一起备课，并对学生进行基于能力的学习效果评估。I-BEST 项目的任课教师通过自己的教学体验，更加坚信该项目比传统的基础技能教学更有效。这也是该项目能一直受到支持的原因和延续的动力。[14]

基础技能课程

针对学业基础薄弱的学生，几乎每所高校都会开设基础技能课程，这是最常见的学业支持方式。尽管基础技能课程一直都是美国高等教育的重要组成部分，但课程的效果却备受质疑。Baily、Jeong 和 Cho（2009a，2009b）三位学者的研究发现，从最基础的发展性教育课程开始修读的学生中，能坚持按顺序修完所有课程的为数不多。上述研究针对的是"实现梦想学院"（Achieving the Dream colleges）成员学校开设的包含三个等级的发展性课程。这些课程为非学分课程，只为学分课程奠定基础。研究表明，在参加数学补习课的学生中，仅有31%的人在三年内完成了所有课程，而阅读补习课学生的相应比例为44%。此外，上述两类学生中，分别都只有刚过一半的人通过了学分课程考核。该项研究表明，卡耐基促进教学基金会（增强社区学院入学前教育）和卢米娜教育基金会为改善现有教学实践所做出的努力十分必要（Zachry 2008）。

为此，越来越多的大学开始采取行动。首先，这些高校优化了发展性课程的开课顺序，要求学生修完一门课程后，才能开始后续课程的学习（Bailey, Jeong, and Cho 2009a, 2009b; Roksa, Jenkins, Jaggars, Zeidenberg, and Cho 2009）。发展性课程作为基础技能课程，必须全部修完之后才能修读计入毕业总学分的学分课程（Grubb and Cox 2005）[15]。其次，大学已经开始关注基础技能课程教师的教学技能培养，除了常规的教学法，这些教师还使用了其他教学方法。卡耐基促进教学基金会以及威廉和弗洛拉·休利特基金会共同资助的增强社区学院入学前教育项目，聚集了来自11所加利福尼亚社区学院教授入门数学和英语语言课程的教师。[16] 无论是开展合作教学，还是在各自学校进行单独教学，这些教师都在不断地探索课堂教学实践、学业支持和教师发展的不同路径。他们的工作基于这样一个理念，即不断地通过合作探索，不断学习有关教与学的研究成果，可以帮助提升教学质量，从而更好地帮助学生获得学业成功。项目成果之一，就是一些参与该项目的大学在基础技能教学中应用了合作学习法。其他学校，如得克萨斯州的里奇兰德大学（Richland College）和弗吉尼亚州的帕特里克亨利社区学院（Patrick Henry Community College），也各自采用了这种教学方法。[17]

加利福尼亚州、康涅狄格州、印第安纳州、肯塔基州、马萨诸塞州和华盛顿州等几个州，已经或正准备在全州范围内的学校实施基础技能课程教学改革，尤其是在需求最为迫切的学校。例如，在加利福尼亚州，预计有近75%的社区学院学生需要学习基础技能课程，州政府已经拨款支持基础技能专项计划（Basic Skill Initiative）。[18]目前，政府将资金拨给社区学院，要求用于改善基础技能课程教学。此外，还有一系列基础技能课程教学改革正在进行中，如基础技能资源网络和读写战略计划。由此可见，人们逐渐认识到，任课教师的专业发展关系到学业基础薄弱的学生能否获得学业成功。[19]

有些学校已经着手重新规划课程安排，并对现有大多数基础技能课程的内容提出了质疑（Conley 2005）。仅以高中课程安排标准来判断学生所需技能的现象十分普遍，忽视了我们所了解的顺利完成大学专业学习所必备的技能，而发展性课程正是为专业学习奠定基础的。将发展性课程视作为修读社区学院的学分转换课打基础是一回事，而将其视作为技术/职业课程打基础则是另一回事，因为这些课程需要为学生进入专业领域工作做好准备。任课教师不仅要了解学生在发展性课程和学历学位课程中需要学习的技能，还应了解教授这些技能的最佳方法。华盛顿州的I-BEST项目之所以非常成功，是因为该项目将基础技能融入技术/职业课程中，要求学生学以致用。

另一些学校试图通过加快对学业基础较好的学生的教学进度，解决对于他们而言发展性课程耗时过长的问题。例如，帝国山社区学院（Mountain Empire Community College）在调整数学课程顺序时，利用同伴主导小组学习项目（PLTL），为修读数学发展课程的学生提供额外支持。和马里兰州的蒙哥马利学院（Montgomery College）一样，帝国山社区学院也实施了一个项目，名为"快速通道数学课程"。原来持续一整学期的算数和初级代数发展课程，分别被浓缩为1学分和2学分的复习课，以帮助数学基础扎实的学生快速复习数学概念（Zachry 2008）。

还有一些学校也采用了加速学习项目，如奥斯汀社区学院（Austin Community College）、查菲学院、丹佛社区学院（Community College of Denver）、迪恩学院（Dean College）、霍华德社区学院（Howard Community College）、印第安纳州常春藤技术社区学院（Ivy Tech Community College of Indiana）、中田纳西州立大学（Middle Tennessee State University）、蒙哥马里县社区学院（Montgomery County Community College）、帕萨迪纳社区学院（Pasadena Community College）、乔治王子社区学院（Prince George's Community College）和南缅因大学（University of Southern Maine）。这些学校所采用的模式各不相同。有的学校使用补充教学，如帝国山社区学院；有的学校采用暑期衔接项目，如帕萨迪纳社区学院的数学强化班；有的学校采用类似于补充教学/学习社群的形式，如巴尔的摩县社区学院；还有学校采用和华盛顿州I-BEST项目类似的嵌入式基础技能教学，如奥斯汀社区学院。这些项目都有一个共同目的，即无需针对学业基础略低于大学要求的学生单独开设发展性课程。

帝国山社区学院的同伴主导小组学习项目

帝国山社区学院的同伴主导小组学习项目以补充教学的形式开展，重点关注数学发展课程，特别是初级代数。小组规模小，互动性强，由接受过培训的朋辈助教负责。这些助教曾经学习过该课程并取得了好成绩。同伴主导小组学习项目的课程被命名为"动力小时"（Power Hour），是课程计划的一部分，每周一次，安排在每周五常规课程开始前一小时进行，对所有学生开放。虽然参加与否取决于学生意愿，但学校用给予额外学分这样的奖励来鼓励学生参加。同伴主导小组学习项目的"动力小时"始于2007年春季学期，之后每年春季与秋季学期都持续开设。每学期都会有两个初级代数班开展该项目，每个班配备3名朋辈助教。班级成员会分成若干小组，在校内不同地点进行小组学习。朋辈助教会在每周一和周三参与1个小时的课程，每周还会与任课教师交流一次。该校已经成功实施了TRIO辅导计划[20]，因此同伴主导小组学习项目的朋辈助教直接由TRIO计划的相关负责人安排。

参加同伴主导小组学习项目的课程可以提升数学发展课程（初级代数）的通过率。参加同伴主导小组学习项目的学生在小测验、测试和结课考试中表现得更加出色。学生们认为他们在同伴主导小组学习项目上所花的时间非常值得。他们说，通过同伴主导小组学习项目，自己学会了与他人合作，也能更好地理解学习内容。有的学生还要求将中级代数也纳入同伴主导小组学习项目的课程当中。

巴尔的摩县社区学院的加速学习项目

巴尔的摩县社区学院的加速学习项目始于2007年，服务于英语水平略低于大学要求的学生。8名需补习基础技能的学生没有参加单独开设的英语写作发展课程，而是与其他12名无需补习基础技能的学生一起修读大学水平英语课程。同时，这8名学生还需修读一门与大学水平英语课程相关联的英语发展课程或研讨课，且两类课程由同一个教师授课。通过参加由两类课程组成的学习社团，学生可以在补习基础技能的同时获得大学学分。以往参加了单独开设的写作发展课程的学生,大学水平英语课程的及格率为27%,而参加了加速学习项目的学生,及格率为63%。[21]

吉尔福德技术社区学院(Guilford Technical Community College)采用了另外一种模式,重点关注学业能力最差和通常会在一门或多门基础技能课程挂科的学生。该校的过渡项目将成人基础教育和发展性教育相结合,帮助学生更快地完成一系列发展性课程的学习。一方面,该项目通过强化教学,同时通过COMPASS考试分数而非成绩等级来确定学生的学业进展。另一方面,和其他许多学校一样(例如塞里图斯学院、迪安萨学院、拉瓜地亚社区学院以及西雅图中央社区学院),该项目采用了学习社群的形式,帮助学生掌握技能。

目前,还有一种与众不同的基础技能课程(尤其是数学课)教学模式,即用一学年的统计学课程取代基础技能课程。"统计学之路"课程(Statway)由卡耐基促进教学基金会和得克萨斯大学奥斯汀分校(University of Texas at Austin)的查尔斯达纳中心共同负责,用一年的时间让学生达到大学水平统计学课程的要求。[22]该课程主要讲授与统计相关的算数和代数概念及其在统计学中的应用。"统计学之路"课程的授课对象是那些打算以后攻读人文或社科专业的学生,在这些学生未来的职业发展中,统计学似乎比基础技能中的数学课程更实用。如今,五个州(加利福尼亚州、华盛顿州、佛罗里达州、得克萨斯州和康涅狄格州)的19所社区学院正在试行这一模式。

社会支持项目

社会支持项目不仅涉及学业建议、导学项目、住宿生活、校园娱乐,还包括专业咨询、健康卫生、就业指导、宗教服务,同时还为特殊学生群体服务，包括少数族裔学生、成人学生群体、外国留学生和残障学生。与学业支持一样，学生往往在第一学年最需要获得社会支持，因为第一学年是学生经历一系列社会关系变化和调整的关键时期。学校会开设新生研讨课，提供学业建议以及住宿学院制项目。专业咨询和健康卫生服务项目也很多，例如在科林县社区学院（Collin County Community College）、康乃尔大学（Cornell University）、乔治梅森大学（George Mason University）、圣玛丽大学（St. Mary's University）和西肯塔基大学，这些服务旨在帮助新生应对大学过渡期偶尔出现的压力，尤其是离家带来的压力（Sharkin 2004；Lee et al. 2009）。Wilson、Mason 和 Ewing（1997）根据专业咨询接诊量，对咨询与留校情况之间的关系进行了研究。同咨询需求未得到满足的学生相比，接受过咨询的学生留校继续学业的可能性更大。Turner 和 Berry（2000）针对一组学生进行了长达六年的跟踪研究，也得出了相似结论。

虽然学生对健康和心理问题的咨询需求有所增加，但是很多学生，尤其是大一新生，往往不愿寻求这类帮助，因为他们要么觉得难以启齿，要么否认自己需要帮助。因此，有些学校，如西肯塔基大学，为了开展有效的心理咨询项目，巧妙地将其融入学业咨询、就业指导和其他学生所需的服务与活动中（Kadar 2001；Sharkin 2004），作为大学体验的一部分。与上文提到的学业支持项目一样，将某项服务嵌入其他服务中，可以提升其效用。

社会支持也可以采用导学项目的形式，在同学、教师或管理者与某个新生群体之间建立联结（Campbell and Campbell 1997；Jacobi 1991；Shotton, Oosahwe, and Cintron 2007；Institute of Higher Education Policy 2011）。在阿巴拉契亚州立大学、克莱顿大学、埃斯特雷亚山社区学院（Estrella Mountain Community College）、佐治亚大学和佛蒙特大学（University of Vermont）等学校，朋辈导师会以

同龄人更能接受的方式帮助新生熟悉陌生的校园环境，而这是教职工无法做到的。鲍林格林州立大学（Bowling Green State University）、霜堡州立大学（Frostburg State University）和西佐治亚大学（University of West Georgia）在宿舍环境中也实施了朋辈导师项目，让高年级学生与新生结成好兄弟或好姐妹。宿舍的工作人员由学生兼任，他们通常会接受培训，同时能在需要的时候获得专业人员的帮助。朋辈咨询顾问/导师通常能最先了解到学生的问题，并提醒相应的专业人员，这样一来，就可以及时采取措施，避免这些问题导致学生放弃学业。

布法罗州立学院的朋辈导师项目

布法罗州立学院（Buffalo State's University）的朋辈导师项目，旨在帮助新生与朋辈导师建立联系。朋辈导师担任的角色多种多样：可以是学业上的楷模，也可以是学业技能导师，还可以是课程助教和校园资讯提供者。朋辈导师的职责如下：学期内必须召开三次新生见面会；主办一次"破冰会"，目的是了解新生学业和社会交往状况；组织一次预备咨询会，帮助学生了解第一学年的要求；为学生提供校园社交和学业方面的资源。此外，朋辈导师还要组织辅导课，帮助存在学业困难、期中成绩等级低于C或要求获得额外指导的学生。如有需要，朋辈导师会和任课教师交流，以更好地了解课程安排、课程内容和课程目标。[23]

社会支持对低收入家庭学生、父母未受过高等教育的学生以及白人学生占多数的大学中的少数族裔学生群体来说尤为重要（Levin and Levin 1991；Gloria, Kurpius, Hamilton, and Wilson 1999；

Merriam, Thomas, and Zeph 1987; Pagan and Edwards-Wilson 2002; Thayer 2000; Santos and Riegadas 2004; Shotton, Oosahwe, and Cintron 2007; Morales 2009)。导师指导项目、种族研究项目、学生社团和中心,以及如学生支持服务之类的州政府和联邦政府资助项目,都为学生提供了朋辈社团支持。例如,北卡罗来纳州立大学和波莫纳学院(Pomona College)为少数族裔学生设立了导师指导项目,帮助学生熟悉陌生的校园环境(Attinasi 1989; Shotton, Oosahwe, and Cintron 2007)。还有圣巴巴拉城市学院(Santa Barbara City College)和迈阿密大学(University of Miami)也设立了类似项目,帮助国际留学生在陌生的国家适应陌生的大学环境。学生支持服务项目是 TRIO 体系中的一个部分,也为学生提供学业和社会支持。只有那些能够获得资助的学校才会设立学生支持服务项目,该项目针对低收入家庭学生、父母未受过高等教育的学生或有学业支持需求的残障学生。在参加学生支持服务项目的学生中,有三分之二的人是残障学生,或者是父母未受过高等教育及低收入家庭的学生。参加学生支持服务项目的残障学生中,三分之一的人来自低收入家庭。[24]学生支持服务项目主要是一种资助机制,让学校能为学生提供各项服务。所以,尽管该项目总体效果良好,但其影响因学校而异(Chaney, Muraskin, Cahalan, and Rak 1997)。在很多学校,如印第安纳大学与普渡大学印第安纳波利斯联合分校,学生支持服务项目除了能让学生加入由背景相同的学生组成的社团,还能为学生提供额外的支持和指导。加利福尼亚州、新泽西州和纽约州等许多州,给类似项目提供了资助。例如,纽约州政府和纽约州的独立院校合作建设了纽约州高等教育机会项目(HEOP),为经济和教育背景欠佳的居民提供接受高等教育的机会。纽约州立大学(State University of New York)的教育机会计划(EOP)也为来自低收入家庭的全日制学生提供类似支持。

无论采用何种形式，学生支持项目正逐渐被视为大学教育的重要组成部分，涵盖学业支持、社会支持与情感支持。不过，为了确保这类项目能有效实施，学业指导专家与处理学生工作的专业人员必须相互配合，帮助学生的学业和社会能力得到同步发展（American Association for Higher Education 1998）。

最后需要强调一点：学业和社会支持项目的实施比设立难，尤其是新生支持项目。经验告诉我们，学校的支持和干预很重要。[25] 与其等待学生自己寻求帮助，做得好的学校通常会主动掌握学生的情况，一旦有可能出现问题，就立即采取帮扶措施。本书第四章将要介绍的早期预警机制若想要取得实效，也是同样的道理。

经济资助项目

两年制学院和四年制大学都设立了经济资助项目，帮助学生支付大学期间的费用。欧扎克斯学院（College of the Ozarks）、西爱达荷学院（College of Western Idaho）、哥伦比亚学院（Columbia College）、玛希学院（Mercy College）和麦塞德学院（Merced College）等很多学校，将工读项目作为学校"资助包"的一部分，资金一般来源于联邦工读计划和州立工读计划。[26] 如果实施得当，这类资助计划能通过加强学生与教职工以及同学之间的联系，促进学业成功，从而提升学生留校率（Astin 1975；Adelman 1999；Beeson and Wessel 2002；Heller 2003）。当校园工读计划与学生的专业或兴趣有直接关联时，留校率的提升尤为明显（Broughton and Otto 1999）。

越来越多的学校针对低收入家庭学生提供的不仅仅是经济资助，往往还会将工读项目和其他形式的学校服务相结合。例如，北卡罗来纳大学的契约（Covenant）项目，不仅为学生提供资助和工读机会，还提供学业和个人支持服务，从而帮助契约学者（Covenant Scholars）完成大学学业。自该项目设立以来，契约学者四年留校率增至66.3%，比同期进入大学的其他学生高出9.5%。[27]雪城大学为美国印第安土著学生设立了一个类似项目。

然而，过于依赖工读计划可能会阻碍留校率的提升，因为工作会占用学生大量的学习时间，导致他们无法达到学业要求。所以，很多经济实力雄厚的大学，通常是顶尖的私立大学和学院，将资助方式转变为给学生提供助学金，为家庭收入无法负担学费的学生支付全部学费，在少数情况下也会采用助学金与工读项目相结合的资助方式。例如，斯坦福大学（Stanford University）为家庭年收入低于60000美元的学生免除学费。[28]遗憾的是，大多数学校不像斯坦福大学这样经济实力雄厚。有些学校，如汉密尔顿学院（Hamilton College），已经停止发放奖学金，将更多的资金投入到助学金上。

新奥尔良地区德尔加多社区学院（Delgado Community College）和路易斯安那技术学院西杰斐逊分校（Louisiana Technical College-West Jefferson）采取了另外一种资助方式。低收入家庭学生如同时满足以下两个条件，即在校时间在一半以上且平均绩点至少达到2.0（或成绩等级达到C），就能连续两个学期每学期获得1000美元奖学金（共计2000美元）。项目督导会跟踪记录学生的表现，分三次向满足条件的学生发放奖学金：入学时发放250美元，期中发放250美元，学期结束发放500美元。学生在获得佩尔助学金和其他资助的同时，只要满足条件，也可以获得该项奖学金。虽然学校只要求学生的在校时间达到一半，但奖学金获得者的留校率不仅提高了5.3%，而且申请进行全日制学习的可能性增加了6.4%。受到该项目资助的学生与未受到资助的学生相比，前者注册入学率更高，且入学后会坚持学业，而且在四个学期内会获得更多的学分，平均绩点也更高（Richburg-Hayes et al. 2009）。在四个州的两年制学院和四年制大学中，有4000多名学生可以获得奖学金，这足以证明该项目的成效。上述学校包括纽约市的曼哈顿区和霍斯托斯社区学院（Borough of

Manhattan and Hostos Community Colleges），俄亥俄州的洛雷恩郡、欧文斯和辛克莱的社区学院（Lorain County，Owens and Sinclair Community Colleges），新墨西哥大学（University of New Mexico），以及加利福尼亚州所有的州立大学。[29] 新墨西哥大学的资助项目为低收入家庭学生提供经济资助，条件是这些学生以全日制方式注册入学，平均成绩等级保持在 C 或以上，并接受强化学业咨询。新墨西哥大学的这项资助也取得了类似成效。

一些大学和少数几个州提供的经济资助项目，要求学生在入学前满足特定要求。印第安纳州的"二十一世纪学者项目"（Twenty-First Century Scholars Program）规定，加入该项目的六、七、八年级学生，只要家庭收入符合要求，且高中学业满足一系列条件（在总绩点为 4.0 的情况下，累计平均绩点保持在 2.0 及以上），就读于印第安纳州任何一所参与该项目的大学，都能获得大学四年的学费资助。[30] 俄克拉何马州、华盛顿州以及威斯康星州以及其他州的很多学校都有类似项目（Blanco 2005）。例如，雪城大学就设立了豪德诺索尼承诺项目（Haudenosaunee Promise Program），也提供类似的资金保障，为符合该项目条件的学生提供资助。[31]

雪城大学的豪德诺索尼承诺项目

豪德诺索尼承诺项目为符合申请资格的易洛魁学生（易洛魁又称豪德诺索尼，是美国印第安土著联盟，也被称为"易洛魁联盟"，包括六个盟邦：莫霍克、奥奈达、奥内达加、卡尤加、塞内卡、塔斯卡罗拉）提供经济资助以及学业和社会支持。符合申请条件的学生必须以新生或转校生的身份入学，始终保持全日制学生身份，且大学入学前需在易洛魁盟邦居住至少四年。该项目给学生提供的资助涵盖学费、住宿费和伙食费（校园内）以及全日制本科学习每年必须支付的费用。最近，该项目加入了雪城大学的 PA（Project Advance）学分课程项目，为符合条件的易洛魁高中生提供经济资助，让这些学生在高中阶段能同时修读雪城大学的课程。[32]

所有资助措施默认的前提，是学生对经济资助的种类至少会有一定了解。可惜的是，实际情况并非如此。例如，1999—2000学年，估计约有850000名满足佩尔助学金申请条件的学生没有提交联邦政府学生资助免费申请表（FAFSA）（King 2004）。有的学生没有提出申请是因为申请流程复杂，而另外一些学生根本不知道可以申请或者错过了申请截止日期。因此，越来越多的学校，如纽约州立大学科特兰分校（State University of New York Cortland）、加利福尼亚大学洛杉矶分校（University of California-Los Angeles）以及休斯敦大学（University of Houston），正在建设经济资助咨询项目，该项目与现有的基于网络的资助服务，如资金资助（FinAid）、NASFA学生资助（NASFA-Student Aid），共同提供学生所需的各类资助申请信息。有些机构，如学生资助咨询委员会（Advisory Committee on Student Financial Assistance）、大学董事会（College Board）、卢米娜教育基金会，都已经发布报告，呼吁简化资助申请流程，大学星期日目标（College Goal Sunday）资助咨询活动自举办之初就吸引了10万多名即将上大学的学生。[33]

无论资助如何开展，经济资助的目标都不仅仅是让学生能进入大学学习，而是让学生在进入大学后能"全面体验大学学习及其带来的益处"（Pascarella et al. 2004：281），并最终获得学业成功。

支持与学业成功：评述

为学生提供支持很重要，尤其是学业支持。然而，要想实现这一点，除了要让有意愿或有时间的学生得到支持，学校还必须把支持与学生的课堂学习需求相结合，同时必须制定相应政策，以促进学生顺利完成课程学习。

第四章　评价与反馈

良好的评价氛围,即重视对学生的学业评价并将评价信息及时反馈给学生和教职工,是促进学生学业成功的另一大重要因素。如果一所大学的全体成员——学生、教职工,都能为了更好地促进学业成功而调节各自的行为,那么实现这一目标的可能性就更大。在如此良好的氛围中,学生会在学习上投入更多的时间和精力,进行更为有效的自我评价,从而改善学习方法和学习习惯。[1]当学生的自我评价与外部反馈存在差异时,反馈的作用会尤为明显,因为这一差异会促使学生从根本上改变自己的行为(Carroll 1988),在课堂学习中和第一学年里尤为如此,因为在第一学年,学生需要根据大学学业和社交要求设法调整自己的行为(Angelo and Cross 1993; Huba and Freed 2000)。

若想使学业评价发挥效果,学业评价必须经常开展,越早越好,同时将形成性评价与终结性评价相结合。常规性的课堂任务型小测试和周期性的课堂学习评价与反馈能提高学生的学习积极性(Becker and Devine 2007),增强学生的注意力,提升学生的领悟力(Bligh 2000)。采用不同的方法开展课堂学习评价,效果尤为明显,诸如Angelo和Cross(1993),以及Cross和Steadman(1996)提出的"一分钟汇报"(课堂上每个小任务结束或每节课结束时,学生用60秒的时间对课堂内容进行总结,评价自己的学习效果)。随着课程的进行,这些评价方法不仅能帮助学生调节学习行为,也能让教师适时调整教学方法(Kwan 2010)。一项为期四年的实验性研究(Stetson 1993)也印证了这一结论。该研究发现,如果教师采用了这些课堂学习评价方法,学生的成绩等级、期末考试分数和课程项目的完成质量也会随之提升。采用课堂学习评价能提升学生的学习成效,这与师生的能力水平基本无关(Chizmar and Ostrosky 1998)。采用课堂教学反馈系统(Bruff 2009,2010; Hodges 2010; Kaleta and Joosten 2007; Patry 2009; Roschelle, Penuel and Abrahamson

2004）和学习档案袋等课堂学习评价方法，也是如此（Barton and Collins 1997；White 2005；Zubizarreta 2009）。

大学最常采用的学生学业评价形式包括如下五种类型：入学评估、课堂学习评价、早期预警系统、学业评价与课程再设计，以及学生体验评价。

入学评估

入学评估测试有多种形式。有些测试由美国大学理事会（Accuplacer 线上测试）和美国高等教育测试中心（ASSET 纸质版摸底考试和 COMPASS 线上考试）等机构研发，有些是由大学依据自身需求自行设计。有的大学，如海岸线社区学院（Coastline Community College），采用多个测试评估学生的阅读、数学等各项能力。几乎所有入学评估测试都基于一个目的，即掌握新生的入学准备情况，确定合适的课程安排，判定哪些学生需要补习或者额外的学业支持。有些大学甚至还针对高三年级学生（美国高中为四年制）开展大学入学准备评估测试，例如加利福尼亚州立大学（California State University）系统的早期评估项目（Early Assessment Program，EAP）、佛罗里达州社区学院系统以及得克萨斯大学埃尔帕索分校的大学准备计划（College Readiness Initiative）。这些测试的目的在于提醒学生尽早提升学习能力，以免到了大一还得补修各种基础技能课程。[2] 此类大学入学评估测试不仅能让学生在高中最后一年为大学入学做准备，同时也为高中英语和数学教师提供了参与职业发展活动的机会。长滩城市学院（Long Beach City College）、长滩联合学区（Long Beach Unified School District）和加利福尼亚州立大学长滩分校（California State University-Long Beach）联合为高中生提供了大学入学能力评估服务[3]，以期减轻自身为入学新生提供学业支持的负担。⁴ 近期的一项研究发现，在一所加利福尼亚州立大学分校录取的学生中，无论分数高低，参加过 EAP 项目的学生需要补习的可能性比未参加过的学生低 4%～6%（Howell，Kurlaender，and Grodsky 2010）。佛罗里达州参议院通过的 1908 号法案（Senate Bill 1908），要求各中学面向有志于上大学的高三年级学生开设数学等基础技能课程，从而避免进入大学后再去补习。

无论采用何种形式，入学评估的成效不仅取决于评估的准确度，还取决于学校如何根据评估结果为学生进行课程安排。⁵ 通常学校在确定分数线时会采用"一刀切"方法，要求或者建议低于设定分数线的学生修读基础技能课程。⁶ 然而经验告诉我们，这一方法可能会导致课程安排不合理，对于那些成绩略高于或者略低于分数线的学生尤为如此。刚过分数线的学生可能仍需修读一门基础技能课程来做好充分的学业准备，而对于成绩略低于分数线的学生，加入学习中心可能比学习整门课程更为有效。不合理的课程安排不仅会导致课程内容难以满足学生的需求，还会导致同一个课堂中学生的基础参差不齐，使得任课教师在课堂教学中无法兼顾所有学生，这样一来，无论课程安排合理与否，所有学生的成绩都会因此受到影响。由此，任课教师有时会在课程一开始或者初期自行对学生进行评估，必要时候还会为一些学生提供新的课程安排建议。⁷

一些入学评估，如 CIRP 新生调查，主要是四年住宿制大学的入学评估，还会对学生住宿安排等大学的社会生活方面进行评估，因为这些方面也会影响学生的大学体验。还有一些入学评估，如大学生调查（College Student Inventory）等，旨在分析学生的辍学倾向，预测学生第一学年遇到学业困难的可能性。⁸ 一般而言，这些评估体系通常基于包括态度量值在内的一系列学生数据，这些数据与学生流失的可能性相关。此类评估的目的在于促使教职工向评估认定的困难学生伸出援手，为他们提供专业咨询、支持及其他服务，避免可能遇到的困难。

尽管此类评估能起到一定作用，但各高校也须谨慎使用。对生源流失可能性的预测往往基于生源特征与流失率的一系列聚合关系，而这种预测方法并非适用于每一所大学或每一个个体。此外，这类评估方法忽略了一个显而易见的事实，即学生留校与否更多地取决于他们入校后而非入校前的体验。

学生的个性特征其实是和环境因素相互作用的。关注学生对于大学环境的感受和体验对于提升留校率十分重要。但如果一所大学仅关注生源特征，就会忽略环境的改变能提升所有学生留校率的事实，更别提评估中确定的那些需要额外学业帮扶的学生了。

目前正在酝酿的新型评估手段，即不再过多关注高中课程体系中的知识和技能，而是侧重于普遍认可的大学学业成功的定义，以及与之相关的能力和行为，如情境能力、认知策略和学习行为等（Conley 2005，2007）。对学生入学准备的评估无法准确预测学生能否顺利毕业，但有一种基于五大认知能力的评估方法似乎有希望做到这一点（Conley, Lombardi, Seburn, and McCaughy 2009）。由加利福尼亚大学伯克利分校（University of California-Berkeley）法学院研发的另外一种评估方法可用来预测通往职业律师之路的可能性（Shultz and Zedeck 2008）。[9]与此相关的，还有美国毕业文凭项目（American Diploma Project）[10]，其目标是让高中课程体系更好地匹配大学要求。该项目由美国的4个全国性组织和5个州立机构合作推出，对30多个州的高中课程体系进行调整，确保高中毕业生具备大学学业成功所必需的知识和能力。该项目力图简化评估体系，即学生在高中参加的测试也可以用来评估其大学入学准备情况。

课堂学习评价

评价和反馈同样能运用在课堂学习中，形成"反馈回路"。教师和学生都能通过课堂学习评价持续获得反馈信息，从而不断改进教学或学习方法（Brookhart 1999；Huba and Freed 2000；Yao and Grady 2005）。Angelo 和 Cross（1993）提出的"一分钟"汇报等评价方法在许多学校得以成功运用，如杜佩奇学院（College of DuPage）、檀香山社区学院（Honolulu Community College）、兰辛社区学院（Lansing Community College）、南伊利诺伊大学爱德华兹维尔分校（Southern Illinois University at Edwardsville）、印第安纳大学、密歇根州立大学（Michigan State University）和范德堡大学（Vanderbilt University）等。

俄亥俄州立大学，范德堡大学，明尼苏达大学（University of Minnesota），得克萨斯大学奥斯汀分校，圣玛丽山学院（Mount St. Mary's College），纽约城市大学约克学院（York College of the City University of New York），希尔斯布鲁社区学院（Hillsborough Community College），约翰逊县社区学院（Johnson County Community College），棕榈沙滩社区学院（Palm Beach Community College）和威斯康星大学（University of Wisconsin）密尔沃基、欧克莱尔、奥什科什和白水分校等学校，正在使用信息即时反馈技术，亦称为学生反应系统。该系统由系统软件和个人反应终端/遥控器组成（Beatty 2004；Duncan 2005；Kaleta and Joosten 2007；Martyn 2007）。学生可使用该系统回答教师提出的问题，让教师能在第一时间了解学生的知识掌握状况。这样一来，教师就能在下课前为学生答疑解惑或者为下节课的内容做准备。不过，尽管这类系统能有效提高学生的课堂学习成效（Kennedy and Cutts 2005；Patry 2009；

Poirier and Feldman 2007),操作起来却并不容易,还会占用大量课堂时间（Kaleta and Joosten 2007）。尽管如此,这类系统依然不失为一种可用于评价学生课堂学习表现的工具。

很多大学采用学习档案袋来评价学生的学业表现（Barton and Collins 1997；Zubizarreta 2009）。这种方法除了能提供反馈之外,长期使用还有助于培养学生的批判性反思能力,从而进一步促进他们的学习和发展（Cambridge 2010）。[11] 为了方便使用,阿尔维诺学院（Alverno College）、依隆学院（Elon College）、埃佛格林州立大学（Evergreen State College）、俄亥俄州的迈阿密大学和蒙大拿州立大学（Montana State University）等学校都已实现了线上管理学习档案袋,便于学生收集自己在大学期间的学习经历和成果并加以反思,有必要的话,教师也可以查阅学生的档案资料。[12] 例如,雪城大学教育学院的毕业生在找工作或申请研究生时,就可以直接将学习档案袋里的数据导入他们的电子简历。[13]

早期预警系统

课堂学习评价也可以作为早期预警系统的组成部分,让教师和支持人员能及时关注学习困难生。波西尔城堂社区学院（Bossier Parish Community College）、南佛罗里达学院（Florida Southern College）、内法罗学院（Navarro College）、北弗吉尼亚社区学院（Northern Virginia Community College）、西北州立大学（Northwestern State University）、宾夕法尼亚州立大学、普渡大学（Purdue University）、塔拉哈西社区学院（Tallahassee Community College）、弗吉尼亚联邦大学和南卡罗来纳大学都采用了早期预警系统。支持人员若能了解课堂学习评价信息,就可以和教师一起及时干预。[14]

早期预警系统须在学期初就开始使用，这样才能取得成效。课堂学习早期出现的问题如果没能及时解决，就会像滚雪球一样越积越多，不利于学生的学习。学校干预得越晚，就越难转变学生因早期学业困难所导致的退学意向。早期预警在学业技能基础课中尤为重要，因为一旦学生无法完成这些课程的学习，就会严重影响后续课程。[15]

阿勒格尼学院的早期预警系统

阿勒格尼学院（Allegheny College）在2004年就应用了早期预警系统（系统名称为"学业表现报告"），几乎所有教师都参与了实施，此系统有效降低了退学率和学业失败的可能性，特别是在第一学年。当教师在所教授的某门课程中发现某位学生存在学业困难时，会在线填写表格报告该生的情况，表格会直接与学校的学生信息系统（SIS）关联，系统会提醒学校学习共享空间（或学业支持中心）的工作人员。学习共享空间的工作人员会对学生情况报告进行跟踪，并确定联系该学生的最佳人选（可能是学习共享空间的某个工作人员、学生办公室主任、负责住宿管理工作的专业人员，或是专门提供学业支持的体育教练）。报告内容包括旷课情况、表现不佳，还有教师对该生的担忧等。指定联系人可通过电子邮件联系该学生，也可直接面谈或电话约谈，然后可与提交报告的教师一起商定最佳解决方案。无论怎样，指定联系人都需要主动联系学生。

关于学生情况的第一份报告上传后，针对该生的预警信息会通过系统自动传送给该学生的指定联系人，便于协调响应措施，帮助该学生与联系人建立联系。所有预警信息和后续进展都可以在学校的学生信息系统中进行跟踪。不论该学生向学校哪一个支持服务中心寻求帮助，指定联系人都能对该学生的情况进行评估，了解已采取的措施，并为学生提供与相关学习共享空间工作人员一致的建议。

在每学期前几周，每位教师都会收到一封来自校长的邮件，提醒他们使用早期预警系统，强调使用该系统的重要性。此外，学期结束前，学习共享空间会生成一份报告，列出课程成绩为 D 或 F 却不在早期预警系统中的学生名单。

有些学校，如普渡大学、里奥萨拉多学院和鞍峰学院，拥有自动早期预警系统。与越来越多的学校一样，这些学校也尝试采用预测分析和技术来开发和加速建设促进学生学业成功的项目。里奥萨拉多学院是隶属于马里科帕社区学院（Maricopa Community College）的一所线上大学，该校使用数据挖掘技术和预测分析法，结合学生人口统计数据、个人信息、过去的个人行为以及实时课堂行为和表现，识别存在学业危机的学生。将该分析方法融入课堂学习评价，预测的准确率超过了 70%。更重要的是，该分析方法还促进了一系列干预项目的开发和试验，以提高在线课堂学业成功率。另一些学校，如克里夫兰社区学院（Cleveland Community College）、埃斯特雷亚山社区学院和保罗史密斯学院（Paul Smith College），还使用了相关付费软件。一旦教师在现有的学生行为清单中发现某个学生的行为存在问题，该软件就会自动向支持人员发出预警，支持人员便会与该学生联系。

普渡大学学生学业成功信号项目

普渡大学学生学业成功信号项目（Signals for Student Success）将预测模型和该校的课程管理系统（Blackboard

Vista)提供的数据挖掘功能结合起来，识别某门课程中学业不佳或濒临挂科的学生。该项目采用的算法使用了入学评估、课程表现情况等一系列指标，用以推测学生学业成功的可能性，并用三种颜色对学生进行标记：绿色（表示学业顺利）、黄色（表示学业或存在风险）、红色（表示学业危机）。而后教师会视具体情况给三类学生发送邮件，指导他们如何提高成绩。信号项目还鼓励学生充分利用校园资源。该项目的优势在于，通过利用实时数据，最早能在开课第二周就提供实时反馈，而且这种实时反馈能贯穿整个学期。

学业评价与课程再设计

技术不仅被用于各门课程的调整，还被用于课程改革。一些大学，如杨百翰大学（Brigham Young University）、德雷塞尔大学（Drexel University）、佛罗里达湾岸大学（Florida Gulf Coast University）、艾奥瓦州立大学（Iowa State University）、波特兰州立大学（Portland State University）、塔拉哈西社区学院和新墨西哥大学（University of New Mexico），与卡罗尔·特威格国家学业转型中心开展合作，对多门选课人数众多的入门课程进行了改革，提升了课程通过率。[16] 例如，新墨西哥大学的一些课程经过改革后，弃课—挂科—退课率（DFW）从原来的42%降至25%，在佛罗里达湾岸大学，这个比例也从45%降至11%。但弃课—挂科—退课率有所下降不仅得益于在现有课程设置中加入技术元素，更重要的原因是改革后的课程更加重视学生的课堂参与和主动学习（Twigg 2005）。得克萨斯大学奥斯汀分校等大学也推行了类似举措，以提升修读人数众多的初级入门课程的通过率。[17]

新墨西哥大学基于技术的课程改革

新墨西哥大学的普通心理学课程经改革后，成为该校规模最大、最受欢迎的本科生课程，每年选课人数多达2250人。课程改革的目的在于降低该课程最初较高的弃课—挂科—退课率（42%），而在那些弃课—挂科—退课的学生中，挂科学生占了30%，其中多数为少数族裔学生。众所周知，如果像普通心理学这类核心课程的挂科率高，将对该校原本就不高的整体留校率和毕业率产生极为不利的影响。普通心理学课程在改革后，由每周三节减至两节，同时每周增设50分钟的工作室活动，由本科生助教、曾在该课程中取得优异成绩的学生或高年级优秀学生负责。除了课堂学习活动，该课程每天还为学生提供24小时基于网络或CD-ROM的交互式活动和测验，学生可借此与其他同学进行线上互动，有针对性地复习所学内容。该课程还使用了相关付费软件，为学生提供大量的交互活动、场景模拟和视频。与此同时，学生每周都必须参加测试，且测试成绩需要达到C。研究生助教负责监测测试成绩，对成绩不理想的学生进行辅导。这种主动干预策略能确保学生取得学业进步。

该课程挂科率从30%降至12%，弃课—挂科—退课率也从42%降至18%，课程成绩在C及以上的学生人数占比从60%增至76.5%，获得A或B的学生人数也超过了前几个学期。与此同时，课程难度也加大了，要求学生完成一本高级入门教材的学习。学生学习成绩得以提高，有三个因素尤其重要：第一，使用在线测试了解学生对知识的掌握情况，包括事实性知识和概念性知识，系统安排学生的学习，布置学习任务；第二，要求首次测试成绩在75分及以下的学生在该学期的剩余时间参加每周 50 分钟的工作室学习，接受本科生助教的额外辅导；第三，要求授课教师给所有院系的学生使用同样的教学材料，布置相同的作业量，从而为全体学生提供更为一致的学习体验。[18]

学生体验评价

在全校范围内开展学生课堂体验评价也有助于提升学生留校率。一种方式是采用由美国国家学生参与度调查和社区学院学生参与度调查提供的学生课堂表现的详细数据和学生体验数据开展评价。这两个机构提供的数据类似，数据获取方式却不尽相同。为了总结出具有代表性的数据，美国国家学生参与度调查在全体学生和特定年度学生群体（如大一新生）中随机抽样，而社区学院学生参与度调查则是对学生班级进行随机抽样，样本包括抽样班级的全体学生。当然，各院校可根据本校全体学生和学校定位的具体情况自行设计调查问卷；或者投入额外资金用于购买美国国家学生参与度调查和社区学院学生参与度调查的调查数据，同时增设一些问题。无论采用何种调查形式，调查收集的数据都能帮助学校提升学业成功率（CSSE 2006；NSSE 2006b；Yao and Grady 2005）。

不少学校为了提高学生课堂学习成绩，使用了类似的调查方式。例如，得克萨斯州孤星学院系统（Lone Star College System）发起了一项课堂研究计划，系统中每个院系委派 10 名教师参与该研究，探究如何利用社区学院学生参与度调查数据设计新型课堂活动，以提高学生的课堂参与度。这个研究项目涉及全体教师的专业发展，重点帮助教师个人制定方案以提升课堂教学质量。具体而言，每位教师先基于数据制定课堂教学策略，在课堂上实施，加以评估后，再把经验分享给同事和行政人员（Community College Survey of Student Engagement 2010）。[19]

评价、反馈和提升学生留校率：评述

入学评估、第一学年末评估，以及各种形式的课程、项目都是行之有效的，都以不同方式对学生留校率产生间接影响，然而其中最有效的评价手段是对学生的课堂实际表现进行监测。正因为评价信息为学生、教职工共享，且评价信息像早期预警系统一样还能用于激发干预行为，学校才能最直接地通过关注学生课堂表现来解决学业成功率较低的问题。这样一来，学校就会意识到，不仅仅是学业困难的学生，全校所有学生都有可能在某个时间点面临学业困难。此外，这些评价方法的使用也引出了一个问题，即我们应如何改善课堂内外的学习环境，来增加学生取得学业成功的可能性进而提高毕业率。

第五章　参与

影响学生留校率的第四个或许也是最重要的因素是参与（involvement），现在一般称为投入（engagement）（Astin 1984；Kuh，Schuh，Whitt，and Associates 1991；Kuh et al. 2005；Tinto 1975，1993）[1]。学生若能在大学校园里与他人尤其是教师和朋辈建立起越紧密的学业和社会联系（暂不考虑其他影响因素），他们留校继续学业并顺利毕业的可能性就越大（Astin 1984，1993；Borglum and Kubala 2000；Braxton and McClendon 2001；Carini，Kuh，and Klein 2006；Kuh et al. 2005；Pascarella 1980；Pascarella and Chapman 1983；Terenzini，Lorang，and Pascarella 1981；Tinto 1975，1987，1993）。在第一学年这一关键时期，学生的参与为之后的师生关系、学业和社会联系奠定了基础（Tinto 1993；Upcraft，Gardner，and Associates 1989）[2]。这一点适用于所有学生，无论是白人学生还是少数族裔学生，甚至在控制生源背景变量的情况下也是如此（Greene 2005；Kuh et al. 2007）。

2007年，Fischer 开展了一项关于学生投入情况的调查，对象为参与过全美新生纵向调查（National Longitudinal Survey of Freshmen）的约4000名大学生。该项调查对这些学生在大学第一学年的投入方式与学生满意度、学业成绩以及是否继续第二学年学业之间的关系进行了研究。研究发现，不论民族与种族，那些在学业上与教师保持紧密联系、在社交上与教职工和朋辈保持紧密联系的学生，其满意度和留校率均较高。相反，缺少联系则被证实为是学生离校的催化剂。学生投入对是否留校的影响并不仅限于第一学年（Graunke and Woolsey 2005）。Goghlan、Fowler 和 Messel 三位学者（2010）对已完成大二学业的学生是否继续大三学业的情况进行了研究，他们发现与选择放弃的学生相比，选择继续大三学业的学生在大一和大二学年，学业和社会参与度更高，与朋辈的联系更为紧密。

学业参与与社会参与会对学生留校率产生多方面的影响。学业参与的影响主要来自学生的课堂参与情况和师生之间的联系（Astin 1984, 1993; Friedlander 1980; Ory and Braskamp 1988; Parker and Schmidt 1982; Pascarella and Terenzini 1991）。在课堂学习活动尤其是那些在学生看来有意义、有价值的活动中，学生的参与度越高，他们投入到学习上的时间和精力就越多，学业成绩和留校率自然也会提升（Barnett 2011; Engstrom and Tinto 2007; Kuh, Carini, and Klein 2004）。同样，在课堂内外都与教师保持更为紧密联系的学生，学业表现也更为突出（Endo and Harpel 1982; Pascarella and Terenzini 1980; Reason, Terenzini, and Domingo 2006; Terenzini and Pascarella 1980）。其中最重要的原因就是，与教师的积极互动能让学生产生被认可的感觉（Barnett 2011）。即使是对那些能坚持完成大学学业的学生而言，与教师和朋辈的联系越紧密，他们的学习成绩和个人发展也会越好（Astin 1993; Endo and Harpel 1982; Pascarella and Terenzini 1980; Wilson, Wood, and Gaff 1974）。

社会参与及其所带来的情感支持也会影响学生留校率（Gloria, Kurpius, Hamilton, and Wilson 1999; Gloria and Kurpuis 2001; Mallinckrodt 1988）。相比之下，缺乏社会参与以及因此而产生的疏离感和孤独感，往往会导致学生放弃学业（Fleming 1984; Nicpon et al. 2006; Rotenberg and Morrison 1993）。因此，住校生的留校率比非住校生高也就不足为奇了（Pike 1999; Pike, Schroeder, and Berry 1997）。

尽管学业参与与社会参与是两个不同的概念，但二者有重叠之处，并相互影响。比如，课堂上的小组合作学习虽然是学业参与的一种形式，但同时也能促进课外的社会参与（Tinto 1997）。同样，在学术性组织或社团中建立的社会联系，也能促进学业参与。但是，有些社会参与形式,如兄弟会和姐妹会,可能就会导致学习投入减少,或者占用一部分达到大学学业要求所需要的时间(Pike 2000)。[3]

学习投入和学业成绩之间的关系因校而异。Garini、Kuh和Klein(2006)曾对14所四年制高校中的学生进行过调查。他们发现,在有些学校,学习投入与学生成绩之间存在明显的正相关关系,而另一些学校则不然。换句话说,无论什么学校,学习投入对成绩的影响,在一定程度上能反映出学校为学生参与提供了怎样的环境,尤其是重视学生与他人互动的校园人文环境。

参与带给学生的影响似乎也是因人而异的。最近美国国家学生参与度调查的一份关于学生成绩的数据分析表明,相对于白人学生而言,学习投入程度对学习能力较弱的学生和有色人种学生在第一学年成绩和第二学年是否继续留校方面的影响更为明显(Cruce, Wolniak, Seifert, and Pascarella 2006; Kuh et al. 2008)。尤其是对于学业基础薄弱的学生来说,学习投入似乎能减少学习能力不足所带来的负面影响。[4]

参与、意义和归属感

无论是学业参与,还是社会参与,都是在特定的社会和文化环境中而非真空中进行的,是个体之间的互动,受个人价值观的影响。影响留校率的因素不仅在于参与程度,还在于参与所带来的不同形式的社会与学业联系,以及由此产生的归属感(Schlossberg 1989; Tucker 1999; Harris 2006; Hoffman, Richmond, Morrow, and Salomone 2003)。学生是去是留,在一定程度上取决于他们是否重视参与,是否能感觉到他们的参与是有价值的,以及能否在校园社群的互动中感受到友好氛围。[5] Hurtado(1994)、Hurtado和Carter(1997)三位学者在分析少数族裔学生面对的"敌对氛围"时也强调了这一点。[6] 友好的校园氛围有助于学生留校率的提升，为此我们需要将参与置于更为广阔的语境中去阐释（Hausmann，Ye，Schofield，and Woods 2009）。

一般意义上的归属感指成为群体中一员的感觉，源自学生在不同环境中对自身参与的感知以及从身边的人那里感受到的支持（Hoffman，Richmond，Morrow，and Salomone 2003）。或许除了小型私立院校之外，大多数高校中不同社群（教职工群体和学生群体）的价值观和规范可能不尽相同。学生可能会对某个群体产生归属感，但不一定会对其他群体或整个学校产生归属感。在研究学生参与时，必须了解参与涉及的群体，参与发生的环境，参与涉及的内容，参与方式以及学生对参与的理解。学生选择留校，至少需要对一个重要群体产生归属感，同时认为在该群体中的参与对自己有意义。比如，在以白人学生为主体的校园，研究人员强调了群聚效应（即由同一类人组成的社群）对于有色人种学生留校率的重要性（Rendon，Jalomo，and Nora 2000；Grier-Reed，Madyun，and Buckley 2008）。

参与，或者准确来说是参与质量，同样取决于学生个人对参与的认可程度。学生更愿意参与那些他们认为重要的活动，或者至少是他们感兴趣的、有意义的活动。对于学校而言，问题不在于学生是否有参与意愿，因为他们上大学必定需要参与。学校应考虑的是学生参与的形式，以及参与如何才能促进学生的学业成功。

促进学生参与，助力学业成功

高校面临的实际问题是，如何促进学生参与以提升学生留校率，以及不同类型的高校如何实现这一目标。比如，在两年制城市学院和四年制城市大学中，有大量半工半读和非全日制学生，上课之余，他们还要完成许多其他工作（如打工、处理家庭事务等）。对于这些学生来说，学校如果仅采用常规的参与方式，如课外活动、实施住宿制以及开展社团活动等（Kinzie 2005；Kuh 2003；Kuh，Schuh，Whitt，and Associates 1991），成效相对而言不会很明显，其原因在于这些学生在上课之余几乎抽不出时间参加课外活动。但这不代表没有必要开展课外的参与活动。对于很多学校和学生来说，尤其是住宿制学校和住校生，课外的参与活动对学生的发展、学业成功和留校率至关重要（Attinasi 1989；Belgarde and Lore 2003；Kuh 1994；Kuh，Schuh，Whitt，and Associates 1991；Kuh et al. 2005）。这也并不是说所有的两年制学院和四年制大学都不应该在开展学生会、社团、体育运动及其他课外活动方面投入精力。对于许多学生尤其是社区学院的学生而言，如果没有课堂学习参与，其他形式的参与就更不可能了（Donaldson，Graham，Martindill，and Bradley 2000；Tinto 1997）。此外，如果学生对课堂学习参与不感兴趣，觉得课堂氛围不友好或者在课堂上没有受到应有的关注，那么他们就不大可能愿意付出努力完成学业（Allen and Madden 2006；Barnett 2011；Giaquinto 2009-2010；Hoffman，Richmond，Morrow，and Salomone 2003）。

学生的课堂学习经历也会影响师生在课下的往来。比如，教师的教学风格、在课堂上的行为举止以及学业评价方式对于学生来说就是一种信号，能透露出教师在课下是否有时间和学生交流，是否愿意和学生交流（Wilson，Wood，and Gaff 1974）。有些教师以及特定的教学法似乎能增强师生联系，有些则不能。此外，教师的行为举止对于学生的影响因人而异。与学业相关的课外参与活动，在很大程度上是举足轻重的，因为这些活动是课堂学习的延伸。

越来越多的学校开始重视课堂内外的学生参与（Braxton and McClendon 2001；Heiberger and Harper 2008；Tinto 1997）。有三种促进参与的策略值得一提，即采用参与式教学法、建设学习社群和开展服务性学习。

参与式教学法

第一学年的课程以大课为主,且以传统的讲座课程居多,学生通常是被动地学习。而参与式教学法则要求学生在课堂上积极互动(Barkley 2010；Barkley, Cross, and Major 2005)。最常见的参与式教学法有合作式/协作式学习、基于问题式/项目式学习。[7]研究显示,上述两种教学法不仅增加了学生的学习投入,还增进了学生之间的社会联系,从而对学生的学业成功产生了积极影响(Pascarella and Terenzini 2005)。

尽管合作式学习与协作式学习有所不同,即前者的结构化程度更高(Bruffee 1995),但二者都要求学生在学习小组中与其他成员积极互动,小组任务需要每一位成员的参与才能完成。[8]与合作式学习一样,基于问题式学习也要求学生在课堂学习中合作,不过基于问题式学习主要针对应用型课程,强调学生能运用所学知识和技能去解决一个或一系列问题,这些问题正是这类课程的基本要素(Amador, Miles, and Peters 2006；Wilkerson and Gijselaers 1996)。[9]基于项目式学习也有类似之处,这种学习方式还要求学生公开展示学习成果(Blumenfeld et al.1991；Ravitz 2009；Strobel and Barneveld 2008)。无论是基于问题还是基于项目,两种教学法都要求学生运用所学知识解决具体问题,从而巩固学生掌握的知识(Ebert-May, Brewer, and Alfred 1997)。这两种教学法常应用于小课,不过在很多大学的大课上也曾得以成功实践(Ebert-May, Brewer, and Alfred 1997；Smith 2000；Cooper and Robinson 2000；MacGregor 2000)。

目前有大量关于合作式/协作式学习和基于问题式/项目式学习有效性的研究(Blumberg 2000；Johnson, Johnson, and Smith

1998b)。[10] 需要特别注意的是，相对于讲座课程而言，采用参与式教学法能提高学生的信息加工能力，同时并不会在很大程度上减少学生对知识的获取（Ebert-May，Brewer，and Alfred 1997）。合作活动能增强学生的社会与学业参与，从而提升了学生留校率（Braxton，Milem，and Sullivan 2000；Braxton，Jones，Hirschy，and Hartley 2008；Pascarella，Seifert，and Whitt 2008）

应当注意的是，不同的教学法会对学生的学业成功产生不同的影响，这种影响在一定程度上取决于教学法能否帮助学生认识自己的学习能力。例如，Fencl 和 Scheel（2005：23）发现，有的教学法（尤其是强调协作式学习的教学法），不仅能提高学生的自我效能感，还能让学生学习更多知识。[11] 自我效能感的提升反过来对学生的行为起到促进作用，使学生离成功更近了一步。

很多专业已经在采用参与式或类似的教学法。例如，商学院通常会使用小组学习和案例学习法（Michaelsen and Pelton-Sweet 2008；Sweet and Pelton-Sweet 2008；Mulcare and Ruget 2010）。护理学院也是如此。特拉华大学（University of Delaware）长期以来倡导基于问题式学习。该校的本科教育转型中心通过教师发展计划和课程设计等方式促进本科教育改革。[12] 该中心帮助教师获得实际教学经验，包括在课堂教学中如何应用主动学习策略尤其是基于问题式学习，以及如何有效应用信息技术。

北埃塞克斯社区学院的合作式学习

北埃塞克斯社区学院（Northern Essex Community College）实施的教师发展计划基于如下理念：在教师发展上进行投入是促进学生学业成功的关键。该学院设立了一些鼓励合作式学习的计划和项目，包括卡耐基基金会教与学奖学金，批判性反思教学的全年项目，芭芭拉·米尔斯

(Barbara Millils）带头创办的合作式学习暑期班，跨学科学习社群，年度教学会议，以及教职工探究小组。

该学院推行合作式学习的最新举措是重新设计并拓展其大学成功技能项目。该项目以往主要针对晚入学的成人学生，自2010年秋季学期开始转型，为来自不同学科的师生提供合作式教学体验。其中，该项目为教师提供的合作式教学方面的专业培训，包括为期两天的芭芭拉·米尔斯暑期讲座，随后是为期两天的静修会，进一步强化对所学内容的掌握情况，如合作式学习策略、研究、课程设计和基于米尔斯模型的焦点小组教学。[13]

特拉华大学的基于问题式学习

特拉华大学的本科教育转型中心一直在该校及全美实施基于问题式学习教学法（PBL）方面起主导作用。迄今为止，该校已有400多名教师参加过基于问题式学习教学法工作坊，内容包括设计主动学习策略（合作学习、批判性思维和解决问题能力的应用，运用技术手段促进学习）。该校还鼓励参与了工作坊的教师在学校的基于问题式学习教学法交流平台在线分享他们设计的教学案例。

虽然基于问题式学习教学法源自理科，但是其交流平台也包含针对文科设计的问题。该校要求所有本科生参加3个学分的探索学习体验课程，课程内容由体验式学习和课外教学体验构成。探索学习体验课程通常都属于基于问题式学习教学法课程，确保学生能将学科知识与现实生活联系起来。如果进一步研究该校的探索学习体验课程清单，你会发现全校7个学院都开设了大量基于问题式学习教学法课程，为学生提供合作式学习体验。[14]

学习社群

另一个日益普及的策略是建设学习社群。研究表明，无论是两年制学院还是四年制大学，学习社群都能有效促进学生的参与和学习，提升留校率（Engstrom and Tinto 2007；Taylor，Moore，MacGregor，and Lindblad 2003；Tinto 1999；Zhao and Kuh 2004）。[15]学习社群最为基础的形式是一种共同选课或时段排程。同一群学生共同修读两门或两门以上课程，组成一个学习小组。在某些情况下，这些学生会在整个学期选修同样的课程，学习内容完全一样。有时，学习社群通过关联两门课程来建立学生之间的联系，例如将写作课与历史课或现代社会问题课关联。在一些规模较大的高校，通常是两三百名学生一起上大课，虽然没有组建学习社群，但这些学生会分小组讨论，每组均配有一名研究生或高年级学生指导。还有一种情况就是，学习社群的成员可能会在固定时段一起上课，每周共同学习2~3次，每次4~6小时。

尽管共同选课会促进朋辈之间形成相互支持的社会联系（Tinto and Goodsell 1994），但不能完全保证学习成绩和留校率能够提高。学习社群需要有一个核心主题或核心问题，将学生共同选修的课程关联起来，其目的是营造一个跨学科或多学科的学习环境，让学生能将不同课程中所学的知识联系起来。共同选课是组建学习社群的基础，任课教师可以借此将自己的课程教学内容与其他课程进行有机关联。

越来越多的学习社群也开始采用参与式教学法。社群成员不仅要努力搭建一个基本的知识体系，还要分享搭建知识体系的经验。学生通过组建同一课程或系列课程的学习社群，巩固学习成效。

Lichtenstein（2005）曾对参与多个学习社群的大学生进行研究，

发现学习社群若能给予其成员较强的归属感，并在教师、学习主题和课程安排之间建立更加清晰的关联，其成员的学习成绩和留校率提升更为明显。换言之，学习社群的效果在很大程度上取决于其实施方式。

为满足新生需求而创建的学习社群，通常会将第一学年研讨课作为关联课程之一（Baker and Pomerantz 2001）。有时，学生会住在同一栋宿舍楼，这样的社群通常被称为生活-学习社群（Pike 1999；Pike，Schroeder，and Berry 1997）。如果实施得当，生活-学习社群不仅能增强学生之间的凝聚力，从而提升留校率，还能改善大学当中普遍存在的学业与社交割裂的局面（Kaya 2004）。面向学业基础薄弱的学生组建的学习社群，往往会将一门学习技能课程或一门/多门发展性课程（如写作课）与一门专业课程（如历史课）关联起来。这样一来，学生能将发展性课程中学到的学习技能直接运用到专业课程中（Tinto 1999；Malnarich et al. 2003；Smith, MacGregor, Matthews, and Gabelnick 2004；Engstrom 2008）。学习社群无论针对的是新生还是学业基础薄弱的学生，都能满足学生的日常学习需求，从而帮助学生顺利完成相关课程的学习（Engstrom and Tinto 2007，2008）。学习社群以这样或那样的方式提供了一个架构，使学校能协调各种行动措施来实现一个共同目标，即促进学生学习和提升留校率。当教师之间、教师与学校其他工作人员之间，能为了促进学生的学业成功通力合作，学校将极有可能实现各项措施之间的协调。

学习社群如能得以全面实施，就能通过增强学生的学业与社会参与来提升学生留校率（Pike, Kuh, and McCormick 2008；Rocconi 2010）。在一项针对多校学生学习社群的调查中，来自学生的评价展现了他们的经历（Tinto, Goodsell, and Russo 1993；Tinto and Goodsell 1994；Tinto and Russo 1994）。一名城市社区学院的学生谈到了学习社群如何帮助她选择继续学业。她说："在学习社群中，我们相互都认识，都是朋友，会讨论所有课程中的问题。讨论多了，我们自然也都掌握了这些知识。无论碰到什么问题，我们都会讨论……我觉得学习社群就像一只救生筏，载着我渡过这段生命的险滩。"对于这位女大学生和她的很多同学来说，共同参与学习社群的活动，促进了朋辈互助团体的发展，而来自互助团体的支持正是促使学生继续学业的关键因素。这种支持是他们难以从工作繁忙的教职工身上获得的。

加入学习社群也有助于学生将参与延伸至课堂之外。同样来自城市社区学院的另一名学生说："其实，我会和别人聊我们的课程，比如作业、考试，聊的次数越多，我学到的知识就越多……而且我不仅增进了对他人的了解，对课程的理解也更加深入，因为我不断地在获取新的知识，和同学的联系越来越紧密，甚至课后也是这样。"学生共同参与的学习社群活动，一定程度上是在参与式教学法的指导下开展的，这些活动不仅能提高学生的课堂参与度，也加强了课外联系。

纽约市国王郡社区学院进行了一项研究，试图确定学习社群的效果是否主要取决于主动加入社群的生源特征，也就是所谓的"自愿效应"（Scrivener 2007；Scrivener et al. 2008）。该项研究将有意愿加入学习社群的学生随机分成两组，并只让其中一组加入学习社群。研究发现，加入学习社群的学生在很多评价指标上比未加入的学生表现得更优秀。换句话说，学习社群的效果与生源特征无关，而与学生在社群中的体验相关。

然而必须指明的是，即便学生参与学习社群的情况会受到学校类型的影响，但几乎所有学校中参与学习社群的人数都不多，尤其是在社区学院。也有一些四年制私立大学会直接要求全体大一新生加入学习社群，如瓦格纳学院（Wagner College）。虽说学习社群的参与度普遍不高，但无论是四年制大学还是两年制学院都有成功范例。成功实施学习社群项目的四年制大学包括南缅因大学、加利福尼亚州立大学东湾分校、约翰逊·史密斯大学（Johnson C. Smith University）、圣劳伦斯大学（St. Lawrence University）以及得克萨斯大学圣安东尼奥分校（University of Texas San Antonio）等；两年制学院包括位于加利福尼亚的迪安萨学院、位于纽约的国王郡社区学院以及拉瓜地亚社区学院、西雅图中央社区学院，以及斯卡吉特谷学院。

此外，一些机构也会为学习社群的开展和评估提供支持，其中埃佛格林州立大学华盛顿提升本科教育质量中心的学习社群资源部尤为突出。

迪安萨学院的学习社群

迪安萨学院的跨学科学习社群（LinC）计划，通过一个共同主题或问题、内容和任务，将两门或多门课程关联起来。例如，学校将"不要相信你以为的一切"与"阅读和写作/语言艺术"两门课程关联；将"思维控制：说服与宣传"同时与"心理学基本原理"和"口头交流"两门课程关联。在一整个学年，跨学科学习社群会组建25～30个不同类型的学习社群，满足不同学生的需求，包括转校生、ESL学生以及需要修读基础技能课程的学生等。每个学习社群大致为7～16个学季学分，能满足学生部分或全部的学季学分要求。学习社群全部由教师合力打造，其中很多社群课程采用团队教学。每个学习社群还会配备一名咨询顾问，为学生提供学习技巧帮助、学业辅导和个人咨询服务。跨学科学习社群由一名教师协调员和一个由7人组成的顾问团负责，顾问团成员包括教师、咨询顾问以及学生发展负责人。

有兴趣参加该计划的教师必须提交一份书面计划书，内容包括综合性教学内容、课程作业，还有学生服务干预方案以及特定的形成性评价和终结性评价方案。迪安萨学院学习社群计划的一大特色在于，该计划与员工和组织发展办公室合作，开展了覆盖面广、持续时间久的教师发展计划。学习社群课程的设计、实施和评估有着明确的要求和指导方针；有意在学习社群任教的教师会得到相应支持，包括参加教学工作坊和在职专业发展培训。参与计划的教师还会了解到在每学季的第四周和第十周，相关工作人员会面向学生定期进行小组教学反馈，这样一来，学生就可以一同反思学习社群实施中的成功之处和不足之处。通过分析学生的反馈，可以知道全体教师需要在哪些领域接受进一步培训。迪安萨学院还会为参与跨学科学习社群计划的教职工和对该计划感兴趣的人员提供经费支持，用于会议差旅、休假、工作坊建设以及每学季一次的校外静修会。

持续性评估对于维系、改进和拓展跨学科学习社群计划至关重要。在学校和地方负责学校管理工作人员的帮助下，该计划采用了多项评估指标，包括学生档案资料、学业成功率和留校率、小组教学反馈、学生的反思性写作、学生调查、学生焦点小组和教师调查等。在跨学科学习社群计划中，学生结课率（界定为成绩合格）为85%甚至更高，而全校学生相应比例平均为60%；学生课程成功率（界定为达到C及以上成绩通过一门课程）达到了90%或更高。学习社群提供的与大学预科课程关联或组合的通识教育课程，与没有纳入学习社群的通识教育课程相比，通过率要高出10%~25%。[16]

服务性学习

服务性学习是另一种促进学生参与的方式，要求学生参加校外的服务性活动（Bringle 1996）。与志愿者服务不同的是，服务性学习是为教学服务的，要求服务内容必须与学生所学课程相关（Vogelgesang and Astin 2000）。比如，救助站的服务工作可以和城市社会学课程相关联。采用反思日记或随笔还可以增强这种关联的教育功能，因为学生不仅需要反思他们的服务体验，还要描述服务工作与课程内容如何关联起来（Eyler 2002；Hatcher，Bringle，and Muthiah 2004；Simons and Cleary 2006）。服务性学习的效果立竿见影，且影响深远（Astin，Vogelgesang，Ikeda，and Yee 2000；Eyler，Giles，Stenson，and Gray 2001；Steinke and Buresh 2002）。Jone 和 Abes（2004）发现，对于参加过服务性学习课程的学生而言，这段经历在课程结束 2~4 年之后，依然会对他们自我意识和自主意识的发展起到重要作用。

不论采用何种形式，只有当教师和负责学生工作的人员齐心协力，设立与课程相关且适当的服务性活动并对其进行监督，才能保证服务性学习的成效。从这个方面来看，服务性学习和学习社群一样，也能促使学校不同部门工作人员更好地协调彼此的行动，共同实现促进学生学业成功的目标。

许多两年制学院、四年制大学开展了服务性学习项目。两年制学院包括布雷瓦德社区学院（Brevard Community College）、布鲁克代尔社区学院（Brookdale Community College）、钱德勒-吉尔伯特社区学院（Chandler-Gilbert Community College）、科林县社区学院、埃佛格林河谷学院、卡皮欧兰尼社区学院（Kapi'olani Community College）、柯克兰社区学院（Kirkland Community College）、迈阿密戴德社区学院（Miami-Dade Community College）、门罗社区学院、波特兰社区学院（Portland Community College）以及拉里坦谷社区学院（Raritan Valley Community College）；四年制大学包括阿尔维诺学院、安提亚克学院（Antioch College）、伯利亚学院（Berea College）、波斯顿学院（Boston College）、布朗大学（Brown University）、印第安纳大学与普渡大学印第安纳波利斯联合分校、波特兰州立大学以及韦恩州立大学（Wayne State University）。[17]

拉里坦谷社区学院的服务性学习项目

该学院的服务性学习项目可追溯至1993年，前期规模相对较小。发起该项目的教职工们相信，该项目不仅对学生的社会交往有益，还能改变学生在学习之余的生活方式。如今，已有超过70名来自不同院系的教师将所授课程的教学目标以及反思性练习同社区服务结合起来。社区服务的场所由服务性学习项目的工作人员协调安排，在他们的帮助下，800多名学生（修读的课程总数超过80门）为约200个社区机构提供至少17000小时的服务。该项目工作人员不仅帮助每位教师在课程中融入服务性学习，还提供示范课，组织以服务性学习为主题的校园工作坊。

拉里坦谷社区学院的服务性学习包罗万象，学生在各式各样的机构中提供服务，如学校、社会服务机构、政府机构以及其他非营利性机构等。许多学生在教育系统服务，包括学前教育机构、小学和中学，其他服务场所还包括课外辅导机构、养老院、成人日托中心、辅助生活中心、动物收容所、博物馆、法院、缓刑局、青少年管教所、消费者事务办公室、教堂、青年项目以及救助站等。学生还为弱势群体提供各种帮助，比如为基础薄弱的初中生和高中生提供学业辅导，辅助 ESL 课程教学；在救助站策划并举办职业和大学规划工作坊；同心理健康与发展中心的工作人员合作，帮助残障学生提高学习成绩。[18]

促进参与与教师发展

既然参与式教学法已被证实有助于提升学生的学习成绩，从而提升学生留校率和毕业率，那么这类教学法自然会得到广泛应用。然而，据最近两项针对教师的调查表明，实际情况并非如此。2004 年秋季的一项调查表明，在全美 39 所社区学院的近 3600 名教师中，约 42％的教师称，他们将一半或一半以上的课时用于讲课和组织学生讨论，留给学生进行小组活动和课堂展示的时间不足 10％（Community College Survey of Student Engagement 2005）。与此类似的另一项调查发现，在 109 所四年制大学的 19000 多名教师中，48％的教师称一半或一半以上的课堂时间被用来讲课或组织学生讨论，54％的教师表示课堂上留给学生进行小组活动的时间不足 10％，约有 75％的教师表示留给学生进行小组活动的时间不到 20％（Laird，Buckeley，and Schwarz 2005）。然而就连这些数据，也可能夸大了诸如合作式学习或基于问题式学习等教学法的使用程度，因为一般的小组活动和结构化合作活动不能同日而语。很多教师提到的小组活动充其量只是组织松散的聊天小组，这样的小组活动并不具备有效开展小组合作所需的组织架构，无法保证每个成员都能参加小组的各种学习活动。显然，如何有效运用参与式教学法以促进学生学业成功，任重而道远。

与中小学教师不同的是，大部分大学教师没有接受过正规的教学培训，这一点极为讽刺。当然，大学里也有不少天生就能胜任教学工作的教师，他们在入职前就已经掌握了大量教学和学业评价技能。不过，大部分大学教师在上岗前没有接受过专业培训。既然学生学业成功的核心因素在于课堂教学，而教学法和学业评价方式对于课堂教学至关重要，那么任何一项提升留校率的高校行动计划都必须重视教师发展。

高校当然清楚教师发展的重要性。实际上，所有学校都提供了某种形式的教师发展服务，最常见的就是成立教学中心。[19]两年制学院和四年制大学都有这样的中心，它们提供一系列的教师发展服务，其中最重要的是提升教师的教学能力。最常见的服务形式包括研讨会、大型校内会议、指导项目、个人咨询以及定向补助。一些学校还成立了教师学院，要求教师成立学习小组，在一段时期内共同学习新的教学和学业评价技能（Cox 2001；Fayne and Ortquist-Ahrens 2006）。这些学校之所以这么做，是因为它们越来越清楚，教师发展若要取得成效，需要教师长期共同参与、共同探索。那些彼此独立的教师发展活动则难以做到这一点。

鉴于学生学习社群取得的成效，有些学校，如俄亥俄州的迈阿密大学、查菲学院和约翰逊·史密斯大学等，也为教师成立了类似的学习社群（Cox 2001；Cox and Richlin 2004；Shulman，Cox，and Richlin 2004）。[20]教师社群成员通常来自不同学科，他们在一学期或一学年中就教学问题展开积极讨论。[21]例如，查菲学院鼓励全职教师和兼职教师参加为期两周的暑期研习。研习期间，他们不仅要学习教学法和学业评价方法，还要了解学生背景，以及家庭收入和种族等因素对学生学习的影响。参加研习的教师还需要针对下一学年的课程设计新的教学方法，帮助学生提升学业成绩，更好地评价学生表现。在下一学年中，教师们会面对面交流新教学法的实施经验以及评价结果。之后这些经验会汇集成一本以"行之有效的教学法"为主题的手册，分享给全校教师。

大多数教师学习社群要么基于同一教师群体，要么基于某个主题。前者如得克萨斯大学埃尔帕索分校和钱德勒-吉尔伯特社区学院。

这两所学校的教师学习社群在成员构成上和学生学习社群类似，由新进教师组成（Fayne and Ortquist-Ahrens 2006）。以钱德勒-吉尔伯特社区学院为例，学校采取激励措施，鼓励新进教师参加持续一年的教师发展计划，每月安排两次活动，这些活动包括卓越网络计划和新进教师导教系列计划。此外，新进教师还需要参加21学时的主动学习策略课程学习，该课程为教师提供实际课堂教学经验。学校还要求全校教师每年提交一份教学自评报告，而新进教师需要结合他们参与的卓越网络计划进行自评。学校还鼓励新进教师继续参加卓越网络计划的第二、三学年学习社群。学校采用这样的机制，旨在促进教师不断合作、不断探索成功的教学实践经验。

有些学校，包括查菲学院、富希尔社区学院（Foothill Community College）、利沃德社区学院（Leeward Community College）、里查兰德学院（Richland College）、南得克萨斯学院（South Texas College）、山景学院（Mountain View College）、北湖学院（North Lake College）、石山学院（Stonehill College）、塔拉哈西社区学院、瓦伦西亚社区学院和钱德勒-吉尔伯特学院等，要求新进教师必须参加教师发展活动，活动形式不限于加入学习社群（Fayne and Ortquist-Ahrens 2006；Kreaden 2001）。例如，山景学院会为每位新进教师配备一名指导教师，而利沃德社区学院、北湖学院和石山学院会为新进教师组织为期一学年的教学广场角活动，教师有机会在整个学期内观摩彼此的课堂教学，讨论听课心得。瓦伦西亚社区学院和里查兰德学院还采用激励机制，鼓励兼职教师参加教师发展计划（Valley 2004a，2004b）。[22]

里查兰德学院的新进教师发展计划

里查兰德学院是达拉斯县社区学院区七所独立认证的社区学院之一。该校的新进教师发展计划源于其2000年参与的本地新进教师发展计划。该计划名为"卓越愿景"

(Visions of Excellence)，要求所有新进教师在入职第一年参加两次周末静修会中的任意一次，以及每月一次的例会。这个计划不仅可以帮助教师熟悉当地的新环境，还提供教学方面的培训，包括教学法、学业评价、学习风格，等等。尽管当地七所学院对本校教师参加该项目的要求不一，但项目参与人数普遍很多。

2002年起，里查兰德学院开始实施自己的新进教师发展计划，其要求高出当地的卓越愿景计划。现在，该学院要求所有新进教师都必须参加一个为期三年的项目。在第一年，新进教师在每月的第二个星期五参加一个时长为3小时的活动，目的是熟悉学校情况，参加一系列课程模块，学习各种教学法和学业评价方法。教学名师会面向新进教师分享教学方法。在第二年，新进教师必须修读并完成一门15学时的合作式学习策略课程模块。课程期间，他们还有机会应用教学策略。该学院非常重视合作学习，这说明学院认识到学生的课堂投入是他们获得学业成功的关键。在第三年，也就是最后一年，教师需选择参加以下三项活动中的一个：两项活动聚焦里查兰德学院构建的教师共享交流社群和价值观，还有一项则关注学生投入以及教师如何加强学生在学习上的投入。

从参与计划教师的反馈和社区学院学生参与度计划调查的数据来看，该计划卓有成效。新进教师通过完成卓越愿景计划调查，对合作式学习工作坊做出评价，并作为咨询建议委员会成员对计划给予反馈，帮助学院对计划进行不断完善。教师的反馈非常积极。自计划实施以来，大约40名新进全职教师参与了该计划，此外还有400名兼职教师也自愿加入进来。

对于承担第一学年关键课程教学的教师来说，好的教学方法尤为重要（Erickson，Peters，and Strommer 2006）。例如，雪城大学在学校的教学支持中心内部设立了入门奖学金，在第一学年内开设大型新生入门课程的教师都可以申请。第一学年对学生的学业成功至关重要，因此如果资源有限，那么最好能将这些资源用在第一学年以及教授入门课程的教师身上。

教师发展的另一项举措是将博士生培养成大学教师。雪城大学、南加利福尼亚大学（University of Southern California）以及其他很多大学都加入了未来教师培养项目（Preparing Future Faculty program）。[23] 该项目始于1993年，由美国研究生委员会和美国大学协会合作开展，得到了皮尤慈善信托基金会、美国国家科学基金会和大西洋慈善基金会的资助。目前该项目已在超过45所设有博士点的高校以及近300所两年制学院和四年制大学实施（DeNeef 2002）。

教师发展计划对学生有何影响呢？如此多的学校都对教师发展计划进行了投入，然而令人惊讶的是，很少有研究将教师发展与学生成绩联系起来。不过，为数不多的现有研究表明，教师发展计划对学生学业成功的影响可能是多方面的（Braxton，Bray，and Berger 2000；McShannon 2002；Bothell and Henderson 2004）。教师发展计划通过影响教师的教学方法与学业评价方式，会对学生的课堂行为产生影响，从而促进学生的学习。教师发展计划还会提升学生的课堂教学满意度。虽未经研究证实，但还是有一些证据表明，除了促进学生学习和提高学生满意度，教师发展计划还有一个非常重要的影响，即加强了校内教师间的交流互动。这一点在学习社群中的体现尤为明显。社群中较长时间的持续合作，得以促进教师的学习。既然学生共同学习能使他们学得更好，教师也是如此。

增强学生参与，助力学业成功：述评

我们针对学习社群的研究发现之一是，与对照组相比，加入了学习社群的学生将更多时间投入到与学生参与和学习相关的活动中（Engstrom and Tinto 2007）。然而，针对调查中关于在学习上投入时间多少的问题，学习社群成员的回答却与上述研究发现相反。不过，被问及原因时，这些学生的回答是，他们以为调查问题中的学习仅仅是指独自坐在书桌前完成作业，而没有把课内外的小组合作当作学习。正如一位同学所言："小组合作学习太有趣了。"学生，尤其是18～23岁的大学生，喜欢与同龄人交流互动。高等教育面临的挑战是要善于利用这种天性，积极引导学生参与到有意义的课堂学习活动中。Arum和Roska（2011）的一项研究表明，我们在这方面做得还不够，总体上并未对高校学生的学业产生有利影响。

第六章　行政措施

任何一所大学都无法在一夜之间在促进学生学业成功方面取得实质性成效，而是需要长期采取一系列目标明确、组织有序、积极主动的措施（Carey 2005b）。仅仅依靠第五章介绍的行动措施，并不能确保学校能长期大幅提升学生的学业成功率。大学领导层，不仅应当强调学生学业成功的重要性（American Association of State Colleges and Universities 2005；Carey 2005b；McLeod and Young 2005），还必须制定一系列政策来支持和指导这些措施的实施以及负责实施的人员。如果没有强有力的支持，项目就会搁浅，或者不了了之。一所高校之所以能成功提升学业成功率，是因为该校的各项工作都能围绕同一个目标——提高学生留校率和毕业率系统地展开，并能随着时间推移不断完善，不断延续，不断拓展。

本章将介绍宏观层面的学校政策。具体的管理政策体现的是某一所学校实施措施的特定环境以及该校独特的价值观，所以我们只涉及具有普遍意义的行动措施，适用于大多数两年制学院和四年制大学，这些措施对于学校促进学生的学业成功必不可少。当然，学生尤其是公立大学学生的留校率和毕业率，还会受到州政府、联邦政府或非政府组织（如私人基金会）采取的措施的影响，但我们关注的是学校自身需要采取哪些措施来提升留校率和毕业率。

对学业评价进行投入

首先，学生留校率和毕业率的提升，取决于学校能否将资源投入到对学生留校率产生最直接影响的学校行动上，尤其是支持学业参与与社会参与的行动（Ryan 2004）。无论是将预算投入到试点项目、新项目，加大学业和社会支持力度，还是投入到对这些项目产生间接影响的行动措施上，这些投入都很重要。

要确保投入有效，学校首先需要进行自我评估，找出校方在履行职能方面有待改进的地方。[1] 就学生留校率而言，学校需要对学生体验及其对留校率的影响进行评估。要进行这方面的评估，需要获取不同生源在读期间的详细数据，即学生的在校体验数据。上文提到的美国国家学生参与度调查和社区学院学生参与度调查，能为学校提供这方面的数据。当然，学校也可以结合本校学生情况及学校自身的定位，对上述调查内容进行调整，或者自行设计调查。

无论是自行设计调查，还是从校外机构购买调查工具，调查都不应是一次性的。调查应该成为持续性评估的一部分，用于判断学校采取的行动是否能改善学生体验，进而提高学生留校率。卢米娜教育基金会的"实现梦想"计划在某种程度上基于这一理念，要求参与该计划的社区学院首先收集和分析学生表现的数据，然后制定改进措施。[2]

尽管调查有用，但这只是第一步。调查完成之后，学校应对需要关注的方面进行更有针对性的评估，尤其是课程、第一学年体验等。此外，学校还应向同类学校取经，了解他们针对这些问题采取了哪些有效措施。本书前几章已经介绍了很多这类措施。

另一种评估方法依赖于现成数据，即对学生的成绩单进行分析（Banta，Lund，Black，and Oblander 1995；Banta，Jones，and Black 2009；Hagedorn 2005），如分析学生的学业进展模式，具体而言，就是了解哪些课程的通过率普遍较高或者较低。分析结果可以帮助学校了解课程整体安排中的障碍点（如哪些课程的成绩会对相关、后续或挂科率高、退课率高的课程成绩产生影响）。通过对比晚退和早退学生的成绩单，我们可以发现哪些学生的课程学分一直在增加但仍然达不到毕业学分要求（Douglas College 2002；Obetz 1998）。这类学生往往会出现一次或多次换专业的情况，所以学校可以为他们提供具体建议或专业咨询。根据 Adelman（1999a，1999b，2004，2006）的研究，成绩单分析可以反映学生的选课模式和强度，这些都会影响他们后续的学业表现；Chen 和 Carroll（2005）也通过成绩单分析，揭示了父母未受过高等教育的学生的学习方式。进行专业评估时，也可以采用该方法了解培养方案中的课程设置是否存在衔接上的问题（Grinnell College 2008；Reichard 2001）。

宾夕法尼亚州西切斯特大学（West Chester University of Pennsylvania）通过成绩单分析了解学生的选课模式，发现与人文类专业的学生相比，修读职业型专业的学生不仅毕业率更高，选课也更加系统化（Zhai, Ronco, Feng, and Feiner 2001）。另一项在一所城市社区学院开展的选课模式研究发现，全凭自己的喜好来选课的学生，平均绩点比其他学生低（Hagedorn et al. 2007）。

另一种将成绩单应用于学校评估的方法，是对动量点（momentum point）达标情况进行分析（Adelman 1999, 2006；Leinbach and Jenkins 2008）。学校需确定课程计划中的关键点，也就是所谓的动量点或里程碑。这些关键点是否能按时达成与学生完成学业的进度有关（Ewell 2009）。通过确定动量点，学校可以根据时间进度将学生的学业进程分解为一系列具体的阶段，从而能针对不同阶段采取不同措施，推动学生抵达并顺利通过动量点。对于许多学校来说，动量点可能包括顺利完成发展性课程的学习，及时确定专业，以及在特定时间段内获得一定数量的学分。

华盛顿州社区学院和技术学院委员会目前针对 2001—2002 学年首次就读该大学系统的 87000 名新生，运用了动量点分析方法，作为该州学生学业成就计划的一部分。这样一来便可以创建学生成绩基准，用于对各个社区学院和技术学院进行评估，了解学校在提升学生成绩方面的进展（Prince, Seppanen, Stephens, and Stewart 2010；Pettit and Prince 2010）。塔科马社区学院通过成绩单分析，确定了六个不同的动量点，包括完成一门基础技能课程，完成一门大学预科写作或数学课程，首次获得 15 个学分，完成一门技术学位或副学士学位要求中必修的数学课程，获得学位或实习合格证书。学校努力帮助学生通过每一个动量点，并在每一个动量点上都有所收获，比如学位/证书获得率增加了7%，基础技能课程通过率增加了47%。[3] 印第安纳州和俄亥俄州等州也计划使用动量点分析方法。[4]

对项目开发进行投入

高校需要对项目进行投入，使其得以持续开展。学校不仅应在项目启动时提供支持，还应不断给予激励和奖励，促进项目持续进行。太多项目都是有始无终，要么是因为项目发起人不愿继续付出，要么是因为项目发起人离职后无人接管。还有一种情况是，如果对项目创立给予重要支持的管理者离职了，那么该项目也会难以为继。一个项目得以延续，需要学校长期给予激励与奖励。如果做不到这一点，项目往往无法得到全面实施，就算实施了，也无法一直开展下去（Shapiro and Levine 1999）。[5]

高等教育发展到如今，最为突出的特点就是缺乏长期投入。学校启动一个项目，通常会得到外来资金支持，但学校没有为该项目提供持续支持。项目开展几年后，也就不了了之了。这种情况不断重演，参与的人员或许也是大同小异。项目启动，停止，又启动，又停止。学校行动如果缺乏持续性，如此循环往复，只会导致教师和项目工作人员对学校的不信任，学校改善现状的意愿、促进学生学业成功的承诺都成了空谈。因此，学校不断发起新的项目，而教职工往往不愿参与也就不足为奇了。

既然提升留校率的计划对学校大有裨益，有效的激励措施应当能让负责实施计划的院系、项目组或个人享受到这些计划带来的益处。这样的激励措施能极大地促进教职工合作制定新的方案，计划一启动，他们就能立即参与进来，并能一直投入其中。[6]

然而，对项目进行持续投入并非易事。学校制定行动措施时要考虑各种不同利益，还会受到很多因素（如资金、政治因素等）的制约。近来，国家预算赤字对高等教育发展的影响仅仅是众多制约因素之一，这说明外部因素会限制高校实现预期目标的能力。尽管如此，若想促进学生学业成功，学校必须设法对提升留校率的计划给予长期支持。这是一条艰难的道路，没有秘诀，也没有捷径，学校必须确保持续提供激励和奖励。学生留校率和毕业率的大幅提升无法在短期内实现，需要学校有意愿长期投入，并采取一系列行动措施。

我们就以学习社群的建设为例。与多数其他形式的教育改革相比，学习社群的成功更多地依赖于教师的合作意愿和能力，在某些情况下，还需要学生事务专员的协助。教师需要跨越院系和专业的限制，设计教学材料和活动，将彼此的课程关联起来（Smith, MacGregor, Matthews, and Gabelnick 2004）。在启动学习社群前，通常需要进行长达一年的筹备工作。这意味着参与其中的教职工必须在工作满负荷的情况下付出额外的时间和精力，或者对投入到教学和科研工作上的精力进行重新分配。遗憾的是，很少有学校为教职工的额外付出提供激励和奖励。大多数学校的职称晋升和终身教职制度没有考虑教师在学习社群上的付出。许多学科领域的专业规范也不利于教师开展跨专业合作或者开设跨学科课程（Umbach and Porter 2002）。正因如此，许多学习社群最终沦为以学生为主角的项目，教师的参与只是蜻蜓点水。

虽然学生留校率和毕业率的大幅提升并不容易实现，但还是有一些院校取得了不错的成绩。1997—2002年间，三所公立院校和一所小型私立院校的毕业率有了大幅提升：拥有博士学位授权点的公立"名校"路易斯安那理工大学（Louisiana Tech University），毕业率从35%提升至55%；"普通"公立院校韦伯州立大学（Weber State University），毕业率从31%提升至45%；本科生源约33%为少数族裔的公立名校特洛伊大学（Troy University），毕业率从 40% 提升至 57%；私立学校玛丽维尔学院（Maryville College），毕业率从 41% 提升至 65%（Carey 2004）。部分大学的实际毕业率超过了依据该校级别和生源推算的毕业率，也就是所谓的预期毕业率（Astin 2005）。《美国新闻和世界报道》（*U. S. News and World Report*）年度大学排名和各种网络资源能提供相应排名信息。

有相当数量高校的毕业率高于同类学校（拥有相近招生规模、学校使命、生源特征以及财政资助）（Carey 2005a）。Carey（2005b）利用美国教育信托基金会（Education Trust）的"学院成果在线"数据，对其中一些学校进行了调查研究，包括艾尔康州立大学（Alcorn State University）、伊丽莎白城州立大学（Elizabeth City State University）、圣玛丽大学、雪城大学、北艾奥瓦大学（the University of Northern Iowa），以及圣母大学（the University of Notre Dame），目的是了解这些学校采取了哪些提升毕业率的措施。研究发现，每所学校采取的措施都略有不同，都是根据该校实际情况制定的：例如，艾尔康州立大学致力于提高第一、第二学年留校率；伊丽莎白城州立大学侧重于让每个人（尤其是教师）都参与到提升学生留校率和毕业率的工作中来；雪城大学和北艾奥瓦大学重视对教学和学生的研究，注重长期使用学生留校率的评估数据。但是，这些学校的行动措施当中也有一些共通之处。首先，也是最重要的一点，就是每所学校的领导者都做到了把提升学生留校率和毕业率作为全校的长期首要任务。此外，每所学校都关注学生的学习投入，尤其是在关键的第一学年，并且非常重视本科教学和学习，认为有必要持续监测和使用学生学业进展数据，因为这些数据不仅能让学校有针对性地进行学业帮扶，还能对政策和措施做出必要的调整（Carey 2005b：2）。[7]

对教师发展活动进行投入

由于学生的学业成功主要取决于课堂学习成效以及教师提升学生课堂学习成效的能力,所以任何提高学生留校率的长期策略,都必须包含对教师发展活动的长期投入。目前各高校都对各式各样的教师发展活动进行了投入。尽管如此,关键还是在于这些活动能否真正有效提升教师的教学能力,以及教师能在多大程度上参与这类活动。事实上,在很多高校,教师参与发展活动的情况不尽相同,反映出不同学校对教师有不同要求,教师能用于参与发展活动的时间也非常有限。之前我们提到过,社区学院教师的教学学时通常为每周至少 15 个小时,授课门数至少包括 3 门课程。此外,很多四年制大学教师还面临着越来越大的科研和发表文章、撰写著作的压力。

除了对教师参与发展活动提出硬性要求(如第五章中提到的一些学校的做法),学校还可以采取各种激励措施来提升教师的参与度,例如加薪,或者将参与发展活动作为职称晋升和终身教职评定的一项条件。在学校要求教职工开设新课程或新专业时,减少他们的教学工作量或其他工作负荷是非常有效的措施。如果工作量得不到减轻,大多数教师都腾不出时间和精力来满足学校的这些要求。

学校行动措施的实施

知道在哪些行动或者项目上进行投入是一回事,知道如何有效实施项目则是另一回事。接下来,我们讨论如下关于项目实施的问题:第一,如何增强项目的效果,确保项目成功;第二,如何让项目得以持续开展;第三,如何不断拓展项目规模。我们还是以学习社群为例。学习社群要取得成效,不仅需要对课程计划、教学方法进行大幅调整，还需要教师之间、教师与相关工作人员之间的通力合作（Hurd and Stein 2004；Knight 2003；Shapiro and Levine 1999；Levine-Laufgraben and Shapiro 2004）[8]，因此最具挑战性。适用于学习社群的行动措施也普遍适用于其他项目。

确保项目成功

项目获得成功不是一蹴而就的，一个项目往往需要三四年时间才能充分发挥作用。通常，在创建学习社群之前，要用长达一年的时间进行规划。规划过程中，教师和相关工作人员会在适当的时候一起设计课程安排，讨论其他问题，包括人员的招聘和培训，课程选择和时间安排、课程进度、学生注册以及招生宣传等（Shapiro and Levine 1999）。在项目实施的第一年，相关人员通常会学习如何处理管理问题、一致性问题、课程计划调整等，而这些都是新项目启动初期的必经之路。实施的第二年，会对项目进行某种形式的形成性评价和终结性评价，并根据评估结果进行改进和调整。到了第三年，相关人员已经了解了哪些措施真正行之有效，这个时候才可以说项目真正得以实施。

实际上，所有新的方案都会经历项目实施的发展阶段。要了解措施是否可行，纸上谈兵永远替代不了亲身实践，项目需要在特定环境中由特定群体共同合作去实施，包括教师、项目工作人员和学生。以学习社群为例，社群成员往往来自不同专业领域和职能部门，在项目发展阶段会涌现许多个体间的协作问题。因此，实施一个新项目时，应对其发展阶段进行规划，同时项目团队还需要让出资方了解，对项目的效果进行评估必须要等到发展阶段结束后才能进行。

要成功实施项目，还需要考虑校园的文化和政治氛围。首先必须处理的问题就是项目应当在何处实施以及如何开始实施。关于在何处实施，项目管理者应该从学校的专业培养计划或者课程体系中选取从启动阶段就最易于实施该项目的角度。同时,实施项目或措施,还应选择一个最佳时机,即最有可能改善学生体验、产生最大收益的时间段。对于大多数学习社群项目来说,其目的主要在于提升学生留校率,因此项目实施的最佳时段通常是第一学年。具体在第一学年的哪个时间段实施,则取决于项目的具体目标。例如,补充教学要么与第一学期的关键入门课程或基础技能课程同时进行,要么与挂科率高的入门课程或基础技能课程同时进行。对于学习社群而言,这更多地取决于社群成员的构成。如果社群成员是学业基础薄弱的学生,那么学习社群针对的通常是基础技能课程,也有可能是一门或多门需要应用基础技能的专业课程。

关于如何开始实施一个项目,建议是最好先在小范围内进行,作为示范或试点项目。这类小型项目更容易获得学校的支持,因为与大型项目相比,小项目不需要学校进行永久性的资金投入,而且行政和后勤方面的问题相对较少。小型项目初期易于管理,同时参与人员仍在摸索项目的有效运作方式。小型项目也不会对现有的组织架构和实践形式产生较大的冲击和威胁。因此,小型项目在实施过程中遇到的阻力相对较小。推行新举措都会遇到阻力,开展学习社群项目更是如此,因为这类项目会要求进行大幅度的课程改革。因此,项目试点结束时,能否充分证明其有效性极为重要,这关系到项目能否继续获得资金支持。学校需要看到其对项目的初期投入是否取得了相应效果,判断继续投入能否产生更大的成效。

试点项目能否获得后续支持取决于项目实施的成效,这实际引出了项目实施的另一个原则,即需要对项目进行评估,同时利用评估数据进一步完善项目。所有项目,无论规划得多么完美,都可以随着经验的积累而不断完善。不过,要想从经验中有所收获,需要对形成性评价进行投入,也就是我们常说的以评促建。评估的形式多种多样,包括调查问卷、焦点小组、访谈以及监测。[9] 不管采用何种形式的评估，都应揭示新的问题以及需要改进的地方。在这方面，定性评估方法是最有效的，因为这种方法可以让项目负责人倾听作为项目受益方的学生的意见（Chism and Banta 2007；Harper 2007）。学生若能像在少数族裔焦点小组一样，把内心的真实想法表达出来，他们的心声对项目的改进作用最大。对针对少数族裔学生的项目来说，听取学生的意见尤为重要（O'Neil Green 2007；Perna 2007）。如果定性评估中收集的意见与其他数据的结果相一致，那么定性评估的结果就可以作为完善项目的有力依据（St. John 2006）。

这一切都说明了一个浅显的道理，即项目实施初期的唯一目标就是取得成效。项目的早期成效未能显现，也就意味着后期增加投入是没有价值的，不可能帮助更多学生取得更好成绩，那么这样的项目也就难以获得后续支持。因此，除了上述原则之外，在项目实施初期，人员的选聘必须十分谨慎。项目成功的关键在于人，尤其是项目启动阶段的参与成员。

再简要说一下教职工的聘用和培训。学习社群，尤其是采用合作式学习的学习社群，要求教师既要了解学习社群的运作规则（如不同教学大纲之间的关联、通用的评分程序等），还要学习一系列新的教学技能与评估方法。因此，正如第五章所述，很多学校都为教职工开展了基于学习社群的教师发展活动。当然，几乎任何新项目都需要聘用项目负责人并对他们进行培训。项目能否取得成效，最终取决于项目负责人的投入程度与管理能力。

确保项目得以持续开展

显然，如果一个项目不能持续开展，启动这个项目就没有多大意义。有效实施必须确保项目能延续下去，不论是在项目试点阶段结束后，还是在最初的项目发起人不再参与其中时，项目也依然能持续进行。为了实现上述目标，需要解决以下几个重要问题：项目如何定位；随着时间推移，如何吸纳更多人加入项目，分担责任甚至接管项目；如何证明项目值得长期支持。

无论是从行政管理角度来说，还是从教学管理角度来说，项目失败的一个常见原因是没有找到合适的定位。如果一个项目关注的是大学生活中的边缘地带，一旦资源有限，很容易就会被终止。因此，为了确保项目能长期进行，项目应当定位于大学生生活的中心，或者尽可能贴近中心。从行政管理角度来说，项目应当由校长办公室直接管理，或者由教务处或学生事务部门负责。从教学管理角度来讲，项目应针对学校的特殊教学需求，以确保项目的影响最大化，从而为学校带来最大益处。针对提升学生留校率的项目，如果在大学第一学年实施，且针对的是关系到学校使命的问题或是学生群体（如低收入家庭学生、受忽视学生群体、优秀学生代表等），那么项目持续开展的可能性就比较大。

但是，项目定位只是其一，项目负责人也很关键。有很多项目无法维系是因为负责人太少，而且一旦仅有的一两个负责人从学校离职或退出项目，就会出现无人接管的状况。所以就像上文所建议的，项目发起人需要不断增加项目成员数量，并让后来加入的成员逐渐担负起管理责任。项目发起人经常不情愿让出项目管理权，或许是因为他们认为项目的特色和方向需要由他们自己来把控，不希望让其他人改变项目的初衷。然而，共同管理和最终移交管理权，恰恰是项目持续进行的必要条件。

一个项目是否能持续，最终取决于该项目能否向学校及其服务对象展示其价值，以证明其长期支持是物有所值的。因此，可采用终结性评价，通过评价来证明项目价值，这一点至关重要。形成性评价专门针对项目运行的负责人，而终结性评价针对的是项目受众，项目能否继续开展取决于这些受众的支持和参与。这类受众可能包括管理人员、教师、项目成员、学生，甚至学生家长。由于不同受众对项目效果的评判往往依据不同标准,因此展示给受众的项目成效依据应在内容和类型上有所区别。

对项目能否延续影响最大的显然是管理人员,尤其是校领导。通常,对于校领导而言,项目成功与否,最重要的依据是学生满意度,以及学生留校率、毕业率的提升。但是,仅有这些数据还不够,有时还需要证明该项目能给学校带来经济回报。一种途径是改变项目成效的描述方式:学生留校率的提升会带来毕业率的提升,项目预期给学校带来的直接或间接收入也会相应增加(Center for Student Success 2007:139-145)。为了更好地突显项目成效,必须将易于解读、有代表性的可靠数据呈现给管理人员。定性数据或许也有用,但在这种情况下,数字更能说明问题。

为教师和员工提供的信息也应有所不同。虽然他们也希望了解该项目能否提升学生的学业成功率,但是他们对学业成功可能有不同的理解。例如,对教职工而言,除了学生留校率的提升,学业成功也可能意味着学生在学习上更加投入,或在课程上取得更好的成绩。教师和其他项目成员可能还会关心他们参与项目时需要承担的工作量。在履行现有职责之外,他们是否有时间参与项目?很多人也想知道参与项目本身是否有益,就个人而言,该项目是否值得参与。所有的顾虑都会影响教师和其他项目成员未来参与项目的可能性。除非他们认为参与该项目既可行又有益,否则,除了发起人之外,将没有新的成员加入,项目也就难以为继。有些人可能会决定参与,因为他们感受到了项目本身的益处,但是项目若想长期顺利进行,离不开学校的激励和政策扶持。

教师和其他项目成员不仅需要定量数据,也需要定性数据。除了数字,他们还需要亲耳聆听那些参与过该项目的人有什么体会。因此,举办研讨会、午餐会等活动是很有用的,感兴趣的教师和其他项目成员可以通过这些渠道与项目参与者面对面交流。学校能提供支持环境,定期举办这样的活动(如一年一次),这对于吸收新的参与者非常重要。新的参与者可以在项目发起人退出后,接管项目的运行工作。

在某些情况下,项目评估的受众也可以是作为项目受益人的学生。与项目成员一样,呈现给学生的项目成效数据在类型和内容上也应有所区别。这个项目有用吗?有趣吗?会不会太难?学生对项目提出的疑问远远不止这几个。与教职工一样,学生也需要从其他同学那里了解有关项目的信息,要么通过当面交流的方式直接了解,要么通过文字或视频材料间接了解。在这一方面,吸引学生参与项目就和高校招生工作人员吸引学生申请该校的情况几乎一模一样。大学第一学年的项目尤为如此,这些项目吸引的对象就是那些在择校或者选择项目方面摇摆不定的学生。希望了解项目信息的还可能包括学生家长或监护人,他们想知道参与项目对他们的孩子是否有好处。无论怎样,没有足够数量的学生参与,任何项目都将难以为继。

不断拓展项目规模

即使项目能持续开展,其规模还需要不断扩大,这样才能大幅提升学校的整体留校率。某些项目能持续进行,但对提升学校整体留校率和毕业率的作用相对较小,这种情况并不少见。当然,有的项目只针对某些特定的人数不多的学生群体,有的项目侧重解决只影响部分学生的特定问题。然而,那些旨在产生更广泛影响的项目,却经常夭折。

一个项目能否扩大规模取决于多种因素,其中最重要的一点就是项目开展的环境状况。与大型研究型大学等环境更为多元化的高校相比,规模较小、环境相对单一的院校,如小型私立学院,通常更利于扩大项目规模。在大型高校中,不同院系、部门之间难以达成一致意见，不利于扩大项目规模。这类学校拥有多元化的使命，不同学科领域、不同职能部门对于哪种行动方案合适、可行的看法往往大相径庭。

在整个大学阶段中，最有利于扩大项目规模的时机是第一学年，因为在这一阶段，学生修读的是入门或核心课程，课程相对统一，不涉及专业差别。所以，同其他项目相比，新生研讨会、与入门课程对接的补充教学项目，可能还包括新生学习社群等项目，更容易扩大规模。第一学年结束后，学生进入各自的专业领域学习，专业要求和专业文化也各不相同。不过，尽管专业不同，项目定位的逻辑都一样。如果一个项目能覆盖到某个专业中的大多数学生，即使不是所有学生，那么该项目就有可能扩大规模。无论是针对新生，还是高年级学生，项目都应定位于学生学业和社会生活的中心而非边缘。[10]

项目的定位还应考虑将项目或行动方案尽可能与学校其他部门关联起来，并产生影响。搭建这样的联系网络，能使一个项目对学校其他部门产生直接或间接的影响，进而影响到其他没有直接参与项目的学生。正如城市的道路交通网一样，大学或学院中的网络平台能让项目的影响范围扩大至未直接参与项目的学生、教职工。在第一学年发起的项目，如新生研讨会、跨学科学习社群以及入门课程等，非常适合作为搭建这类联系网络的平台。相比之下，定位于边缘的学业项目则无法建立起这样的网络。

扩大项目规模虽然并非易事，但如果能成为学校工作的常态，且符合财政资助条件，实施起来也就没有那么困难了。若要扩大学业项目的规模，最有效的做法就是将其纳入学生大学体验的必备环节。然而，这一般需要多方共同参与管理，而不仅仅是项目发起人独立管理。此外，其他管理者还必须支持这个项目。共同管理总是意味着妥协，无论是在项目性质方面，还是在满足各方具体需求方面。如果无法做到这一点，项目规模不仅难以扩大，项目能否继续进行都难说。一般来说，当各方负责人对项目及其如何实施都有发言权，那么该项目就更能有效实施。

扩大项目规模的能力还取决于需要教职工和院系投入多少精力。除了少数教师和学业项目，如果一个项目需要投入过多精力，那么扩大规模是不大可能实现的。这时，技术手段的重要性就不言而喻了，例如在课堂教学中使用早期预警系统，用于识别存在学业困难和需要学业支持的学生。目前大部分教学改革都需要教师个人投入大量精力，然而不是所有教师都有时间或者意向去尝试。这也说明了基于网络的项目前景将更为光明，比如普渡大学的信号项目（Signals Project）。采用在线小测验或一分钟汇报，就可以大大减少教师的学业评价工作量。此外，技术手段可以应用于大部分课程，与课程内容无关。

归根结底，项目能否扩大规模，取决于评估数据能否向项目利益相关者以及全校所有人证明该项目的价值。如果没有站得住脚的依据可以证明其价值，项目几乎不可能或者难以在原有的基础上继续扩大。[11]就拿艾奥瓦州立大学来说，该校的学习社群能不断扩大规模，部分原因在于参与了学习社群的学生留校率不断提升，为学校创造了额外收入，该项目也因此能将一部分收入用于扩大规模。[12]

印第安纳大学与普渡大学印第安纳波利斯联合分校实施的大学学院计划

大学学院是印第安纳大学与普渡大学印第安纳波利斯联合分校的学业部门，负责为新生提供可参与的学业项目信息。1997年，该学院经教师委员会投票成立，旨在解决该校留校率和毕业率偏低的问题。该学院的教师是从全校资深教师中招募的。多年来，该学院已经实施了多个项目，包括正式上课前的强制分级测试和入学教育项目，还包括全体新生都必须参与的第一学年研讨会。研讨会与另一门课程（如写作、演讲或数学）对接，为学习社群打下基础，注重合作式和共享式学习。起初，该学院只有5个学习社群，现在已经发展到了120多个，几乎覆盖了所有新生。每个研讨会都配有一个教学团队，团队成员包括教师1人、图书管理员1人、学业顾问1人和朋辈导师1人。目前已有200多名朋辈导师，他们是学院的重要组成部分。朋辈导师必须参与由教师讲授、为期四个学期的系列课程，内容包括学业指导、合作式学习、领导力培养和研究。同时，在大学学院授课的教师，可以参加专门针对新生课程教学的教师发展计划，即"门户计划"。此外，学业顾问会在为期16周的学期内，与学习社群的学生进行面对面交流。最后，该学院建立了一个基于网络的早期预警系统，该系统在第一学期的第三周和期中，要求教师提醒学业帮扶人员对学业困难生提供各种帮助。例如，根据布鲁克林学院（Brooklyn College）设计的模型，有的学生选择在进入大学学院之前先加入暑期衔接项目。第一学年学业成绩不佳的学生，可以在第二学年甚至第三学年参加结构化的学习和援助项目［这是由弗里斯州立大学（Ferris State University）开发的补充教学的改良形式］。大学学院的成效显而易见，成立初期，只有50%的大一新生继续升入二年级学习，现在这一比例超过了70%。同一时期，该校的六年毕业率也翻了一倍。

然而，大学学院项目之所以能成功实施，依靠的是时间上的投入、耐心、院长斯科特·埃文贝克（Scott Evenbeck）以及学院教师的卓越能力。首先，他们制定了一个原则,即大学学院自身只提供少量课程,但会对课程进行安排(课程由该大学的教师讲授),同时协调学院开展活动。这样一来,就避免了被边缘化的问题,因为大学中单独设立的第一学年的学院经常面临被边缘化的困扰。其次,大学学院强调评估对项目进行监督、改进以及完善的重要性。该学院持续开展多维度、系统化、强制性的评估,体现了重视依据的学院文化。教师非常重视评估,不会把评估结果视为偶然,也不会对评估数据不闻不问。他们不停地探索改进项目的方法,并在必要时进行完善。最后,该校全体教师、部门成员以及管理人员都能共享学院的评估数据,这些数据不仅用于证明学院项目实施的成效,还能为该项目带来源源不断的支持,使得项目成功实施、得以延续,并不断扩大规模。该学院的规模也因此而扩大,并从大学预算中获得持续资助。

学校采取行动的时机

在整个大学阶段,学校应该在什么时间节点采取行动比较合适?答案很明确。第一学年是学校行动的重要时机,确切地说,应当是第一学年的第一个学期或第一个学季,如果可能的话,甚至可以是入学之前。[13]

第一学年

如前所述,一直以来,我们都认为第一学年对学生学习和留校继续学业而言非常关键(Barefoot et al. 2005;Upcraft, Gardner, and Barefoot 2005)。然而,第一学年的学生流失率通常也是最高的。就算学生在这一阶段没有放弃学业,第一学年的体验也必定会影响学生未来的去留。因此，在第一学年进行投入最有可能最大幅度地提高学生留校率，继而给学校带来最大的回报。其中一项回报就是第一学年后学生留校率的提升能增加学校收入，继而减少招生费用。[14]

令人失望的是，Upcraft、Gardner、Barefoot 和 Associates（2005）在评估第一学年项目实施情况时发现，大一新生的留校率仍然很低，而且很多学校仍然没有对第一学年给予足够的重视。太多学校，尤其是规模较大的学校，在教学活动和学业活动方面投入不足。其中，最明显的做法就是安排兼职教师或临时教师，或者经验不足的年轻教师教授第一学年的课程（Eagan and Jaeger 2008，2009；Jaeger and Eagan 2009；Jaeger and Hinz 2008）。此外，即使已有研究证实，大型讲座课不利于促进学生的投入、学习和提高留校率，但学校依然为大一新生开设了大量的大型讲座课。尽管也有一些例外，但学校给予教学活动和学业活动的支持和投入往往缺乏连贯性和系统性。更重要的是，我们已经知道在第一学年应当采取什么样的行动才会富有成效，但学校的做法往往与此背道而驰。简言之，学校往往没有为大一新生创造一个有利于他们获得学业成功的学业环境。[15] 第一学年的课程挑战性不足，缺乏必要的学业与社会支持，没有提供及时、充分的学业反馈，导致学生无法进行自我评价，教师也无法全面掌握学生的表现，同时也无法促进学生的学业参与。

但是，如今越来越多的院校不仅开设了如 Upcraft、Gardner 和 Associates（1989）所言的第一学年研讨会，而且也开始重视许多入门课程，因为顺利完成这些课程对学生后续的学业成功起着重要作用。有的学校关注挂科率、退课率和弃课率高的课程。有的学校，如前文所述，在教师发展计划上进行投入，以提升教师第一学年课程的教学与评估能力。很多情况下，学校会经常重新设计课程，为课程提供支持性服务，或将课程纳入第一学年学习社群中（Twigg 2005；Tinto，Goodsell，and Russo 1993；Tinto and Goodsell 1994；Tinto and Russo 1994；Tinto 1997）。约翰·加德纳负责的卓越项目基金会与两年制学院和四年制大学合作，重新设计第一学年课程。与卢米娜教育基金会的"实现梦想"计划一样，该项目也要求学校把分析全校学生数据作为改革的第一步。卡罗尔·特威格（Carol Twigg）成立的国家学业转型中心（National Center for Academic Transformation）探索如何有效利用信息技术，来提高学生在第一学年入门课程中的学习成绩（Twigg 2005）。[16]

大学除了广泛开展新生入学教育项目，更普遍的做法是面向高中生开展暑期衔接项目。雪城大学的豪德诺索尼承诺项目和南加利福尼亚大学的"邻里学业倡议"（Neighborhood Academic Initiative）就是两个范例。南加利福尼亚大学的"邻里学业倡议"创立于1989年，是一个为期六年的项目，面向学校周边想申请该校的低收入家庭高中生。该校的预科教育学院为学生掌握完成大学学业必备的学习技能提供帮助。[17]

与此类似的还有纽约的"大学现在时"（College Now）项目，该项目通过建立纽约市公立高中与纽约城市大学17个学院之间的合作关系来实现上述目标。该项目为符合条件的学生提供多种提升高中成绩的途径，使他们能快速适应大学学习，途径包括选修纽约城市大学的课程，参观该校校园，参加该校的文化活动，如戏剧表演或舞蹈表演，纽约城市大学甚至为符合条件的学生提供奖学金。一般而言，参加过"大学现在时"项目的学生进入大学后，表现优于同年级其他学生。[18]在加利福尼亚州，有几所高校会为参加过早期评估项目的高中生提供所需的额外学业帮助。"长滩承诺"计划（Long Beach Promise program）聚集了长滩联合学区、长滩城市学院以及加利福尼亚州立大学长滩分校的教职工，他们与潜在生源及其家庭取得联系，帮助学生顺利被这些学院或者大学录取。具体措施包括在高中最后一年开设课程，为大学入学准备不足的学生提供暑期衔接项目，有针对性地提供学业建议以及专业咨询，开展教师专业发展活动。[19]

关注第一学年后的发展情况

虽然我们强调第一学年的重要性，但这并不代表高校在第一学年结束后，对提升学生留校率就无计可施了。提升留校率要求学校将学生入校直至毕业所有阶段的体验都纳入考虑范围内（Bowen，Chingos，and McPherson 2009；Gardner，Van der Veer，and Associates 1997；Hunter et al. 2010；Schreiner and Pattengale 2000；Tobolowsky and Cox 2007）。[20] 不过，在我们讨论第一学年后学校还能采取什么措施来提升留校率之前，我们还需要注意以下几点。首先，以学年为单位或以学年课程的完成情况来衡量学生的学业进展，是存在一定问题的，至少对很多低收入家庭学生以及社区学院学生来说的确如此。对这两类学生来说，大学第二学年、第三学年等概念并不适用，他们要获得学位证或毕业证，需要的是修读完一系列课程。他们的大学学业进展不是以学年来衡量的，每完成一门课程就是进步。因此，以学年为单位来讨论学生留校率问题，实际上限制了我们的思路。其次，即使以第二学年的留校情况为出发点来进行探讨，我们也不应忽视这样一个事实，即并非所有大二学生的学业进展都处在同一水平。有的学生并没有达到大学二年级要求的学分水平（Adelman 2006），他们只是名义上的大二学生，[21] 达不到要求明确反映了这些学生第一学年在学业方面的具体情况 Adelman（2006，2007）。我们将这种情况称为反映留校率的定性数据。第三，如果学校不了解学生第一学年的体验和成绩，就很难满足学生的后续需求。体验和成绩之间有着必然联系。[22] 最后，尽管"大二低迷期"一词已经成为形容大学体验的热门词汇之一,但尚不清楚是否所有学生,或是大部分学生在大学第二年都会经历一个低迷期。这种低迷期似乎反映了传统意义上的适龄学生的在校体验,尤其是那些四年制大学的学生,但是并不适用于年龄较大的学生和有工作的学生。即使是适龄学生,导致大二低迷期的因素也各不相同,包括个人成长过程中面临的挑战,需要对专业甚至未来职业做出选择,第二学年学业要求提升,等等(Freedman 1956;Gahagan and Hunter 2006;Graunke and Woolsey 2005;Lemons and Richmond 1987;Richmond and Lemons 1985;Schaller 2005)。为此,许多院校为大二学生提供学业支持、学业建议、专业咨询和就业咨询,如贝洛伊特学院(Beloit College)、布兰迪斯大学(Brandeis University)、布兰奇沃特州立学院(Bridgewater State College)、科尔盖特大学(Colgate University)、埃默里大学(Emory University)、肯尼索州立大学(Kennesaw State University)、麦克弗森学院(McPherson College)、仁斯利尔理工大学(Rensselaer Polytechnic Institute)、南阿肯色州立大学(Southern Arkansas University)、石溪大学(Stony Brook University)、斯坦福大学、雪城大学、得克萨斯基督教大学(Texas Christian University)、辛辛那提大学和华盛顿大学(the University of Washington)等。[23]

大二学生面临的最紧迫的问题恐怕就是专业选择了(Kramer 2000;Gardner 2000;Gordon 2007,2009)。因此,很多学校主要为大二学生提供学业建议,包括贝洛伊特学院、哈佛大学(Harvard University)、马卡莱斯特学院(Macalester College)、麦克弗森学院、中佛罗里达大学(the University of Central Florida)、密歇根大学、田纳西大学诺克斯维尔分校(the University of Tennessee Knoxville)、华盛顿大学等高校。[24] 华盛顿大学的第二学年个性化学业建议项目,旨在帮助学生制定学业规划,用于引导学生整个大学期间的学习。麦克弗森学院的第二学年研讨会，着重培养大学生活技能，特别是领导力、社交能力、导学关系和道德素养。该研讨会提供职业规划方面的帮助，包括简历和邮件撰写、面试技巧、如何寻找实习和就业机会；该研讨会还包括服务式学习，学生利用大量课时参与一个服务项目。在石溪大学的第二学年研讨会，学生必须参加该校学业和职前咨询中心的专业决定周（Major Decisions Week）活动，其中包含指导学生挑选专业的工作坊及其他各类活动。在专业决定周，学校每个院系部门以及专项兴趣部门（special-interest departments）都会通过同一个论坛与学生交流。[25]

然而，学校不仅要为学生选择专业提供建议，还要为学生转专业提供建议。据我们所知，50%～60%的大学生至少换过一次专业，其中不少人在大学期间换过几次专业。通过成绩单抽样分析，我们发现，那些已经进入大三或者大四却仍然选择退学/辍学的学生当中，很多人换过不止一个专业，但他们所修的学分却无法满足毕业要求。对于想换专业的学生，或者刚进大学还未选定专业的学生而言，出现这种状况的原因就是缺乏有效的建议。无论怎样，有效的建议对学生的整个大学生涯来说很重要。为学生提供学业建议的学业咨询中心，必须配有专业的咨询顾问，为学生提供与专业相关的建议。同样，不同学校对于想转学的学生以及同时在多所高校修课的学生（即"流转生"），需要提供一致的建议。然而各专业或各学校给予学生的建议经常是随意性的。保持学业建议的一致性非常重要。

有的学校针对第一学年学业表现欠佳的学生，设立了第一学年至第二学年的衔接项目，为学生提供学业帮扶和其他支持。例如雪城大学的学生成就计划，在第一学年常规支持的基础上，为学生提供额外的学业支持，以帮助学生获得学业成功。

有些项目依据学生高中时的成绩或入学评估测试成绩，来判断哪些学生可能会遇到学业困难,而第一学年至第二学年衔接项目依据的则是学生第一学年的学业成绩,针对那些后期才出现学业困难的学生。所以,该项目和早期预警系统有类似之处,二者都是通过学生的课程成绩来判断学生所需的学业支持。东北州立大学(Northeastern State University)等高校也为大二学生提供额外的学业支持。处于学业观审期的学生必须定期和一位学业委托专家交流,专家会和学生一起分析成绩单,探讨专业选择,为学生解读学校的学业宽恕政策。学校为每一位学生提供个性化服务,针对学生的具体问题,为其提供所需的校园资源。

科尔盖特大学、科罗拉多学院(Colorado College)、杜克大学(Duke University)和斯坦福大学等高校,为提升学生第二学年的学业投入采取了另一种策略。例如,斯坦福大学的大二学年学院在第二学年秋季学期开始前,为大二学生开设了小型强化班,由该校教师为学生进行为期几周的补习。斯坦福大学大二学年学院开设的课程中,每门课程招收12~14名学生,每门课2个学分。除了授课教师之外,每门课程还配有2名高年级学生助教,他们和授课教师一起工作,为学生提供建议。学生和教师都住在斯坦福大学的学生宿舍里,一同上晨课,参加规定的实地考察和其他课程活动。

影响第一学年后学生留校率的另一个因素是培养方案中课程之间的衔接,尤其是要保证学生从一门课程中所获得的知识和技能,成为其顺利完成后续相关课程的必要条件。虽然在课程描述中需要列出先修课程,课程编码也能体现修课顺序,然而几乎很少有专业能清楚地说明培养方案中课程之间的关系,也没有对课程设置与课程通过率之间的关系进行实证研究,更没有调整课程设置以促进学生顺利完成学业。这些课程无论在内容上,还是教学方法上,都没有很好地衔接起来,因而不利于学生顺利完成第一学年及后续课程。不仅专业课程缺乏统筹安排,发展性课程也存在同样的问题。屡见不鲜的是，学生在顺利修完发展性系列课程之后，却在接下来的专业课程中出现学业困难和挂科的问题。[26]

对于转学至四年制大学的学生来说，大学体验非常重要。上文已经提到过影响转校生体验的几个因素。为了更好地满足这些学生的需求，新泽西理查德斯托克顿学院（Richard Stockton College of New Jersey）、圣心大学（Sacred Heart University）、南卡罗来纳大学和得克萨斯大学达拉斯分校（the University of Texas at Dallas）等众多高校都依托转校生中心、转校生研讨会，以及其他各种项目帮助转校生融入大学并顺利完成学业。克里夫兰州立大学（Cleveland State University）等高校与附近的社区学院合作，帮助社区学院设置结构化的专业培养方案，帮助学生顺利转入该校学习。[27]同样，包括亚利桑那州、新泽西州、俄亥俄州和华盛顿州在内的很多州，都进行了系统的转学和课程衔接改革；改革后的立法规定两年制学院须授予转校生副学士学位，这样一来，就可以实现社区学院与州立大学的无缝对接，学生在获得副学士学位的同时，可直接转入州立大学进行大三阶段的学习（Kisker, Wagoner, and Cohen 2011）。

行动实施方式影响学生留校率

对取得成效的高校进行研究，我们发现提高学生留校率和毕业率两项指标不仅依赖于学校的行动举措，还依赖于行动的实施方式（Carey 2005a, 2005b; Jenkins 2006; Kuh et al. 2005）。值得重申的是，取得成效的高校在促进学生学业成功的过程中，目标明确、组织有序、积极主动。这些学校收集并利用学生学业成功的数据，制订促进学生学业成功的行动计划，并积极采取行动以实现目标。学校会对行动措施进行评估，对促进学生学业成功的行动进度进行监控，并适时做出调整。取得成效的高校不会坐等学生自己去利用学校提供的服务，而是将新生研讨会、第一学年学习社群等作为学生大学体验的必备项目，因为参与这类项目能让学生受益这一点已被证实（Zeidenberg, Jenkins, and Calcagno 2007）。同时，学校还采用了早期预警系统，以便尽早采取行动，更好地促进学生取得学业成功。[28]

行动需要系统性

具有成功经验的高校，其做法必然具有系统性。他们的行动不是零散的，而是采取了一系列明显有助于学生获得大学学位或毕业证书的举措。我们在第一章讨论过，当下列四个条件都满足时，学生留校继续学业并顺利毕业的可能性最大：学生感受到学校对他们提出了明确的高要求；学生能得到所需的学业和社会支持；学校对学生进行评价并及时反馈学生的学业进展情况；学生在大学生活中的学业和社会参与尤其是课堂学习进展顺利。要满足这四个条件，学校需要采取一系列行动，我们在第二至第五章已经对此进行了阐述。为了确保学生留校率获得大幅提升，学校必须为全体学生创造上述四个条件。遗憾的是，高校在创造这四个条件时往往顾此失彼，而且更关注学生事务而非学生学业。学校经常忽略课堂教学，尽管已经有大量研究表明，对于课堂教学而言，这四个条件缺一不可。

行动需要协调性

正如学习社群需要保证课程的连贯与衔接，取得成效的高校也必须协调好各项行动措施，保证措施的连贯性，行动负责人和实施单位都能做到齐心协力。即使学校统一采取的行动涉及多个方面，其总体成效理应比各行其是相加的效果要好。遗憾的是，事实恰好相反，因为各项行动计划通常是相互矛盾甚至是背道而驰的。

一项针对佛罗里达州150000多名社区学院大一新生的调查研究，为协调措施的重要性提供了具体依据（Bailey and Alfonso 2005；Bailey et al. 2005；Jenkins 2006）。这些学生的入学年份分别为1998年、1999年和2000年。在这些社区学院中，由于学校特点和生源不同，其中有几所学校的表现高于预期，而另外几所学校的表现则低于预期。为了确定导致学校表现好坏的具体因素，我们采用了一系列指标对各个学校的管理方式进行比较。用Jenkins（2006）的话来说，即"学校取得成效的关键，不在于该校是否采用了某种政策或措施，而在于该校是否将所有促进学生学业成功的项目和服务进行有效的管理和衔接"（Jenkins 2006：vi）。

正因为需要对各项促进学生学业成功的行动措施进行协调，学校才会设立各种机构、职位或团队来进行统筹监管。要确保各项行动协调一致、相互关联，需要来自学校相关部门的代表进行合作。有的学校还在每个职能领域内设立分委员会、机构或职位，指导该职能领域的行动。在这种情况下，校委员会就成了协调其他分委会工作的指导委员会。然而，根据最近一项针对四年制大学提升留校率措施的调查研究，尽管有近60%的高校指派了学生留校工作协调员，但平均只有三分之一的人为全职，大多数协调员"几乎没有实施新项目计划的权力"（College Board 2009：Ⅰ；Hossler et al. 2010）。

委员会或行政机构还有一项重要职能，就是监督与学生学业成功相关的研究和评估活动。在某些情况下，委员会或行政机构会指导或开展关于学生学业成功本质的研究，针对学生学业成功列出一份详细的学校行动指南，并监督这些行动的评估工作。另外，委员会和行政机构还会充当信息共享中心，分享有关学生学业成功的信息以及促进学生学业成功可采取的行动。就这一方面而言，有的行政机构或委员会就会面向不同受众开设工作坊，提高他们对促进学业成功的认识，激发他们策划行动方案或与他人合作的意愿。

无论其具体职能是什么，如果学校赋予学生学业成功委员会等相关部门发起行动的职权，那么这些部门将能发挥最大的作用。但是，并非所有这类部门都拥有这样的权力。最近，印第安纳大学的学生学业成功项目针对加利福尼亚州、佐治亚州、印第安纳州、纽约州和得克萨斯州的275所四年制大学，进行了一项由大学理事会资助的调查。该调查有两个目的，一是探究提高学生留校率的相关行动是如何组织的，二是研究这些高校制定了哪些政策、采取了哪些措施（Hossler，Ziskin，and Orehovec 2007）。研究发现，尽管超过70%的学校都声称他们设立了学生留校工作委员会来协调学校各方的努力，但这类委员会中，有权力执行新计划的不到40%，有权力资助新计划的仅占25%。

不过，有专门部门发起行动，并不代表其他机构或个人就不能发起行动。一般个人都会支持自己策划的项目，因此相关委员会、机构或团队的工作，就应当是促使其他部门及个人发起的行动得以顺利开展。要做到这一点，组织委员会就需要有针对性地提供奖励或资源以促使他人行动。

在第一学年进行协调

第一学年是进行协调的关键时期。然而，各职能部门和专业都对第一学年的行动方案有各自的想法，所以做好协调工作并非易事。因此，很多高校（多为四年制大学）都设立了委员会来监管第一学年的行动计划，有的学校还设立了专门的职位，如第一学年主任。还有一些高校的做法更进一步，如北卡罗来纳州立大学罗利分校（North Carolina State University at Raleigh），将第一学年项目纳入一个独立的组织结构，即大一学年学院，负责监管针对大一新生开展的所有活动。

这种独立组织结构的优势之一，就是拥有受其管理的第一学年项目的决定权，所以能对这些项目进行整合和协调。尽管大多数有关第一学年的讨论首先都会围绕是否开展新生研讨会或是否设立第一学年学习社群等问题。不过，既然设立了独立学院，学校就需要考虑一个更加根本的问题，即大一学年学院的目标或使命是什么。只有回答了这个问题，才能进一步考虑应当如何安排第一学年的活动，从而实现学院的目标。然而，鲜有高校以这种方式展开对第一学年的讨论，所以有关第一学年可行计划的探讨脱离了现实环境，后续计划通常也只是对现有行动方案的补充，改变不了现行做法。现行做法往往会让新计划受阻，就算新计划顺利实施了，其影响也达不到预期。

对于参与这些计划的学生来说，情况也是如此。在某种程度上，无论是新生研讨会还是其他项目，如果学生只是把参与第一学年项目当作一个附带活动，他们就不会重视，也不会投入多少精力。如果参与第一学年项目没有与毕业学分挂钩，就更得不到学生的重视了。相比之下，如果从大一学年学院使命这一根本问题入手，就能极大地拓宽思路，可以结合第一学年的目标甚至大学体验，来讨论第一学年的行动方案。当我们回答了大一学年学院使命的问题，确定了第一学年行动的组织方式，就可以讨论更加具体的问题，如是否有必要组织新生研讨会。如果答案是肯定的，就可结合实际讨论如何组织实施新生研讨会。

行动前的讨论，其目的不是单纯地讨论在大学第一学年是否有必要开展第一学年研讨会或实施其他计划。这些问题的讨论应当基于我们对更为根本的问题的回答，但大多数学校都忽略了这些根本问题。设立大一学年学院，将其作为一个独立的教育和组织机构，更有利于这些根本问题的提出和回答，更重要的是，也更有利于整合和协调各种行动计划。

很多高校实际上已经开展了第一学年研讨会，或者更具体地说，已经有了通过组织第一学年研讨会对第一学年进行重新规划的想法。大一学年学院政策中心设立的卓越项目基金会，已经和300多所大学进行合作，包括两年制学院和四年制大学，旨在通过学校自主研究和引导性探索，重新规划第一学年的安排，以促进学生的学业和留校率的提升。[29]

第一学年学习社群越来越受欢迎，这意味着如果能与现有学业和社会支持服务紧密结合，学习社群本身就如同一个小型的大一学年学院。生活-学习社群更是如此，因为参与这类社群的学生都住在同一栋宿舍。有的项目，确切地说是有的高校，已经把学习社群贯穿整个第一学年。实际上，它们已经把学习社群作为组织架构，用于协调第一学年的课程。可能更重要的是，学习社群项目还搭建了一个有利的平台，有助于跨学科的专业优化课程设置。

瓦格纳学院
——以学习社群为中心，重塑第一学年体验

瓦格纳实用文科计划始于1998年，将学习社群纳入本科课程总体安排的三个时段，分别为第一学年第一学期、第一学年春季至第四学年的中间时段、与专业学习相关的第四学年。该校的第一学年项目独具特色，体现出高等教育实践的众多最佳特征。

首先，项目以跨学科主题将三门课程关联起来，由两名来自不同专业的全职教师讲授。三门课程均为通识教育必修课。其次，每个学习社群的学生都会参与一个体验式学习环节，由教师负责设计，融入学习社群的主题（至少30个学时）。体验式学习的形式包括服务性学习、基于社区的学习、社区研究、实地考察等，或者为上述多种形式的

结合。再次，课程之一是反思性写作强化辅导，要求学生反思并写下课堂学习（理论）与社区/实地所见所行（实践）之间的联系。最后，教师需持续为学生提供学业咨询服务，直到学生确定专业为止。

对于第一学年项目的创建和持续发展而言，重视教师发展一直是一个关键因素，因为学生在每个学习社群的体验是由教师塑造的，写作强化课程同样由教师负责。教师每年五月要参加为期两天的静修会，在秋季学期要参加每月一次的最佳实践分享会。每个春季学期会举办两次教师会议，重点讨论教学法和秋季学期的计划。这些会议不仅能促进不同院系、不同学科之间的交流，还有助于经验丰富的教师和新加入项目的教师相互沟通。项目的教师负责人与学校管理人员相互协作，管理人员会为项目寻找体验式学习的场所（如社区机构、学校、博物馆以及市行政机构），建立学校与体验式学习场所之间的伙伴关系，还为学生提供咨询服务。由于体验式学习取得成效需要一定的时间，教师团队成员最好能共事三年，每年都能从他们自己的经历中吸取经验，不断优化项目的运行方式。教师和管理人员共同组成的第一学年项目审查委员会，协助学习社群的类别选择和组建，规划日常会议和静修会议程，分配用于体验式学习开支的资金，审查教学大纲以确保符合项目的目标要求。

除了利用学习社群促进课程学习之外，第一学年项目还有一个目标，即"通过促进与多样性相关议题的讨论，为学校实现公民教育、跨文化教育，以及服务社会的承诺提供支持"（Wagner College 2010）。全体大一新生都要参加戏剧系学生举办的"戏剧之夜"活动。尽管每年都有不同的主题和剧目，但每年的演出都会包含一个与全体演员、导演或编剧互动的环节。这样一来，所有人能集中在一起讨论感想和观点，随后还可以在各自的学习社群继续讨论。

拉瓜地亚社区学院的大一学年学院

拉瓜地亚社区学院的第一学年项目，通过实现发展性课程、英语语言学习以及专业领域学习的无缝衔接，培养学生的社群意识，加强学生与学校、朋辈以及教职工之间的互动。该校通过设立大一学年学院来实现上述目标。大一学年学院相当于一个"院中之院"，融合了各种各样的活动，包括某一具体学科的新生研讨会，新开设的第二学期职业发展课程——"职业发展基础"，学生电子档案，以及一系列与学科相关的课程辅助活动。该项目面向各类大一新生群体，包括需要额外基础技能辅导的学生、母语为非英语的学生，等等。所有大一学年学院都会利用学习社群，将学习技能培养与学科专业课程结合起来，并为大一新生提供一系列支持。英语为母语的学生可在商务/技术学习社群、健康联盟学习社群以及文科学习社群中选择一个加入。每个大一学年学院都为学生开设一门大学水平的专业课程，以及与专业相关的基础技能指导课程。随后，学院将为学生开设"职场入门"课程，这是根据学习社群针对的专业领域为学生量身定制的课程。所有学习社群都会开展新生研讨会，研讨会开展的活动都会结合学习社群中学生的需求。

大一学年学院获得成功的关键在于教师愿意围绕同一个主题协调彼此的课程，因此各门课程的内容和活动以及新生研讨会都能结合起来。这种综合连贯的学习体验会进一步促进学生学习,帮助他们获得学业成功。学院还要求每个学生创建自己的历时电子档案,从而帮助他们加深对学习内容的理解,同时了解课程学习、社区服务和未来职业之间的联系。

这些项目在不断地拓展和改进,项目早期成果也令人乐观。与全校71.7%的学期留校率相比,大一学年学院学习社群学生的学期留校率达到了75.6%。被纳入学习社群的课程,通过率为77.1%,而独立开设的同类课程,通过率为72.0%。学习社群的基础写作课程通过率为69.5%,独立开设的基础写作课程通过率为63.6%。

协调学校行动,满足学生需求

谈及协调的重要性,我们应当注意,学校有时仍会做一些未经过协调的行动和举措,从而无意间成了学生学业成功的障碍。消除这种障碍同样也一样能促进学生学业成功。障碍之一是学校开设的必修课无法满足学生及时完成学位必修课的要求。所以,有些高校要求教师增加必修课程的开课频率和次数,增加课堂学生人数,让某个专业的全日制学生能在规定的学制期限内(大多数专业为四年)顺利毕业。例如,在佛罗里达大学,每个学科的教师都会设定课程计划供学生选择,学生一旦选定专业,就能在尽可能短的时间内获得学位(Capaldi, Lombardi, and Yellen 2006)。结合学校的学位学分审核系统,学生和学业顾问就能清晰地了解按照怎样的选课顺序才能顺利毕业。采用这种方式,收效非常显著。对比1995年和2000年的数据,学生的四年毕业率从43%升至51%,五年毕业率从65%升至71%,而六年毕业率从70%升至76%。[30]

另一个与此相关的问题是学生注册选课的时间。一般而言,与在截止日期前注册选课的学生相比,在截止日期后才注册选课的学生顺利完成注册课程以及顺利毕业的可能性较低（Smith, Street, and Olivarez 2002；Johnston 2006）。和按时注册选课的学生相比，较晚注册选课的学生学习积极性往往不高，开始上课的时间也晚于其他学生。这样一来，如果得不到帮助，这些学生获得学业成功的可能性也较低。较晚注册的学生还会影响其他学生的学业，因为较晚注册的学生人数较多时，任课教师有时会延缓课程进度，并且/或者要花时间重复已经讲过的内容。为了解决这一问题，越来越多的高校开始为较晚注册选课的学生开设专门课程，调整课程课时，但是学分与其他正常开课的课程保持一致。根据学生需求调整课程时间的政策看似简单，却能对学生学业成功产生积极影响，如果学校能为这些课程提供支持服务，成效将更加显著。

根据学生需求协调学校行动措施，还需要考虑提供各项服务的地点。在很多高校，学生要获得不同的服务，得跑遍整个校园，尤其是注册和支持性服务。学生的时间极其有限，尤其是边工作边读书的走读生，有的学生会在寻求学业帮助的过程中感到身心俱疲，最终不得不放弃，这种情况屡见不鲜。因此越来越多的两年制学院和四年制大学采用"一站式"购物模式调整校内服务，集中在一个地点提供各项服务，这有助于各项服务之间的整合与协调。

要协调各项行动，学校还可以对学校职能和学生的学业进展模式进行分析，也可以根据学生调查结果和学生成绩数据对学生体验进行评估。例如，根据成绩数据，可以判断学生的学业进展中是否存在课程方面的困难，如哪些课程挂科率高。这样一来，学校就能针对这些课程采取措施。学校同样可以利用动量点分析来确定学业进程中的关键节点（如在某一时间段内获取了多少学分），由此，学校就能有针对性地采取行动，帮助学生在规定时间内到达相应的节点。

得克萨斯大学圣安东尼奥分校
——根据大一学生需求协调学校行动

得克萨斯大学圣安东尼奥分校是一所面向拉美裔学生设立的学校。2000年秋季学期，该校首次为大一新生设立学习社群，并从美国教育部获得五级拨款。随后，该学习社群扩大了规模，2005年成为托马斯里维拉学生学业成功中心下属的一个部门。2008—2009学年，该校为全体新生创建了72个学习社群，包括针对学业成绩良好学生的传统学习社群、住宿制学习社群、未选定专业的学生必须参加的基础技能学习社群，以及准入学习社群。另外，还有访问型学习社群，这是一个特殊的奖学金和学生留校项目，针对毕业于特定高中的准大一新生。

所有学习社群都设有一个3学时、3学分的大学新生研讨会，是该校核心课程的一部分。作为所有学习社群共有的固定项目，新生研讨会发挥了多种作用，如安排朋辈导师，确保学生参与学校规定的暑期公共阅读计划。该校为学习社群的所有教师举办每年一度的暑期教学研讨会，旨在提升教师的教学水平，同时为学习社团招贤纳士。

协调各方的行动

学校要协调行动，仅依靠项目组织机构或委员会的力量是远远不够的，还需要职能部门、行政部门、项目、教职工之间相互合作，确保工作目标的一致性。合作与协调是各方行动一致的基础，是学校行动取得成功的关键。其中，课程教学上的合作最为重要，所以教师之间以及教师与其他工作人员之间的合作是重中之重。合作是实现课程教学目标的关键，即让学生全身心投入，为学生提供学业帮扶，同时确保学生能获得与学业成功相关的其他服务。基础技能学习社群和补充教学项目就实现了这样的合作。在基础技能学习社群中创造协调的学习环境，需要教师之间进行合作，使学习社群的课程内容和活动匹配起来（Krellwitz，Pole，and Potter 2005）。如果学习社群针对的是学业成绩欠佳的学生，那么负责基础技能课程的教师和其他工作人员也需要合作。与补充教学一样，基础技能学习社群的成效，在一定程度上取决于基础技能课程活动和学习社群其他课程、活动之间的有机衔接。

然而合作并非易事，因为合作需要投入大量时间，需要教师和其他工作人员从日常工作中挤出时间。在这里还要重申学校支持的重要性，尤其是解决教师和其他工作人员工作负荷过大的问题。通常，这一类支持体现为对下列项目的支持，如新生研讨会、学习社群、补充教学以及第一学年课程（Stevenson，Duran，Barrett，and Colarulli 2005）。如果项目行动方案目标具体、卓有成效，并且能得到学校的明确支持，这样的合作才是最成功的。

合作不仅能为教师和员工带来好处，学生也会从中受益（Albrecht 2003；Austin and Baldwin 1991；Shapiro and Levine 1999）。在学习社群一同工作过的教师反映称，学习社群的工作尽管很辛苦，却成了他们最好的教学和学习经历。学习社群的工作不仅更新了他们的教学方法，还让他们重拾了教学热情（Reumann-Moore，El-Haj，and Gold 1997）。通过合作学习，学生也能学得更好。这可能就是学习社群和教学学会能在两年制学院和四年制大学均获得认可的原因。

为提升学生留校率和毕业率而采取的行政措施：评述

如果校领导对促进学生学业成功的目标不够重视，不够投入，那么我们在前面几章所介绍的行动措施就不大可能取得多数高校期望的成效。所以，领导班子的作用举足轻重。哪怕他们只是关注到学生留校率和毕业率的重要性，结果也会大不一样。但是，正如前面章节所述，无论学校领导层的意愿多么真诚，仅靠意愿是不足以提升学生留校率和毕业率的。学校需要知道实施行动的方式，以及能兑现承诺的政策。

这也是学生学业成功管理学院计划被看好的原因之一。该计划为受托人以及社区学院校长提供了一个可供参考的领导力模型，用于确定关键决策、行动以及手段，以支持学校在促进学生学业成功方面的改革。该计划创造了在全校范围内展开讨论的可能性，校内全体成员可以一同探讨该如何共同努力，才能在促进学生学业成功方面取得更大的成效。[31]

第七章 促进学生学业成功

关于高校行动框架的思考

关于大学如何提升学生留校率的问题，其实目前已经有了很多答案，针对这一问题的解决方案也层出不穷。有的方案基于扎实的研究，有的纯属经验之谈，还有一些则是各种组织机构、群体和个人的一家之言，包括越来越多掌握提升学生留校率"法宝"的咨询顾问。在本书中，我不想照搬已有的任何方案，也不想重复他人的观点。相反，我试图提供一个基于科学研究的行动框架。在这种框架下，无论学校采用何种行动方案，最终都必须涵盖框架中提出的提升留校率的四个方面，即学业要求、支持、评价与反馈，以及参与。同时，我提出了主要的行动类型，帮助大学从上述四个方面采取改进措施，我还提出了相应的政策建议，以确保这些行动能逐步顺利实施，并得以延续和巩固。

正如读者即将看到的，本书提出的框架把课堂作为学生学习、生活的中心和学校促进学生学业成功的行动中心。对于大部分学校而言，特别是那些非住宿制大学，课堂是一个而且可能是唯一一个能让学生与学生之间、学生与教师之间面对面交流，以及学生参与正式学习活动的场所。对于绝大多数学生来说，能否取得学业成功主要取决于他们的课堂体验。而对于很多非全日制学生或学业基础薄弱的学生而言，他们的学业成功则是由一门一门课程甚至是一节一节课的学习情况来衡量的。

关于高校行动，有如下几点建议。首先，所有大学，尤其是社区学院，必须谨慎安排课程的开设顺序，同时注意提供与课程相匹配的支持性服务，从而确保课程之间的衔接，为学生顺利完成后续课程的学习铺平道路。这样一来，学生应该可以按照学校提供的课程学习路径，按时完成他们的专业学习。其次，教师的课堂教学行为、教学能力和学识能吸引学生，对学生的学业成功同样至关重要。最后，教师发展必须成为学校提升学生留校率措施的重要部分。学校一方面必须努力提升留校率和毕业率，另一方面也必须重视教师教学能力的提高和学识的增长。

一些学校要求新进教师参与专业发展活动，除此之外，学校还必须通过实质性的激励和奖励措施来提升教师的参与度。为此，各高校必须解决如下几个问题。四年制大学必须解决我们经常讨论的教学与科研之间的矛盾，并为教师参与专业发展活动给予激励和奖励。教学与科研本不矛盾，但很多高校的教师或者行政人员对于二者的重视程度并不相同。这种情况不仅出现在顶尖的研究型大学，越来越多关注美国国内大学排名的四年制大学也是如此。教师面临的科研和发表文章的压力越来越大。在两年制学院中，问题并不在于教学与科研之间的矛盾，而是在于教师没有足够的时间参与专业发展活动。这些学校的教学任务繁重，教师根本挤不出多余的时间。因此，学校不仅要给予教师物质上的激励与奖励，还须给予教师时间上的支持。

重视学生学业成功：不再是"附加项"

很多大学口头上都非常重视提升学生留校率，的确有不少高校为此投入了大量资源，然而真正重视学生留校率的大学少之又少。大多数高校只是把这个问题附在一个需要解决的问题清单上。这些学校采用的是帕克·帕默尔（Parker Palmer）所说的"增加一门课程"的策略。需要解决多样性问题？那就增加一门多样性研究的课程。要解决学生留校率尤其是新生留校率问题？那就增加一门新生研讨课或者一个新生导学项目，仅此而已。学校并没有从教育的本质特征出发，去思考学生的就学体验。此外，为了解决学生留校率问题，太多高校都照搬现有的程序化模式。他们为此投入建设了许多项目，以期立竿见影地大幅提升学生留校率，他们指望投入建设的项目越多，效果就会越好。当然，项目多总比项目少要好，但除了数量之外，更为重要的是学校对项目在大学学习中的定位，项目的组织形式以及项目之间的对接。仅投入建设这些项目并不意味着学校真正重视学生留校率。新增的项目往往都处于大学生活的边缘，几乎无法从根本上改变学生的大学教育体验，尤其是课堂学习体验，因此这类项目也无法触及学生流失现象的根源。其结果就是，学校付出了努力，却往往收效甚微。

那么，真正重视学生留校率究竟意味着什么？学校应停止在大学生活的边缘地带小修小补，而应把提高学生留校率作为组织各项活动的关键。学校应转变传统的、认为这些项目都是"附加项"的观念，为保证所有学生都能继续学业创造各种条件，尤其要关注课堂学习这个被大多数行动方案所忽略的环节。学校应努力协调不同部门之间的行动，使各部门共同努力，朝着学生顺利完成学业尤其是第一学年学业这个共同的目标而努力。

为了留住学生并帮助他们顺利毕业，学校还必须重视教师发展。正如少数几所学校已经做到的那样，所有高校都必须面向新进教师设立必须参与的教师发展计划，教师通过这些计划学习必备的教学知识和技能，从而帮助学生顺利通过自己讲授课程的考核。当然，并不是只有高校新进教师才需要掌握这些知识和技能。一个事实是，从幼儿园到大学教师的队伍中，只有大学教师没有接受过教学培训，这一点简直令人无法接受。

成功并非偶然

　　学生的学业成功绝非偶然。高校学生留校率和毕业率的大幅提升同样如此。为了达成这一目标，学校需要制定目标明确、结构化和积极的措施和政策。具备成功经验的大学为校内所有成员，包括学生、教职工，提供了清晰的行动指南：首先，在组织结构上，确保部门之间有联系与合作，共同促进学生的学业成功；其次，对每一个影响学生学业成功的因素进行系统分析，并将分析工作贯穿于学生学业的全过程；最后，这些大学能积极采取行动，对帮助学生获得学业成功的活动进行主动管理，而不仅仅是被动响应。事实证明，大学行动是行之有效的，学校通常会对全校师生的行动提出硬性要求，而不是凭借师生的个人意愿。

　　学校获得成功的条件与前几章所描述的学生学业成功的条件并无二致，这一点并不奇怪。每所大学都需要为自身及师生设定清晰的要求，为全体师生提供支持，对他们的表现进行评估和反馈，还需要积极加强内部成员之间的联系，为整个学校应如何达到这些要求出谋划策。一所大学的成功，与学生的学业成功一样，源自学习和不断提升的能力。成功的大学善于在决策过程中借鉴学生学业成功的经验和成果。他们会评估自身的行动和政策，必要时进行调整，注重行动和政策与同一个目标相匹配，同时为实现这一目标进行长期投资。遵循上述做法的大学可称为"以学习为中心的大学"（O'Banion 1997）或"基于学习范式的大学"（Tagg 2003）。一所真正意义上成功的大学，其教职工和学生一样，都在不断学习。

　　遗憾的是，太多决策的制定缺乏相关依据，比如学校并不清楚一种行动方案是否会带来比另一种更好的效果，或者一种已经采用的行动方案是否达到了预期效果。这说明，学校会不断增加新的项目以期提升学生的留校率,但它们几乎不会取消现有项目。学校或许知道数据的重要性,却往往没能将已有的数据作为变革的依据。[1]

如果缺乏支持,降低入学门槛也无益

从表面上看,美国政府降低大学入学门槛的承诺似乎正在兑现。美国高等教育的普及率位居世界前列。美国目前有2000多万名学生在公立或私立的两年制学院和四年制大学接受本科教育,2009年的大学入学人数与1990年相比,增幅超过了44%(Snyder and Dillow 2010,见表205)。高中生毕业后立即进入大学的人数比例也从1980年的49%上升到2008年的68%(Snyder and Dillow 2010,见表200)。大学录取总人数一直在增长,贫困家庭学生的大学入学率也在提高(National Center for Education Statistics 2005;Chen and Carroll 2005)。

表面的成效是显而易见的,有关美国高等教育门槛降低、大学入学机会增加的新闻报道也层出不穷,然而背后的现实则更为复杂,前景也不容乐观。尽管大学的入学机会增加了,但在完成学业(尤其是获得四年制学士学位)方面,低收入家庭学生与高收入家庭学生之间的差距依然存在。[2] 现实就是现实。虽然高等教育的普及率提升了,但不同学生群体在获得四年制大学学位方面的差距并没有因此而缩小。这其中有多种原因,最重要的一点就是许多低收入家庭学生在入学时并不具备获得大学学业成功所必备的学习技能。[3] 毫无疑问,学生在学业准备方面的差异,仍是大学要面临的一个挑战,这会直接影响学校是否有能力将增加的入学人数转变为增加的毕业人数(Adelman 2007;Bowen,Kurzweil,and Tobin 2005)。

解决这个问题并非易事。除了需要小学、初中和高中做出努力外,还需要各州、联邦政府以及各种基金会对高等教育改革持续投入大量资金,尤其是对学业准备不足问题最为突出的社区学院进行投资。[4] 同样重要的是,各州必须认真履行其义务,为大学尤其是两年制学院提供足够的资助,确保学校能为学生学业成功提供学业支持。学校有必要为学生提供充分的学业支持,但这仍不足以应对我们面临的挑战。学校还必须主动重新思考学业支持问题,对现有的实践进行一系列改革,尤其是发展性教育课程改革。[5] 此外,学校还必须为教职工提供他们所需的支持,以有效满足学生的学业需求。

高校行动的限度

大学在提升学生留校率和毕业率方面所能做的事情是有限的。学生转学或退学受到多种因素的影响,学校行动并不能解决所有问题。即使学生对他们的在校体验完全满意,仍会有外部因素迫使学生放弃学业。显然,这种情况在生源多为走读生、边工作边读书的学生、非全日制学生,尤其是在生源以低收入家庭学生为主的两年制学院和四年制大学中更为普遍,而在住宿制大学(生源多为来自富裕家庭的全日制学生)中,这种情况较为少见。对家庭富裕的学生而言,上大学是他们的唯一或主要任务,而对于大多数贫困家庭学生来说,除了学习之外,他们还要履行其他职责,这些职责会耗费大量时间和精力。另外,还有不少学生,尤其是社区学院的学生,入学时并没有获得学位或者毕业证书的想法;还有的学生虽然没有明说,但在入学时就有转学的想法;也有很多学生无论怎样都会选择离开。因此,生源以这些学生为主的大学,其提升留校率的能力会更加有限,至少短期内是如此。此外,学校还会面临另外一大挑战,即在学生努力完成学业的过程中,如何有效地将行动方案与学生的校外生活相结合。[6]

一所大学留校率和毕业率的提升，在一定程度上还取决于该校现有留校率及该校为提升留校率付出了多少努力。如果一所学校留校率和毕业率很低，而且尚未采取系统化措施，那么只要实施得当，任何措施都会有助于该校留校率和毕业率的大幅提升。如果一所学校已经针对影响学生学业成功的多个主要因素采取了措施，那么就可能产生"天花板效应"。在这种情况下，采取额外行动看似可行，实际效果却不会那么显著，带来的回报也会较小。

认识到学校行动是有限的，也会影响学校在制定行动方案时设定的预期或者目标。如果人们对方案寄予太高的期望或者误以为短时间内就能实现目标，此时目标定得过低可能会使他们变得灰心丧气，在不应放弃的时候选择放弃。学生的学业成功最好以通过每一门课程来衡量，大学的成功也一样，即在较长时间范围内，对每一个合理的行动方案的成效进行评估。学生的学业成功是否有很大改善，无论是通过留校率、抵达某些动量点还是毕业率来衡量，都是需要时间的，都需要学校投入大量的精力和资源，这是再简单不过的道理。正如前文所述，学校愿意长期投入，目标设定切实可行，且能循序渐进地推进行动方案，是提升学生留校率和毕业率的一个必要条件。

当面临责任风险时，设定合理的预期目标尤为重要。很多校外机构，尤其是政府机构，往往对学校寄予过高的期望或者急于求成。设定目标时考量更多的是政治因素，没有给学校留出充足的时间。不过，如果说学校必须实现这些目标，那么至关重要的一点就是目标设定必须切合实际、因地制宜。[7]

行 动 号 召

本书开头提出了如下这个问题：高校如何才能提升学生留校率和毕业率？作为对这个问题的回答，本书介绍了高校可以采取的一系列行动方案来实现这一目标。然而，我们不能在知道能做什么和应该做什么之间画等号。那么，学校应该采取哪些行动来促进学生的学业成功呢？这是我们接下来要回答的重要问题。

值得重申的是，我提出的学校行动方案建议并不意味着学生就不用对自己的学业成功负责。对于那些自己不愿意为学业成功付出努力的学生，学校采取任何行动措施也无济于事。同样的道理，在不利于学业成功的环境中，学生再怎么努力也可能徒劳无功。在录取一名学生的时候，学校就相当于和这名学生建立了一种契约关系，当然学校对学生也负有道德义务。学校需要为那些愿意为成功付出努力的学生创建有利的校园环境，尤其是课堂学习环境，增加他们成功的可能性。

如果学校的确重视提升学生留校率和毕业率，接下来又该怎么做呢？尽管需要具体情况具体分析，但以下做法适用于任何想要大幅提升学生留校率和毕业率的学校。

学校应组建一支由教师、支持人员和行政管理人员组成的跨职能团队，对与学生学业成功相关的学校规划和行动进行监督

无论是直接由个人领导，还是隶属于某个部门，这个获得授权监督学校行动的团队，必须能代表校内的关键人员和关键部门，行动方案的系统实施需要他们的参与和推动。该团队还必须代表校内能对学生留校率和毕业率产生影响的各种声音。这不仅关系到该团队的代表性和它在师生眼中的合法地位，还关系到团队是否有能力合作，对全校的行动进行引导。虽然该团队有很多职能，也可以依据协定采取行动，但其主要职责应该是协助其他部门和个人更好地实施行动方案。如前所述，团队成员会对自己创建的项目予以支持，但不一定会支持他人为其创建的项目。

学校应当对学生体验进行评估，并分析学生学业的进展模式

学校应当不断对学生体验进行评估，尤其是课堂学习体验，并跟踪学校行动的变化对学生体验产生的影响。学校应当对学生的学业进展情况进行详细分析，了解完成学业的学生和未完成学业的学生在学业模式上的差异，同时，还应当细致分析特殊学生群体的学业进展情况，尤其是学业基础薄弱、未确定专业和低收入家庭的学生，另外，还需要针对不同专业进行分析。学校应当设计流程模型，记录校内各专业中不同学生群体的学业进展情况，标记整个学业过程中进展最为困难的时间节点。把握了这些关键节点，学校就能从实际出发，考虑在何时按照什么顺序采取不同的行动，以帮助学生尽快完成学业获得学位。对学业进展进行这种纵向的跟踪分析，应该成为大学常规的而非偶尔为之的实践。

学校应该资助建设长期项目，并对项目和学校职能进行持续性评估

大学应当对促进学生学业成功的各种形式的实践措施进行资助，尤其是影响学生课堂体验的措施。学校对于项目的资助应至少持续三年，使资助项目顺利度过起始阶段，资助的条件是需要对项目本身进行评估，证明项目的有效性，并在全校范围内分享项目成果。资助的目的是创建有效、能持续发展，而且规模不断扩大的项目。

学校应确保行动方案之间的协调性，并将行动方案与通过数据分析得出的学业进程关键点相结合

找出学业进程关键点之后，学校应协调自身行动构建一系列长期行动方案，这些行动方案有一个共同的目标，就是帮助不同类型的学生成功完成不同阶段的学业，直至最终获得学位。这些行动方案应该提升学生课程结业以及完成不同阶段学业的概率，循序渐进地推进。这样一来，就能总结出不同的可供参考的毕业路径，帮助学生及时完成学业。[8]

学校应当改变发展性教育任务的实施方式

学校应最先对现有的发展性教育课程和大学准备课程的顺序进行具体分析。除了改变教学方法和评价方式，基础技能课程也需因地制宜，与大学水平课程相结合或者融入大学课程，同时通过让学生融入主流教学模式，帮助需要接受发展性教育的学生更快地完成课程学习。为了实现这一目标，学校可以让这些学生直接参与大学水平课程的学习，上课之余，再为他们增加一些教学服务，包括提供同伴课程（如学习社群）、实验室或其他辅助性支持。

学校应当将学业支持与第一学年关键课程相匹配

学业支持应同第一学年关键课程相匹配。第一学年关键课程是进行各类专业学习的基础，而且学业支持也能帮助学生加速完成基础技能课程的学习。如果条件允许，学校都应当将学业支持融入第一学年关键课程中，将其与课程内容和学生的学习相结合。学校应加强任课教师和提供学业支持服务的教师之间的合作，做到教学与支持的无缝对接。

学校应当为第一学年关键课程建立早期预警系统

学校应当为在第一学年开设的关键课程建立早期预警系统。该系统不仅向教师提供学生表现的反馈,而且还会在必要时触发学业支持服务响应。这样的预警系统能做出积极响应,且能在学期内尽早提供学业支持。[9] 学校应利用技术手段,尽可能在全校范围内推广早期预警系统。

学校应当确保所有大一新生都能拥有互帮互助的学习体验

无论采取何种形式,学校应当确保所有大一新生都能拥有互帮互助的学习体验,比如参加与至少两门课程相关联的学习社群,由师生组成的特定研究领域的学习小组,或者运用了合作式或者基于项目式学习策略等参与式教学法的课程。如果条件允许,学校应为所有大一新生建立学习社群,实现跨学科、情景化的学习。另外,还必须为教职工提供支持,以确保学习社群内的课程在内容和活动上能较好地衔接起来,促进学生共同学习。可能的话,学校也可以通过将一门或多门基础技能课程关联一门大学学分制课程的方式,让学业基础薄弱的新生加入学习社群。

学校应当为所有新生和转专业的学生提供咨询和建议

学校应当为所有新生提供个人、集体以及线上咨询服务,以确保最大限度地利用咨询资源。学校应当随时给没有确定专业的学生提供学业发展建议,还应特别关注那些来自父母未受过高等教育的家庭,尤其是贫困家庭的学生。咨询中心应配备专业的咨询顾问,与教师紧密合作。一旦学生开始学习某个专业,该专业的教师就应当为他们提供学业咨询和建议。学校还应当为转专业的学生设立专门的咨询室。学校应利用技术手段,尽可能确保学生有求必应,获得帮助。

学校应当大力投资教师的职业发展，尤其是新进教师以及教授第一学年关键课程的教师

学校应当要求入职前没有接受过培训的全体新进教师参加一个为期两年的教师发展计划。该计划最好以教师学习社群的形式开展，应重点围绕课堂学习评价技巧以及培养学生主动参与合作学习的教学方法。学校还应特别关注教授第一学年课程的教师，因为这些课程是各个专业的基础课程，同时也是基础技能课程的后续课程。如果条件允许，兼职教师也应和全职教师一起参加教师发展活动。

关于上述建议，我还有三点补充说明。第一，上述建议主要针对的是第一学年的课堂学习。行动方案的制定首先应针对大学学习生涯的开端，以及师生可以见面交流的课堂。其目的不仅在于可以为学生后续学习打下坚实的基础，还能帮助学生发掘足够的学习动力（如获得学分），去顺利完成学业并获得学位。第二，由于课堂学习是学校行动的重中之重，上述建议还指出了教师在学校努力促进学生学业成功中的重要作用，从而也说明了学校必须重视教师发展。第三，上述建议强调，要协调好各项行动方案，就需要建立一个组织架构，从而有计划地实现学生在读期间留校率的提升。学生获得学业成功并非偶然，学校的成功也同样如此。

结　　语

课堂学习是提升学生留校率的基础，也是学校实施提升留校率行动方案的核心。然而，尽管多年来各高校一直都在投入创建各种旨在提升学生留校率的项目，大学的课堂教学和学生课堂学习体验依然没有得到明显改善。如果希望大幅提升学生留校率和毕业率，学校必须重视学生的课堂学习体验、课程学习的顺利完成以及不同课程之间的衔接，从而为学生指明一条循序渐进的学业路径，促使他们顺利毕业。为此，学校还必须帮助学生获得大学毕业后终生必备的知识和技能。别忘了，提升留校率的最终目的并不仅仅是留住学生，让他们能顺利毕业，而是让学生能在接受大学教育的过程中学有所获。

附录 A

留校率和坚持学业率

定义留校率和坚持学业率

为了描述我们对高等教育中学生留校率的界定范围和特征的认识，需要首先为"留校率"及相关术语"坚持学业率"下定义。为了方便，我们首先要区分两种思考方式：一是关注学生的学业进展，考虑他们是否坚持大学学业；二是关注学校的毕业情况，考虑学生是否能从本校顺利毕业。从学生角度，我们采用坚持学业率这个术语；从学校角度，我们采用留校率这个术语。坚持学业率和完成学业率是指在某一时间开始接受高等教育的学生坚持学业并最终获得学位的比例，无论转学与否。留校率和毕业率则指某一所高校中，在某一时间入学且一直留在该校学习直至毕业的学生所占的比例。两者的区别并非微不足道，因为对于许多坚持完成学业的学生来说，他们毕业的高校并非就是当初录取他们的高校。在转学的情况下，学生"坚持学业率"和学生"完成学业率"便等同于"高等教育系统留校率"和"高等教育系统完成学业率"，即总体上高等教育系统留住学生直至毕业的比率（不论学生最初被哪一所高校录取）。这样一来，坚持学业率和完成学业率一般要高于留校率和毕业率。

由于大学学业可能会出现中断，情况会变得更为复杂。一些学生会暂停学业，有时暂停的时间会很长。[1] 换句话说，有些学生会休学。有的学生复学时会回到最初录取他们的学校继续学业（即"学校间断留校率"），而有的学生则会转入另一所学校（即"延迟转学率"或"学生间断坚持学业率"）。在上述情况下，研究人员面临的挑战在于是否以及何时将学生视为退学或休学。尽管从逻辑上看，任何学生都可以在某个时间回校继续学业，因此他们都可以被视为休学学生，但研究人员设定了时限，超过时限而未重新注册的学生将被视为退学，即学生失去了注册资格，无法完成专业学习、拿到文凭。高等教育系统一般将该时限设为九年。在区分思考方式的情况下，就大学新生群体而言，笔者采用"学生流失率"来描述没有获得学位证书就终止学业的学生所占的比例。而对于某所学校来说，则采用"学校流失率"这一术语。笔者偶尔会用"系统流失率"来描述离开高等教育系统的学生所占的比例。

高校留校率和毕业率的时限设定不仅取决于学制（两年制或四年制）或专业（例如工程专业），还需考虑如下情况：并非所有学生都是全日制，有些学生的就读方式可能会发生变化，一开始就选择非全日制或者从全日制转为非全日制的学生越来越多。上述情况加上转学这一普遍现象，就解释了为何如今完成四年学业平均需要花费超过五个学年的时间。[2] 基于此，美国教育部目前在统计四年制大学毕业率与两年制学院毕业率时，将时限分别设定为六年与三年，或设定为未中断学业的全日制学生获得学位所需时间的150%。由于种种原因，如非全日制学生的数量庞大，许多观察员认为，三年的时限对于两年制学院来说远远不够，这些学校的毕业率也因此被低估了。[3]

高等教育中的学生留校率和坚持学业率

在讨论留校率和坚持学业率数据之前，有几点需要说明。首先，用来描述留校率和坚持学业率的数据来源不尽相同。数据来源不仅在性质上（例如，研究对象包括哪些学生）有所不同，而且所涵盖的时间段也不同。有些来源提供了所有新生的数据，而有些则不然。有些是近期的数据，而有些数据则有些陈旧。想要弄清数据所反映的信息，了解数据来源之间的差异至关重要。

其次，并非所有学生接受高等教育的目的都在于获得学位或文凭（Polinsky 2003）。例如，在1995—1996学年开始接受高等教育的学生中，近3%的学生表示他们既不打算获得学位，也不打算获得文凭。不难理解，和四年制大学相比，这一类学生在两年制学院中更为常见。这只是因为两年制学院能满足不同层次学生的兴趣和需求，而满足这些兴趣和需求并不一定需要学生获得学位或拿到文凭。生源以此类学生为主的学校，其留校率和毕业率低于其他大学是不足为奇的，这也并不意味着这些学校没有可取之处。与此同时，有许多学生，尤其是在公立大学就读的学生，一开始便有转学到另一个学校完成学业的意向。

再次，尽管学生可能会进入专业学习并希望获得学位，但并非所有人都同样认真地追求这一目标。Adelman（1998）注意到，许多新生在第一学年只尝试获得 6 个或 6 个以下的学分[4]，而且大部分学生只读完了第一学年就放弃了学业。

最后，现行的院校毕业率衡量指标，例如基于综合高等教育数据系统（IPEDS）的毕业率衡量指标，只包括秋季学期入学学生的毕业率。但我们知道，一些学生通常推迟到春季学期才入学，而且在一些公立学校中，这种现象非常常见（例如，与生源优质的私立大学相比，大型城市公立大学中推迟入学的学生人数较多）。由于延迟入学的学生获得学位的可能性略低于秋季正常入学的学生，因此，如本书所述，现行衡量毕业率的指标或多或少会存在一些偏差。

我的观点很简单。当我们讨论有关留校率和毕业率的数据时，我们应当保持警惕，避免过快做出判断。在解读学校留校率和毕业率的差异时，我们不仅要考虑生源特征（如技能和背景），还要考虑学生接受高等教育的目的及其对学位或文凭的重视程度。我们也需要考虑大学类型的差异。[5] 一些学校，如社区学院，招生规模庞大，办学目的在于激发学生多样化的兴趣，而另一些大学的使命则更为明确。一些学校对那些只想体验大学生活的学生也敞开大门，而另一些学校的录取条件则颇为苛刻。美国高等教育系统的一个优势在于，不同高校有不同的使命，生源背景多样，这使得我们很难概括各个大学在留校率和毕业率方面的差异。

以下分析将聚焦于四年制公立大学、四年制私立非营利性大学以及两年制公立院校，因为绝大部分学生都就读于这三类大学。尽管两年制以下的营利性大学在过去二十年里有较为迅猛的发展，且如今服务于越来越多的学生，尤其是来自低收入家庭的学生，但是这些学校的留校率和毕业率的数据质量不高，因而不具有可比性。虽然我们需要了解这些学校在提升留校率和毕业率方面的成效，但这并不在本书讨论范围之内。

首先，我们关于学生留校率和毕业率的研究基于大一新生追踪调查（Beginning Postsecondary Students，BPS）1995—1996年的数据。该数据描述了1995—1996年首次进入四年制公立大学、四年制私立非营利性大学以及两年制公立院校的学生在最初入学院校的留校率和毕业率（见表A1）。大学留校率和毕业率是按联邦政府制定的"正常"完成学位的时间的150%为标准计算的，即四年制院校学生完成学位时间上限为六年，两年制院校为三年。

表 A1　截至2001年春季学期和1998年春季学期，1995—1996年入学的四年制和两年制学生在最初入学院校的毕业率和留校率（%）

最初入学院校类型	于最初入学院校获得的学位和文凭				总计
	学士学位	副学士学位	文凭	仍在最初入学院校就读	
四年制公立大学	45.5	1.9	1.0	8.3	56.7
四年制私立非营利大学	61.0	1.0	0.6	3.2	65.8
四年制大学总计	50.7	1.7	1.0	6.4	59.8
两年制公立院校	—	6.0	6.5	31.6	44.1

资料来源：National Center for Education Statistics 2003，见表3.1a；National Center for Education Statistics 2000，见表3.1a。

在四年制公立大学中，45.5％的学生在六年内于最初入学院校获得学士学位；而在四年制私立大学中，相应比例为61.0％。在这两类大学中，只有一小部分学生获得了学士或副学士学位，而其他人在六年后仍在最初入学的学校就读。具体而言，在这些人中，有8.3％的人在四年制公立大学就读，有3.2％的人在四年制私立大学就读。在所有留在最初入学的两年制公立院校的学生中，只有6.0％的学生在三年内获得了副学士学位，6.5％的学生在三年内获得了文凭。但另外31.6％（近三分之一）的两年制公立院校新生在三年后仍在最初入学的学校就读。

不同学生毕业所花费的时间并不相同。表A2显示了于1995—1996年入学的四年制公立和私立非营利大学不同学生群体在六年内的毕业率，以学业成绩、父母受教育程度和家庭收入为标准对这些学生进行划分。在表A2中，学业成绩是一个综合指标，包括美国高中毕业生学术能力水平考试（Scholastic Aptitude Test，SAT）或美国大学入学考试（American College Test，ACT）分数、高中课程设置的严谨性和高中平均绩点。按照学业成绩，学生被分为四个等级：上游、中上游、中游以及下游；父母受教育程度分为是否受过高等教育；收入划分为低收入或非低收入（参照佩尔助学金资格评定的相关界定）。表A2采用美国联邦教育署对父母未受过高等教育和低收入的定义，即第一代大学生指父母未受过高等教育的学生；低收入家庭学生指该生从父母那里获得的费用低于25000美元。这两个评判标准对于评估学生是否有资格获得TRIO奖学金来说至关重要。这样一来，在能力相当的情况下，我们便可以对符合或者不符合TRIO奖学金资格的学生进行比较。

有几点值得我们注意。第一，四年制私立非营利大学的毕业率普遍比公立大学要高。第二，无论是在公立大学，还是在私立非营利大学，学生能力的差异对留校率和学位获得率产生的影响都最为显著。第三，尽管控制了收入和能力这两个变量，父母未受过高等教育的学生的表现也不如父母受过高等教育的学生。这一差异与低收入家庭和非低收入家庭学生间的差异程度相当。第四，在四年制大学中，成绩处于中上游或上游，且父母未受过高等教育的学生和低收入家庭学生太少，这导致我们无法将相关数据纳入考察范围。仅这一事实就提醒我们，人们普遍接受的社会地位与学生在大学前习得学习技能的能力之间存在着某种关联。

表 A2 截至 2001 年春季学期，1995—1996 年入学的四年制学生在最初入学的大学的毕业率和留校率（%）

学校类型		于最初入学院校获得的学位和文凭				
是否为第一代大学生、家庭收入、学业成绩指标		学士学位	副学士学位	文凭	仍在最初入学的院校就读	总计
公立						
第一代，低收入	下游	23.1	2.0	1.2	11.2	37.5
	中游	37.4	3.2	0.0	15.0	55.6
	中上游	—	—	—	—	—
	上游	—	—	—	—	—
非第一代，低收入	下游	41.0	3.5	0.0	16.9	61.4
	中游	45.6	0.0	2.1	13.7	61.4
	中上游	—	—	—	—	—
	上游	—	—	—	—	—
第一代，非低收入	下游	30.2	2.3	0.8	9.0	42.3
	中游	45.7	1.6	0.7	6.9	54.9
	中上游	65.7	1.1	0.0	9.0	75.8
	上游	67.1	0.0	1.4	5.5	74.0

续表

学校类型		于最初入学院校获得的学位和文凭				
是否为第一代大学生、家庭收入、学业成绩指标		学士学位	副学士学位	文凭	仍在最初入学的院校就读	总计
非第一代，非低收入	下游	34.8	1.5	0.4	8.4	45.1
	中游	60.1	0.3	1.0	6.0	67.4
	中上游	73.9	1.5	0.0	6.6	82.0
	上游	73.5	0.0	0.0	3.6	77.1
公立总计		45.5	1.9	1.0	8.3	56.7
私立非营利						
第一代，低收入	下游	37.0	0.4	2.2	5.9	45.5
	中游	46.8	1.0	0.0	1.7	49.5
	中上游	—	—	—	—	—
	上游	—	—	—	—	—
非第一代，低收入	下游					
	中游	56.4	0.0	0.0	4.6	49.0
	中上游	70.1	0.0	0.0	3.8	73.9
	上游	75.4	0.0	0.0	0.0	75.4
第一代，非低收入	下游	44.0	2.1	0.8	1.3	48.2
	中游	57.5	1.5	0.3	3.7	63.0
	中上游	71.9	0.0	0.0	3.5	75.4
	上游	79.1	0.0	0.0	1.3	80.4
非第一代，非低收入	下游	54.2	0.6	0.6	1.4	56.8
	中游	69.9	0.4	0.0	3.0	73.3
	中上游	79.1	0.0	0.3	0.9	80.3
	上游	81.4	0.0	0.0	1.7	83.1
私立总计		61.0	1.0	0.6	3.2	65.8

资料来源：National Center for Education Statistics 2003。

学生留校率和毕业率的时间上限

了解大学的学生毕业率只是难题的一部分。我们还需要了解学生毕业需要花费多长时间。为了解答这个问题,我们考察了1995—1996年开始接受高等教育且有获得学士学位意愿的学生在最初入学院校获得学士学位的比例(见表A3)。通过观察这些数据,可以得出以下几个结论。首先,新生离开最初入学院校的百分比印证了一个人们普遍认可的发现,即学校流失率通常在第一学年是最高的,此后便会下降。[6] 第一学年结束后,在那些想取得学士学位的四年制大学新生中,有13.8%的人离开了最初入学的学校。该比例在随后几年变为10.6%、5.6%、3.4%、2.0%和1.0%(总退学率逐年降低)。在大学六年总流失率中,有37.9%的学生在第二学年开始前便离开最初入学的大学,第三学年开始前离开的学生占29.1%,该比例在随后几年分别为15.4%、9.3%、5.5%和2.7%。对四年制大学而言,流失率在前两年最为严重(在大一和大二离开最初入学学校的学生占所有离校学生的67.0%)。[7]

表A3 截至2001年春季学期,1995—1996年入学的四年制本科生在最初入学院校的毕业率和流失率(%)

时间范围	获得文学/理学学士学位	离开最初入学院校	离校总比例
第一年年末	—	13.8	37.9
第二年年末	—	10.6	29.1
第三年年末	2.3	5.6	15.4
第四年年末	33.5	3.4	9.3
第五年年末	51.4	2.0	5.5
第六年年末	55.3	1.0	2.7

资料来源:National Center for Education Statistics 2003,见表7.1至表7.6。

其次，这些数据表明，所谓的四年制学位耗时绝不止四年。约55％的学生在最初入学的学校获得学士学位，而这些学生中，只有33％（占所有学位获得者的60％）在常规四年学制期限内获得学士学位（NCES 2003，见表7.1至表7.6）。剩余22％的学生（占所有学位获得者的40％）则是在后续两年才获得学位。

学生延期留校率和毕业率

一些学生分别在三年和六年后仍继续就读于最初入学的两年制学院和四年制大学。因此，两年制学院和四年制大学的毕业率，尤其是两年制学院，很有可能高于甚至远高于以学制的150％为衡量指标的大学。[8]对于四年制大学来说，这一比例可以通过保守估计得到，即六年后仍然在校的学生中有60％的人终将获得学士学位。因此，四年制公立院校的长时毕业率至少会达到50％，而在私立大学这一比例将超过60％。我们可以使用大一新生追踪调查关于1995—1996年入学学生六年的数据，来计算两年制公立院校的六年毕业率，并且我们可以预测那些仍在籍学生长时获得学位或学历的比例。我们发现，尽管六年间获得文凭的学生比例没有增加，但在最初入学的学校获得副学士学位的学生比例从略高于6％增加到16％，增长了一倍多。随着时间的推移，这一比例很可能会增加到19％左右。

对于两年制学院来说，通常用于衡量获得学位时限的标准存在严重缺陷，这一点在四年制大学中也很明显。在预测的高校学位长时获得率中，副学士学位的长时获得率仅占不到三分之一。此外，这些数据没有考虑到的是，一些中途退学的学生可能会在未来某个时候回到最初录取他们的学校继续学习并获得学位。

毕业率的院校差异

以上数据代表了全美平均水平。每所大学的留校率和毕业率各不相同，一些私立大学的毕业率超过 90%，而一些公立大学不到 30%。例如，美国教育信托基金会负责维护一个名为"学院成果在线"的线上数据库，该数据库支持对比任意一所四年制学院和大学的总体毕业率，以及学校内部不同群体（不同种族、民族和性别）的毕业率。[9] 一般来说，如果一所大学的生源包括更多来自中高收入家庭或父母受过高等教育家庭的学生和成绩较好的学生，其留校率和毕业率就会很高（Astin and Oseguera 2005；Gold and Albert 2006；Horn and Carroll 2006）。

然而，大学生源与毕业率之间的关系并没有达到人们的预期。以经常讨论的院校录取标准与毕业率之间的关系为例，Hess、Schneider、Carey 和 Kelly（2009）的一份报告调查了来自 1800 多所大学 2001 级学生六年毕业率的数据，该数据已上报给综合高等教育数据系统。研究发现，虽然毕业率与院校录取标准直接相关（Hess，Schneider，Carey，and Kelly 2009，见图2），但在同一录取标准类别下（Hess，Schneider，Carey，and Kelly 2009，见表1、表2），不同院校的竞争力不同（即无竞争力、竞争力弱、竞争力中等、竞争力较强和竞争力强），其毕业率也存在显著差异。例如，在"竞争力中等"这一类别的大学中，排名前十的大学平均六年毕业率高于 75%，而倒数前十名的大学相应比例只有 20%。即使控制了大学资源等其他因素，差异仍旧十分明显（Hamrick，Schuh，and Shelley 2004）。在卡内基高等院校八个层级（研究型大学Ⅰ和Ⅱ，博士学位授予大学Ⅰ和Ⅱ，硕士学位授予院校Ⅰ和Ⅱ，学士学位授予院校Ⅰ和Ⅱ）中，每一层级大学平均毕业率的高低呈现如下特点，即一些层级较低的大学，其平均毕业率会高于比其高一层级的大学（Hess，Schneider，Carey，and Kelly 2009，见表2）。[10]

虽然上述研究考虑了院校录取标准的类别，但 Astin（2005：14）的研究着眼于录取标准相似的各个院校之间毕业率的差异。尽管他发现"在各院校学位获得率的差异中，超过三分之二的差异是由生源差异造成的"，但生源特征仍然无法完全解释所有差异。

学校留住学生和帮助不同背景的学生毕业的能力也有所不同。例如，Horn 和 Carroll（2006）研究了院校录取标准与来自低收入家庭的学生人数（佩尔助学金获得者的比例）之间的关系，以及在授予博士、硕士和学士学位的大学中，六年总体毕业率与不同种族和性别学生六年毕业率之间的关系。他们发现，不论大学的录取标准如何，授予何种学位，其毕业率都与低收入家庭生源的占比呈反比。与此同时，不论授予何种学位，学校的录取标准越严格，其学生的毕业率就越高（不论种族）；不论低收入家庭生源占比是高还是低，男性学生与女性学生的毕业率都很高（Horn and Carroll 2006，见表8 和表10）。换言之，录取标准更严的学校似乎能让所有录取的学生受益。

学生坚持学业率和完成学业率

学校的毕业率只体现了这一复杂情况的一面。另一面是学生坚持学业并获得学位的比例，不论其转学与否。许多学生在其他学校继续学业，还有些学生可能会在休学后进入另一所学校继续学习。因此，如表 A4 所示，学生坚持学业率和完成学业率高于学校留校率和毕业率。四年制公立和私立非营利大学新生六年内获得学士学位的比例分别为 53.0% 和 68.8%，分别比院校上报的六年数据高 7.5% 和 7.8%。在两年制公立院校学生中，副学士学位和文凭获得率分别为 16.7% 和 9.7%，分别比院校上报的数据高 10.7% 和 3.2%。

表 A4　截至 2001 年春季，1995—1996 年入学新生的完成学业率和坚持学业率（%）

最初入学院校类型	获得学士学位	获得副学士学位	获得文凭	没有学位，仍就读于四年制大学	没有学位，仍就读于两年制学院	没有学位，不就读于任何院校
四年制公立大学	53.0	4.4	2.8	14.5	2.8	22.5
四年制私立非营利大学	68.8	2.8	1.8	7.1	2.3	17.2
四年制大学总计	58.8	3.8	2.5	11.8	2.6	20.5
两年制公立院校	10.3	16.7	9.7	8.4	9.1	45.9

资料来源：National Center for Education Statistics 2003，见表 2.0A。

关于这些数据，有一点特别值得我们关注，即最初进入四年制公立和私立大学学习的学生中，近 80% 的人要么获得学位或文凭，要么六年之后仍然在读。最初进入两年制公立院校学习的学生中，相应比例则为前者的一半多一点（54.1%）。略超过 10% 的学生转入四年制大学并在六年内获得学士学位，而另外 17.5% 的学生继续就读于四年制大学或两年制学院。显然，学生坚持学业率和完成学业率比媒体通常报道的数据要高。

预估学生的长时坚持学业率和完成学业率

如果我们将时限延长，超过通常采用的学生完成学业所需的三年和六年这一时限标准，那么两年制和四年制学位获得率可能会更高。至于可能会高出多少，我们的保守估计是，六年后仍然在读的学生中，最终将有一半人能获得两年制或四年制学位。从表 A4 可以看出，那些最初进入四年制公立大学学习的学生，其长时四年制学位获得率至少为60%，而最初进入四年制私立大学学习的学生，其相应比例则至少为72%。因此我们可以预估，四年制学位的长时获得率约为65%。另外，分别有9%和5%的学生获得副学士学位或文凭，其中有些学生还同时获得了四年制学位和文凭。假设50%的学生没有获得任何学位，那么四年制大学的学业完成率将在65%（公立大学）至75%（私立大学）之间。两年制公立学院录取的学生中，约15%的人会获得学士学位，约30%的人将获得副学士学位。

这些对长时完成学业率的预估与美国国家高等教育管理系统中心关于四年制大学或两年制学院八年和九年毕业率的研究结果相似。[11]该研究采用了国家学生信息交换所（NSC）关于五个州（肯塔基州、明尼苏达州、内华达州、纽约州、华盛顿州）1998年和1999年秋季首次入学的全日制学生数据，这五个州的国家学生信息交换所参与率都很高。研究人员发现，录取至四年制大学的学生中，八年和九年总毕业率从56%到略高于78%不等。尤其值得一提的是，他们发现长时完成学业率的提升在很大程度上是因为不少学生后来在其他州获得了学位。

学生坚持学业率和完成学业率的个体差异

和大学一样，学生个人在坚持学业率和完成学业率上也存在差异。例如，表A5根据学业成绩、父母受教育程度和家庭收入对1995—1996年入学的学生进行分类，比较了四年制公立和私立大学的六年完成学业率。显然，与表A2相比，表A5中所有类别学生的坚持学业率和六年完成学业率都更高，六年后仍继续学业的比例也更高。相对而言，在公立和私立大学，父母未受过高等教育的学生和来自低收入家庭的学生六年后继续学业的比例增幅最大。在公立院校中更是如此，六年后仍有约24%的学生继续就读。

表 A5 截至 2001 年春季学期，1995—1996 年入学的四年制学生的坚持学业率和完成学业率（%）

学校类型 是否为第一代大学生、家庭收入、学业成绩指标		于最初入学院校获得的学位和文凭				
		学士学位	副学士学位	文凭	仍在最初入学的院校就读	总计
公立						
第一代，低收入	下游	27.9	5.0	6.7	25.9	65.5
	中游	46.0	4.6	1.1	22.5	74.8
	中上游	—	—	—	—	—
	上游	—	—	—	—	—
非第一代，低收入	下游	50.5	5.2	0.0	28.3	84.0
	中游	60.5	5.9	2.1	17.8	86.4
	中上游	—	—	—	—	—
	上游	—	—	—	—	—
第一代，非低收入	下游	37.6	4.5	3.0	19.6	64.8
	中游	55.4	4.6	2.6	17.9	80.4
	中上游	71.8	2.8	0.4	11.8	86.2
	上游	70.3	0.0	1.9	13.5	85.7
非第一代，非低收入	下游	42.3	7.4	4.2	23.2	77.1
	中游	68.9	1.7	2.0	14.4	87.0
	中上游	80.7	1.8	0.5	8.3	91.3
	上游	80.4	0.0	0.0	8.1	88.5
公立总计		53.0	4.4	2.8	17.3	77.5
私立非营利						
第一代，低收入	下游	40.8	3.1	7.8	15.3	67.0
	中游	51.4	3.0	1.4	15.3	71.2
	中上游	—	—	—	—	—
	上游	—	—	—	—	—

续表

学校类型		于最初入学院校获得的学位和文凭				
是否为第一代大学生、家庭收入、学业成绩指标		学士学位	副学士学位	文凭	仍在最初入学的院校就读	总计
私立非营利						
非第一代，低收入	下游	—	—	—	—	—
	中游	70.3	3.7	0.0	13.1	87.1
	中上游	81.9	0.0	0.0	9.7	91.6
	上游	87.4	0.0	0.0	0.0	87.4
第一代，非低收入	下游	50.8	6.7	3.7	10.3	71.5
	中游	69.9	3.7	0.6	8.4	82.7
	中上游	78.5	2.5	0.8	8.0	89.9
	上游	89.4	0.0	0.0	4.1	93.4
非第一代，非低收入	下游	64.7	4.8	0.6	8.3	78.4
	中游	77.3	2.3	0.3	9.3	89.1
	中上游	88.3	0.1	0.3	5.4	94.1
	上游	89.6	0.0	0.0	4.2	93.8
私立总计		68.8	2.8	1.8	9.4	82.9

资料来源：National Center for Education Statistics 2003。

Attewell 和 Lavin（2007a，2007b）开展的一项研究对延期完成学业率做出了另一个预测，即研究统计的时段越长，学生坚持学习和完成四年制和两年制学业的比率越高。他们的研究聚焦开放招生政策下，纽约城市大学录取的18000多名女生在30年间的学位获得情况。基于高中成绩，一些女生被纽约城市大学的四年制学院录取，另一些则进入该大学的社区学院学习。截至2000年，在1970年被纽约城市大学四年制大学录取的女生中，有超过70%的人获得了某种学位，超过55%的人获得了学士学位或更高的学位（超过25%的人获得了硕士或博士学位），另有15.5%的人获得了副学士学位。最初被纽约市立大学社区学院录取的学生中，有超过30%的人获得了学士学位或更高的学位（Attewell and Lavin 2007a：23，见表2.2）。最初被录取至四年制学院的学生获得学士学位的平均年限约为7年，而最初被录取至两年制学院的学生获得学士学位的平均年限略高于11年（Attewell and Lavin 2007a：329，见表2.4）。引人注目的是，两年制学院新生获得副学士学位的平均年限略高于5年，比综合高等教育数据系统统计的时间要长得多。两年制学院新生获得学士学位的平均年限超过11年。

Attewell与Lavin还比较了不同种族和民族女生的完成学业率。最初被录取至四年制学院的学生中，非洲裔和拉美裔女生获得学士学位分别耗时8.1年和7.9年，白人学生则平均耗时6.4年。

在社区学院新生中，非洲裔学生和拉美裔女生平均分别需要花费11.5年和14.9年才能取得学士学位，取得副学士学位分别需要6.7年和6.3年。而白人学生获得学士学位和副学士学位平均分别需要10.2年和4.3年。非洲裔学生和拉美裔女生合在一起，要多花3~4年的时间才能获得学士学位。[12]

如果现在同Attewell和Lavin当时一样，对六年毕业率（大一新生追踪调查使用的时限）与时间跨度更长的30年毕业率进行比较，我们可以发现，白人女生与非洲裔学生和拉美裔女生之间的毕业率差异显著缩小了（Attewell and Lavin 2007a：217，见表B-3）。两位研究者认为，"有25%的白人女生最初选择了辍学，但最终还是毕业了；有56%的非洲裔学生和53%的拉美裔女生中途退学，但最终仍然获得了学士学位。不把这些学生计入毕业率是错误的做法"（Attewell and Lavin 2007a：30）。

大学留校率和毕业率的变化

上文已经介绍了我们对高等教育中学生留校率和坚持学业界定的了解,现在的问题是,大学留校率和毕业率是否会随着时间推移发生变化。这个问题不仅具有学术研究价值,而且自20世纪90年代初以来,各高校、各州和联邦政府投入了大量资金以提高毕业率,它们有理由了解它们的投资是否产生了显著影响。

为了回答这个问题,我们来看一下由美国国家高等教育管理系统中心下属的高等教育政策制定与分析信息中心提供的数据,这些数据反映的是两年制院校学生的三年毕业率和四年制院校学生的六年毕业率。[13] 这些数据如表A6所示。表格中标识的年份为三年或六年前入学的学生获得学位的年份。对于四年制院校,数据来源是1995年至2001年入学的学生群体;对于两年制院校,数据来源是1998年至2004年入学的学生群体。在这两种情况下,数据来源均为第四类联邦财政资助计划的高等院校,包括私立营利院校和私立非营利院校。

表A6 首次攻读学位的全日制学生的三年和六年毕业率(%)

院校类型	统计数据的年份						
	2001	2002	2003	2004	2005	2006	2007
四年制	54.0	54.3	54.3	55.3	55.8	56.4	56.1
两年制	29.8	29.1	30.6	30.0	29.3	29.1	27.8

资料来源:以上信息根据美国国家高等教育管理系统中心下属的高等教育政策制定与分析信息中心资料整理;数据来自美国国家教育统计中心、综合高等教育数据系统的毕业率调查。

两个观察结果如下。首先,报告的六年毕业率高于大一新生追踪调查报告的最新数据(即1995—1996年开始进行统计的数据)。

两年制院校学生的三年毕业率也是如此（见表A1）。这也许表明了表A6中的数据来源于美国国家教育统计中心、综合高等教育数据系统的毕业率调查，调查对象为所有首次攻读学位的学生，他们会在第二年的秋季以全日制或非全日制学生的身份继续学业。事实上，报告的1995—1996年类似学生群体（即首次攻读学位的全日制学生）的毕业率也与之非常相近（National Center for Education Statistics 2003，见表3-2A、表3-3A和表4-2A）。其次，随着时间的推移，四年制院校六年毕业率的上升幅度虽小，但一直持续上升，而两年制院校的三年毕业率则相反。第二个发现尤其令人不安，因为社区学院是许多低收入家庭学生和父母未受过高等教育的学生接受高等教育的重要途径。根据国家学生信息交换所的数据，美国国家高等教育管理系统中心提出了六年毕业率的另一种最新的衡量标准（Ewell and Kelly 2009）。毕业率是根据2800多所参与招生录取和学位认证服务的高校向国家学生信息交换所提供的学生档案计算出来的；这些高校的入学人数占美国高等教育总入学人数的91%以上。所有首次进入大学学习的全日制本科生，无论他们在一学年中的什么时间入学，都会对他们进行长期跟踪调查以获取毕业数据：从最初录取的学校毕业还是从其他学校毕业，从同一个州的学校毕业还是从其他州的学校毕业。该项调查的结果在某种程度上比毕业率调查的结果更具代表性。2000年入学攻读四年制学位的学生中，共有63.0%的人在六年内完成了大学学业。其中，55.0%的学生从最初录取的学校毕业，4.5%的学生从同一州的另一所学校毕业，3.5%的学生从其他州的学校毕业（Ewell and Kelly 2009，见表Ⅰ）。

  正如预期的那样，根据国家学生信息交换所的数据计算出的四年制院校六年毕业率会略低于表A6中的相应数据。如果把非全日制学生也包括在内，毕业率会更低，但仍在大一新生追踪调查于1995—1996

年统计的数据范围内。国家学生信息交换所的数据让我们了解到，学生坚持学业并获得四年制学位的比率高于院校数据所显示的比率，除此之外，这些数据也表明，在该调查跟踪的时间段内，学校毕业率几乎没有随时间推移而发生实质性变化。[14]

同样的结论似乎也适用于第一学年至第二学年的留校率（见表A7）。来自美国国家高等教育管理系统中心的数据还呈现了第一学年至第二学年学校留校率的变化情况。同样，调查时段内的留校率几乎没有随时间推移而发生任何变化。[15]

表A7 首次攻读全日制学位学生中第一至第二学年的留校率（%）

院校	2004年	2005年	2006年	2007年
公立	76.8	76.2	76.1	76.5
私立非营利	79.1	78.9	78.3	78.6

资料来源：以上信息根据美国国家高等教育管理系统中心下属的高等教育政策制定与分析信息中心资料整理；数据来自美国国家教育统计中心、综合高等教育数据系统的毕业率调查。

尽管如此，对2003—2004年入学的学生进行六年跟踪调查的数据表明，过去10年中仍发生了一些变化（Radford, Berkner, Wheeless and Shepherd 2010）。[16]如表A8所示，对于1995—1996年入学的学生而言，公立四年制学校的毕业率似乎从45.5%上升到51.5%，而私立四年制学校的毕业率则从61.0%下降到57.0%。[17]这些差异至少部分反映出这样一个事实，即在公立院校中留在最初录取院校的学生较少，而在四年制私立院校中留在最初录取院校的学生较多。虽然这些初始数据背后的原因还有待商榷，但一种可能是经济衰退时期高等教育成本的增加。值得注意的是，进入两年制公立院校的学生，其毕业率几乎没有变化。与往届一样，只有21.5%到22.5%的学生在六年内获得了副学士学位或文凭。

表 A8 截至 2009 年春季，2003—2004 年入学的四年和两年制新生在最初录取院校的毕业率（%）

录取院校类型	于最初入学院校获得的学位和文凭				总数
	学士学位	副学士学位	文凭	仍在最初录取院校就读	
四年制公立大学	51.5	1.5	0.5	5.9	59.4
四年制私立非营利大学	57.0	2.2	0.6	2.8	62.6
两年制公立院校	—	15.5	5.9	8.9	30.3

资料来源：Radford, Berkner, Wheeless and Shepherd 2010，见表 4。

学生坚持学业率和毕业率的变化

尽管最新的数据表明，学校的总体留校率和六年毕业率都有所提高，但这并不意味着学生坚持学业率也相应提高了。为了确定这一比率是否有所提高，我们来看一下两项研究得出的数据。第一个是美国国家教育统计中心对 1994 年至 2000 年期间五年毕业率和坚持学业率的变化进行的研究（Horn, Berger, and Carroll 2004）。该研究中，研究人员使用了 1990—1994 年和 1996—2001 年的大一新生追踪调查的数据，调查对象具有代表性，为全美高校样本中的院校录取的首次进入大学学习的全日制学生。如表 A9 所示，他们的分析比较了两个大一新生追踪调查研究群组的数据，即 1989—1990 年入学和 1995—1996 年入学的学生。[18]

这些数据表明，学校的五年毕业率发生了变化，但这并不一定表明学生最终获得学位的比率也发生了相应变化。正如预期的那样，不仅高校学生坚持学业的比率和毕业率提高了，在研究时段内，获得学位（不论在哪所院校获得）和仍然在读的学生比例也随着时间推移不断上升。

表 A9　1989—1990 年和 1995—1996 年入学的大一新生中，五年后在最初录取院校或其他院校完成学业和继续在读的情况（%）

入学时间	学士学位	副学士学位	文凭	未获得学位；仍在四年制院校在读	未获得学位；仍在两年制院校在读	总计
四年制公立大学						
1989—1990 年	46.9	4.7	3.2	16.1	2.3	73.2
1995—1996 年	46.6	4.1	2.6	20.9*	3.7*	77.9*
四年制私立大学						
1989—1990 年	66.6	3.0	2.3	7.4	1.2	80.4
1995—1996 年	65.3	2.9	1.6	10.7*	2.2*	82.7
四年制大学总和						
1989—1990 年	53.3	4.2	2.9	13.3	1.9	75.6
1995—1996 年	53.4	3.7	2.3	17.2*	3.2*	79.6*

资料来源：Horn, Berger and Carroll 2004，见表 5A；* 表示在 0.05 水平上统计显著差异。

尽管如此，2003—2004 年入学的新生，其坚持学业率的上升速度似乎已经放缓，因此，预计总体学位完成率与往届相比没有什么变化（见表 A10）。尽管录取至四年制公立院校的学生在六年内获得学士学位（不论在哪所院校获得）的比例已经从早期的 53.0%（见表 A4）上升到 59.5%，但仍然在读的学生比例从 14.5% 下降到了 9.7%。这表明，表 A8 中显示的四年制毕业率的上升，在很大程度上是由于在六年时间内完成学业的学生人数的增加，而不是由于学生总体坚持学业率的提高（维持在 78% 左右）。然而，在那些进入四年制私立非营利院校的学生中，总体毕业率略有下降。而在进入两年制公立院校的学生中，情况也是如此。

表 A10　截至 2009 年春季，2003—2004 年入学的大一新生中，在最初录取院校或其他院校完成学业和继续在读（%）

录取院校类型	学士学位	副学士学位	未获得学位；仍在四年制院校在读	未获得学位；仍在两年制院校在读	总计
四年制公立大学	59.5	3.8	1.6	9.7	3.2	77.8
四年制私立非营利大学	64.6	3.8	1.5	7.9	3.2	77.8
两年制公立院校	11.6	14.4	8.5	6.7	12.9	54.0

资料来源：Radford，Berkner，Wheeless and Shepherd 2010，见表 1。

估算学生的留校率和毕业率

目前的高校毕业率指标，如基于综合高等教育数据系统的指标，只计算了秋季学期入学的学生。然而，有些学生会推迟到第一学年的春季学期入学；与秋季入学的学生相比，延迟入学的学生获得学位的可能性要低一些；而且，如果他们能够坚持学业，毕业所需时间可能会更长。因此，目前那些仅针对秋季入学者，并使用六年时限计算高校留校率和毕业率的指标是不太准确的（Adelman 2007）。对于生源中延迟入学学生相对较多的院校（如城市社区学院）来说，指标的准确性会非常低。[19]

Adelman（2007）进一步认为，要想更准确地了解学校在提升学生毕业率方面的成效，就不能把那些"偶尔"出勤的学生计算在内，即那些在第一学年没有获得至少 6 个学分的学生。数据表明，这些学生获得学位的可能性要比那些对学业更为投入的学生低得多。因此，对于招收此类学生的学校来说，如果不把这些对学业更为投入的学生计入学校的留校率和毕业率，学校在提升留校率和毕业率方面的成效可能更加微乎其微。对于那些招收许多并无毕业意愿的学生的院校来说，情况也是如此。如果一所高校愿意招收"偶尔"出勤的学生和那些希望获得知识和技能但不一定要获得文凭的学生，那么在以留校率和毕业率为衡量指标的问责制度中，这所学校的发展可能会受到限制。

但是，不去计算或者不去跟踪"偶尔"出勤学生的留校率是一种目光短浅的做法。在某一学年内可能获得6个或不到6个学分的学生，更有可能来自低收入家庭，或者年龄偏大，或者还要承担学业之外的其他职责。他们的低学业投入程度并不一定说明他们没有认真对待学业。不将这些学生计入高校毕业率，可能会更为准确地反映出学校在提升留校率和毕业率方面的成效，但学校应该持续关注这些学生，了解他们的实际状况，努力让他们更多地参与到学习中。

留校学生的学业质量

关于学生留校率的最后一点说明：这些数据虽然能帮助我们更好地了解高校学生留校率计算范围，但并不能告诉我们学生的学业质量。我们可能知道第二学年继续就读的学生人数，但并不了解他们在第一学年具体获得的学分或成绩。正如 Adelman（2006，2007）根据美国国家教育纵向研究1988/2000年的数据所得出的结论一样，未来的学生留校率和毕业率主要取决于学生的学业质量。我们能否让学生留校并顺利毕业，不仅取决于我们是否能够帮助他们继续第二学年的学习，而且取决于我们是否帮助他们获得后续学业成功所需的学分、知识和技能。换句话说，他们的成功取决于他们所接受的教育，而不仅仅是他们是否留校。进一步来说，他们的成功取决于我们有能力创建行之有效的第一学年项目，以促进他们的学习，并使他们产生足够的动力（获得学分），继续专业学习并获得学位。

附录 B

留校率和问责制

与问责制相关的问题很复杂，也引发了不少争论，例如，用毕业率指标来衡量高等院校有效性是否会过于单一？鉴于非全日制、多次入学（有时在同一时间段）、辍学或休学以及转学等情况越来越多，如何衡量大学毕业率变得越来越困难（Chen and Carroll 2007；Bailey, Crosta, and Jenkins 2006；Adelman 2004；Burd 2004）。目前公认的获得学位所需时间为"正常"所需时间的150%，即两年制学位为三年，四年制学位为六年，虽然这一毕业时限对许多四年制院校来说是合理的，但两年制学院的毕业率被低估了，此外这一毕业时限也未能准确反映招收大量来自低收入家庭学生和年龄较大学生的院校的情况，因为这些学生往往需要更长的时间来获得学位。问责制采用的标准毕业时限，自然会导致招收此类学生院校的毕业率相对较低。[1]此外，随着越来越多的学生通过在多所学校累积课程学分（即"轮转"）来获得学位，这些学生的毕业率应计入哪一所学校就变得越来越不明确了。

这种情况在社区学院尤为明显。在社区学院中，一些学生计划获得学位或毕业证书，而另一些学生则没有这个打算。许多学生只是为了学习更多课程或者获得工作技能，还有很多学生原本就有转学到四年制院校的打算。在评估两年制学院毕业率时，人们很可能会考虑转学情况，但实际操作起来并不容易。一项关于加利福尼亚州社区学院转学情况的研究发现，这些学院对于学生是否符合转学要求缺乏统一的判定标准，转学率的估算可能会存在巨大差异（Horn and Lew 2007a，2007b）。同时，加利福尼亚州大多数从社区学院转入四年制院校的学生并不符合州政府规定的最低转学要求，而那些符合转学要求的学生中，有近三分之一的人在首次入学后的六年内并没有转入任何四年制院校。与毕业率一样，作为问责制的一部分，转学率的衡量指标同样复杂。

这就是为什么一些研究人员使用所谓的预期毕业率和实际毕业

率作为衡量四年制高校表现的一种方式。预期毕业率采用了回归分析的计算方法，考虑了学生和学校因素，例如生均经费支出和生源特征，因为这些因素也会影响毕业率（Astin 2005；Astin and Oseguera 2005）。如果一所高校以往的毕业状况与其他有着类似特征、生均经费支出和生源的高校一样，可用回归分析"预测"该校的毕业率。如果该校以往的毕业状况与同类院校一样，其实际毕业率与预期毕业率之间的差异将表明该校的行动措施是否对毕业率产生了积极影响，也就是说，受到行动措施的影响，其实际毕业率是否高于基于生源测算的预期毕业率。

尽管估算预期毕业率有其作用，但该计算方法采用的是回归分析法，使用的是同类院校毕业率散点图的线性平均值。换句话说，预期毕业率与实际毕业率的比较是基于如下假设：我们可以根据已知的生源特征和院校属性对一所高校毕业率的平均贡献来预测该校的毕业率。有些院校的毕业率高于平均水平，有些则低于平均水平。然而该计算方法并没有考虑反映学校地域特征和特定学生群体的其他具体因素（例如，第一代大学生或非全日制学生的占比）。最终结果是，将预期毕业率与实际毕业率进行比较比单纯计算毕业率要好，因为后者在使用问责制时效果不佳。

教育信托基金会（Carey，2004）提出了比较分析的另一种形式。基金会的分析员将一所院校的实际毕业率与一组同类院校的实际毕业率进行比较，同类院校是指这些院校有类似的录取标准（SAT/ACT 分数）、使命和财政资源。除了分析院校的年毕业率，这些分析员还考察了在提升少数族裔学生毕业率方面卓有成效的院校，以及那些毕业率在五年内得到大幅提升的院校。[2] 虽然这种分析方法比之前提到的分析方法更为全面，但由于它将院校使命纳入考量范围，因此容易在院校类别的划分上出现问题。

沿用教育信托基金会观点的另一种分析方法是生产边界分析法

（Archibald and Feldman 2008）。这种分析法没有采用上文提到的回归分析方法，而是使用了散点图中位置相近的院校在投入（即生源特征和学校资源）和产出（即毕业率）方面的数据，以确定哪些院校的表现优于位置相近的其他院校。换句话说，该分析方法将院校与"表现最佳"的同类院校进行比较，使它们通过相互学习提升毕业率。[3]

无论采用何种方法，大多数分析都依赖毕业率调查数据，仅关注首次入学的全日制学生的六年毕业率。因此，调查结果没有覆盖高等院校的全体学生，也没有考虑各院校在学制（全日制和非全日制）和学生就读状态（中途辍学、转学等）上的显著差异。由于注意到了这些问题，由美国州立学院和大学协会（AASCU）、美国社区联盟（AACC）以及全美州立大学和赠地学院协会（NASULGC）组成的问责制报告联合委员会（JCAR）提出了一种更详细的报告形式，便于各州更为全面地了解不同院校在促进学生学业发展方面采取的有效措施（American Association of State Colleges and Universities 2006）。

美国州立学院和大学协会、全美州立大学和赠地学院协会正在合作研发一个针对四年制公立院校的"主动问责系统"，旨在向公众提供有关其成员院校的信息。所谓的"大学画像"（College Portrait）旨在提供"一致、可供比较的透明信息，包括生源特征、入学费用、学生学习参与以及核心教育成果"（尤指学生留校率、坚持学业率和毕业率）。[4] 全美独立学院和大学协会（NAICU）正在为私立院校开发一个类似的但信息没有那么全面的报告系统。[5] 虽然公众能借助此类系统比较同类院校的表现，但从现有的院校和国家数据库抽取的数据在准确性和可比性上仍然存在重大问题。我们离建立一个真正意义上的国家数据库还有一段距离，该数据库能够准确跟踪两年制和四年制公立或私立大学内部和学校之间不同学生的流动情况

(Ewell and Boeke 2007)。

与此同时，与其将不同院校进行比较，不如将一所院校的表现与其之前的表现进行比较，这样才能更为直接地触及院校评价的核心，即问责（American Association of State Colleges and Universities 2006）。重要的不是一所院校在某一年中的表现，而是它随着时间推移所做出的表现。关键问题不仅仅是一所院校的毕业率是否高于其他同类院校或大众的预期，而是其毕业率是否随着时间的推移而有所提升。

不过，上述所有做法都基于如下假设：院校的主要使命是促进学生毕业。然而，大多数院校具有多重使命，并非所有使命都要求学生完成学业。因此，衡量院校有效性的一个更合理的方法是采用多项指标来衡量院校的表现。在留校率和毕业率方面，更有用的衡量方法是进行历时性监测，不仅仅包括学生毕业率（这里指的是学业完成率），还包括学生继续第二学年学业的比率，以及学生能够获得毕业所需学分的比率的历时变化。

采用动量点分析衡量院校表现的价值在此得到了体现，因为该方法将学生继续学业直至毕业的整个过程分解为若干个节点，方便院校采取行动（Prince，Seppanen，Stephens and Stewart 2010；Pettit and Prince 2010）。动量点分析使院校重点关注的不仅仅是关键的第一学年，还有院校帮助学生及时修读完课程的能力。在任何情况下，院校都必须考虑不断变化的学生类型，并跟踪不同类型学生的第一学年留校率、学分修读进度和毕业率。这一点很有必要，因为院校可能会试图改变其录取标准，以减少招收那些他们认为会降低其毕业率的学生。[6] 这种分析方式的另一个优点是，通过跟踪不同学生群体的留校率、学分修读进度和毕业率的变化，各州可以保持其政策的针对性，以提高那些政府认为符合公共利益的群体的毕业率。此外，这种分析现在就可以进行。

阿拉斯加大学安克雷奇分校（University of Alaska at Anchorage）采取了一种不同的方法来衡量院校表现，该校的大部分生源（即首次进入大学的全日制学生）不在联邦计算范围内。该校开发了一个"学生学习进度模型"（Brown 2011），该模型对每年秋季首次入学的全体新生（包括那些未打算获得学位的学生）进行为期10年的跟踪，监测的数据不仅包括这些学生最终毕业院校是否为最初录取的院校，还包括他们的学业表现和注册记录。对于打算获得学位的全日制或非全日制学生来说，监测数据包括注册的学期数、通过的课程门数以及中期目标的实现情况，如是否获得副学士学位。院校表现由10年内该校颁发的毕业证书和学位证书数量，以及学生的学习绩效水平来决定，其衡量标准是学生获得合格成绩的课程占修读课程总数的比例。目前，共有18所两年制和四年制院校正在试行这一模型。

全美16个州和波多黎各自治邦的19个大学系统自愿加入了"成功之路"（Access to Success），这是由全美院校负责人协会与教育信托基金共同发起的一项倡议。[7] 该倡议的目标是，到2015年，将来自低收入家庭的学生和少数族裔学生在入学和学业成功方面与其他学生的差距缩小50%，同时提高学生的总体学业成功率。参与该倡议的大学系统已经同意使用同一指标体系来收集和分析数据，以衡量他们实现目标的程度，这些数据每年由教育信托基金会发布。该倡议旨在通过数据的使用以及对年度进展数据的公开披露，有效促进院校采取行动，而非依赖政府的问责制。这是一个数据密集型的项目，在很多方面效仿的是卢米娜教育基金会资助的"实现梦想"计划。

不幸的是，所有这些措施，甚至是跟踪毕业率历时变化的措施，都忽略了学生转学、一课多用（double dipping）等现象的存在。尽管对转学的估算方法不尽相同，但据估计，超过50%的学士学位获得者曾就读于不止一所本科院校，超过20%的人至少就读过3所院校（McCormick 2003）。撇开转学不谈，显而易见的是，有相当多的学生在一学年中不止在一所大学注册学籍，有时还同时在多所大学注册学籍（即一课多用）。这些学生这样做的原因之一是最初录取他们的院校没有开设他们所需的课程，或者开设的课程收费较高。除了影响课程的连续性，在多所大学注册学籍还会带来一个不容小觑的问题：哪些学校应对学生学业进程中的哪些问题负责？为了方便讨论，我们假设有 25％ 的课程不是在学生最初录取的院校修读的。任何一门课程的学习都会影响到后续课程的成功，学生在最初录取院校修读的课程不一定符合第二所院校的专业要求，因此会对学生的学业产生消极影响。那么，谁应该对这些不能毕业的学生负责呢？当学生本来就有转学打算时，我们也可以提出同样的问题。如果学生在最初录取学校的学习质量降低了其从第二所学校毕业的可能性，那么第二所学校是否应该对学生转学前的学业表现负责？[8] 还有其他更加复杂的情况，但问题依然如故：在衡量院校表现时，我们应该谨慎使用毕业率这一指标。

然而，显而易见的是，关于毕业率和院校问责制的公开讨论已经造就了一种趋势，即各州将很快要求所有院校，无论是两年制还是四年制院校，证明它们有能力利用公共资源来提升学生留校率和毕业率。在这样的趋势下，任何院校都不能忽视自我评估，同时要对学生的学业成功负责到底。

注释

第一章

1. 颇为讽刺的是,随着高等教育入学人数和毕业人数的提升,大学学历在未来职场中的绝对价值优势却降低了,原因是拥有同等学力资格的大学毕业生人数增多,导致就业竞争加剧。与此同时,没拿到大学学位的人与拿到的人之间的差异也在不断增大,没有获得学位的代价也随之更加沉重。这样一来,尽管大学学历贬值了,但学生为获得学位所面临的压力却有增无减。进而言之,由于大学学位不断贬值,上名校变得越来越重要,获得更高学位的压力也就更大。

2. Attewell 和 Lavin(2007a)最近的一项研究证明,即使最终没有获得四年制学士学位,多接受教育也能给一个家庭带来很多好处,主要表现为能提升下一代的社会和经济地位。大量研究人员认为,对许多学生尤其是收入低家庭学生来说,获得副学士学位是整个家庭迈向更高社会阶层的关键的第一步。

3. 尤其是在社区学院,许多学生在入学时就没有打算获得毕业证书或学位证书。有的学生本来就有转学的打算,还有的学生只是为了提升工作技能从而得到晋升机会。

4. 一项针对 2004 年入学的大学生开展的长达六年的研究于近期完成。该研究的早期数据表明,不同类型的学生在完成学业方面的差异没有很大变化（Radford, Berkner, Wheeless, 2010, 见表 1-7）。

5. 佩尔助学金和贷款不同, 不需要学生偿还。佩尔助学金旨在帮助贫困生支付上大学的费用。尽管家庭总收入达到 50000 美元的学生也符合申请佩尔助学金的条件, 但佩尔助学金主要发放给家庭总收入低于 20000 美元的学生。大部分（约 83%）符合佩尔助学金申请资格的学生被两年制学院录取, 因此他们在六年内获得四年制学位的可能性不大。

6. Bowen、Chingos 和 McPherson（2009: 236）指出: "有将近一半的学生是在入学后第二年退学的。"但是, 该结论基于的数据来自 21 所"享有盛誉的研究型大学", 不具有代表性, 无法代表全美的情况。

7. 例如, 教育信托基金会拥有一个名为"学院成果在线"的在线数据库。这个在线数据库可以对大学整体毕业率进行对比, 也可对根据种族、族裔和性别划分的不同类型的学生毕业率进行对比。更多信息可访问 http://www.collegeresults.org/。

8. Bound、Lovenheim 和 Turner（2009）对 1972 年和 1992 年高中毕业且被大学录取的两组学生进行对比, 发现八年完成大学学业的比例有所下降, 其中被一般四年制公立大学录取的男生和被社区学院录取的学生的相应比例降幅最大。

9. 现如今, 有很多旨在提升大学毕业率的项目, 包括"实现梦想"、"完成美国大学学业"（Complete College America）、"完成大学学业锦囊"（College Completion Toolkit）、"完成大学学业议程"（The College Completion Agenda）、"完成大学学业事关重大"（Completion Matters）、"完成大学学业"（Completion by Design）计划和"通往大学网络之路"（Pathways to College Network）等。

10. 虽然 Astin（1984, 1993）和 Pace（1984）的早期研究, 最

近的 Kuh（2003），以及 Kun、Kinzie、Schuh、Whitt 和 Associates（2005）开展的大量研究，都增强了学业与社会投入这一概念的操作性，使其易于测量并能应用于大学学业评价（如美国国家学生参与度调查）。然而，上述研究并没有说明高校应如何加强学生的学业与社会投入。尽管 Engstrom 和 Tinto（2007，2008），Kuh et al.（2005），Tinto（1997），Zhao 和 Kuh（2004）最近已开展了相应的实践研究，但更多的探索仍有待展开。

11. 例如，大量报告表明，经济资助政策以及高中和大学课程的衔接对学生在大学获得学业成功至关重要（Advisory Committee on Student Financial Assistance 2006；Kirst and Venezia 2004）。

12. 很多高校尤其是那些宣称"择优录取"的高校，都把这个问题当作招生问题，即吸引能力和主动性更强、毕业可能性更大的学生。因此，我们常常听到这样一个说法——"招收毕业生"。

13. 美国教育部报告称，2000 年至少有 28% 的大学新生注册了一门阅读、写作或数学等基础技能课程或补习课程。这一比例在两年制学院中为 42%，是四年制大学的两倍多（20%）。然而，实际的选课人数并不等于预期的选课人数，因此，上述百分比实际远低于应当选课的人数比例。

第二章

1. 这不并等于说校内其他人的言行不会对学生的自我要求产生影响。有研究证明，学生朋辈小组也会影响学生的自我要求（Berger and Milem 2000；Bonous-Hammarth 2000；Oseguera and Rhee 2009）。校外的个人和团体（如家人和朋友）也会影响学生留校率。尽管如此，上述要求并非源自高校的直接影响，因此不在本书的讨论范围之内，我们仅将这些期望视为非校内直接影响因素。此外，我们假定，学校对学生个体需求予以回应，日积月累，就能改善其学生留校状况，这也符合其他学生的期望。

2. 大量有关社会资本的研究衍生自 Pierre Bourdieu（1986）的研究，他在揭示社会结构的自我复制趋势时使用了社会资本这一概念。比如，个人可以获得经济资本和社会资本，而这些资本能帮助个人取得更大的成就。社会资本的来源多种多样，包括个人能获取的社交关系网络中所包含的知识和人脉（Calhoun 1992；Portes 1998）。

3. 这一点在社区学院学生参与中心于 2009 年发布的一项报告中有所提及。

4. 入学教育活动要想取得成效，不能仅停留于信息共享层面。尽管信息共享十分必要，但经验告诉我们富有成效的入学教育活动还有另外两个目标：第一，帮助学生建立社会关系；第二，为学生创造一种支持环境，让他们在接下来的这一年里遇到问题时，懂得应向谁寻求帮助，同样重要的是，他们也愿意去寻求帮助（Ward-Roof 2010）。

5. 自 1984 年起，美国全国学业指导协会（NACADA）在每年的年会中都会挑选一些指导项目进行表彰。挑选过程包括考察项目的有效性。要了解更多相关信息，可访问协会官网（http：//www.nacada.ksu.edu）。

6. 迈阿密大学学位进程管理系统的资产属于红灯有限责任公司（Red Lantern）所有。

7. 参见 Margaret King 的私人信件。

8. 见生活地图（LifeMap）网站（http：//www.valenciacollege.edu/about/lifemap/）。

第三章

1. 这一事实与许多教师的猜测恰恰相反,他们都认为数学是影响学生顺利毕业的主要障碍。

2. Museus(2009)近期的一项研究表明,对于不同种族的学生来说,助学贷款的作用也不同。

3. 我们建议读者阅读学生资助咨询委员会2010年发布的报告,该报告对经济资助改革对学生入学和毕业的影响进行了详细分析。

4. 比尔和梅琳达·盖茨基金会最近的一项研究表明,资金问题会对学生能否坚持学业产生影响。原因之一就是学生在就读期间,除学习外,还承担了许多其他工作,因而压力过大(Johnson and Richkind 2009)。

5. 值得注意的是,近期许多名校决定为家庭收入低于一定标准的学生提供全额资助,该标准通常高于佩尔助学金设置的家庭收入标准。

6. 若要了解更多有关暑期衔接项目的相关信息,请访问美国暑期学习中心(National Center for Summer Learning)网站(http://www.summerlearning.org/)。该中心定期为优质大学项目颁发暑期学习卓越奖(Excellence in Summer Learning Awards)。

7. 感兴趣的读者可访问全国资源中心网站(http://sc.edu/fye/),了解南卡罗来纳大学的第一学年体验与过渡期学生项目的情况。

8. 参见住宿制学习社群网站(http://pcc.bgsu.edu/rlcch/)。

9. 参见密苏里大学堪萨斯分校国际补充教学中心网站(http://web2.umkc.edu/cad/SI/si-programs.html)。

10. 数据由埃尔卡米诺社区学院补充教学项目协调人 Luis Barrueta 提供。

11. 摘自《走进高等教育》（*Inside Higher Education*）（2011 年 7 月 15 日）中的一篇报道。

12. 该研究涉及以下几所四年制大学和两年制学院。四年制大学包括加利福尼亚州立大学东湾分校、天普大学、田纳西州立大学（Tennessee State University）、得克萨斯州立大学圣马科斯分校（Texas State University-San Marcos）和得克萨斯大学埃尔帕索分校；两年制学院包括卡姆登县学院（Camden County College）、塞里图斯学院、巴尔的摩社区学院、迪恩扎学院（DeAnza College）、格罗斯蒙特学院（Grossmont College）、霍利克社区学院（Holyoke Community College）、拉瓜迪亚社区学院、圣何塞城市学院（San Jose City College）、桑德希尔社区学院（Sandhills Community College）、圣达菲社区学院、西雅图中央社区学院、海岸线社区学院（Shoreline Community College）、斯波坎瀑布社区学院（Spokane Falls Community College）。其中几所学校被选为个案研究对象。

13. 个案研究对象包括加利福尼亚州立大学东湾分校、塞里图斯学院、迪恩扎学院、拉瓜地亚社区学院和得克萨斯埃尔帕索分校。

14. 感兴趣的读者可以访问 I-BEST 资源（I-BEST Resource）网站（http：//flight line. highline. edu/ibest/）。

15. 相当多的学生应当修读基础技能课程，实际上却没有修读，这也是事实（Bailey, Jeong, and Cho 2009b）。

16. 感兴趣的读者可以访问卡耐基促进教学基金会的项目网站（http：//72.5.117.129/programs/）。

17. 帕特里克亨利社区学院计划详情可参看 Zachry（2008）的研究。

18. 参见基础技能计划网站（www. cccbsi. org）。

19. 参见美国西部教育网站（www. wested. org/SLI）。

20. 若要了解更多关于 TRIO 和学生支持服务的信息，可访问美国教育部官网（http：//www. ed. gov/about/offices/list/ope/trio/index. html）。

21. 该个案研究的数据引自 Jenkins 等（2010），以及 Jenkins、McKusick 和 Adams（2011）的研究。

22. 参见 http：//www. carnegiefoundation. org/statway。

23. 摘自布法罗州立学院朋辈导师项目网站（http：//www. buffalostate. edu/firstyearprograms/x521. xml）。

24. 若要了解相关研究和政策问题，请访问教育机会理事会网站（http：//www. coenet. us）和佩尔高等教育机会研究所网站（http：//www. pellinstitute. org）。

25. 摘自 John Schun 的私人信件（2007 年 6 月 14 日）。

26. 学生需通过兼职，方能获得联邦工读计划提供的资金，用于支付高等教育的学费。约 3400 所大学的学生可以获得联邦工读计划提供的资金。这些大学的经济资助管理人员可以灵活掌握联邦工读计划资金的分配额度，分配给新录取的或已注册入学的学生。学生的时薪不得低于联邦政府规定的最低时薪。（引自联邦工读计划网站，参见 http：//www2. ed. gov/ programs/fws/index. html。）

27. 欲了解更多信息，请访问 http：//www. unc. edu/carolina-covenant/。

28. 学生仍需从暑期收入、学年兼职工作收入和个人储蓄中拿出一部分钱，用来支付自己的一部分开支。

29. 参见美国人力资源开发和研究公司基于成绩的奖学金发放示范。

30. 欲了解更多信息，请访问 http：//www.unc.edu/carolina-covenant/。

31. 欲了解更多信息，请访问 http：//www.unc.edu/carolina-covenant/。

32. 欲了解更多信息，请访问 http：//www.unc.edu/carolina-covenant/。

33. 欲了解有关"大学星期日目标"的更多信息，请访问 http：//www.lumina foundation.org/newsroom/news_releases/061705.html。

第四章

1. 我在本章开头部分参考了大量研究成果（Angelo 1991，1998；Banta 2001；Becker and Haugen 2001；Boud 2001；Braxton and McClendon 2001；Cohen and Kugel 1994；Cross and Steadman 1996；Ewell 1997；Guskin 1994；Cottell and Harwood 1998；Haugen and Becker 2005；Hodges 2010；Kuh et al. 2005；McKeachie 1986；Nulden 2000；Rucker and Thomson 2003；Sorcinelli 1991；Steadman 1998；Steadman and Svinicki 1998；Wholey, Hatry, and Newcomer 1994）。这些研究成果并未在正文中出现。

2. 了解更多有关加利福尼亚州的早期评估项目的信息，请访问加利福尼亚州立大学官方网站（http：//www.calstate.edu/eap/）。

3. 感兴趣的读者可以访问早期评估项目网站（http：//www.csulb.edu/divisions/students/eap/）。

4. 加利福尼亚州立大学宣布于2012年开始实施"提早开启大学生活"的新政策，该政策要求没有通过水平测试的学生在高中最后一年或在大一开始前的暑期参加加利福尼亚州立大学开设的课程。

5. 然而，学业评价很难做到精确。一是因为获得大学学业成功需要的知识与技能都很复杂，二是因为文化差异势必会对评价来自不同背景（民族、种族、家庭收入、母语、国籍）的学生的知识与技能产生影响。正因为此，有些高校采取多种形式的入学评价，或者使用非传统的知识与技能评价指标。有的高校则会要求学生对自己的知识与技能水平进行自我评价，因为学生可能会对影响自己成绩的因素比较敏感，而这些因素与衡量知识与技能的常用指标没有直接联系。

6. 令人遗憾的是，并非所有学生都会依照课程顺序或推荐来修读课程。这种现象在需要修读基础技能课程的学生中尤为明显。

7. 人们对开发诊断性入学评价的兴趣与日俱增，这类评价方式能帮助学校判断将一门课程切分成具体模块是否比一整门课程更能满足学生的学习需求。

8. 感兴趣的读者可以访问 Noel-Levitz 网站（https：//www.noel-levitz.com/）。

9. 转引自 Bowen、Chingos 和 McPherson 的著作 *Crossing the Finish Line：Completing College at America's Public Universities*，2009 年版，第 227 页。

10. 感兴趣的读者可以访问 http：//www.achieve.org/adp-network。

11. 电子档案也已在学生事务管理中使用（Garis and Dalton 2007）。

12. 我们建议读者访问拉瓜地亚社区学院网站中的电子档案项目网站（http：//www.eportfolio.lagcc.cuny.edu），以及卡拉马祖学院（Kalamazoo College）的电子档案项目网站（http：//www.kzoo.edu/pfolio）。此外，印第安纳大学与普渡大学印第安纳波利斯联合分校的电子档案联盟（the ePortConsortium）聚集了全美高校和来自全球的精英，他们合作开发软件，为学生和教师创建有效的电子档案（http：//www. eport consortium. org/）。

13. 学生在求职过程中也在使用电子档案。大三、大四学生在申请工作机会或攻读硕士学位的时候，通常会使用电子档案来制作电子简历，让自己看起来更加专业。

14. 课堂学业困难有时也能反映出学生在其他方面遇到的问题，这些问题如果得不到关注，就会导致学生放弃大学学业。

15. 在住宿制大学中，宿舍也使用了早期预警系统，以提醒住校教职工关注学生的学业困难。

16. 参见 http：//www. thencat. org/PCR. htm。

17. 参见该项目网站（http：//ctl. utexas. edu/programs-and-services/course-transformation-program/）。

18. 摘自 Twigg 于 2005 年发表的报告 *Increasing Success for Underserved Students：Redesigning Introductory Courses*，第 31 页。该报告还包含其他个案研究。

19. 摘自社区学院学生参与度调查 2010 年年度报告。欲了解更多信息，可以访问 http：//www. ccsse. org/。

第五章

1. 尽管融入（integration）和投入（engagement）意义相近且经常互换使用，但二者在概念上至少存在一个显著差异。本书作者（Tinto 1973，1987）所使用的融入概念，是指个人将社群的价值规范融入自身的价值体系。投入则不包含这一内化过程，而是指个人价值规范与社群价值规范之间的相互作用以及个人与认同社群价值规范的他人之间的互动。尽管在这一过程中也可能出现价值规范的内化，但内化并不是预先设定的。不过，这两个概念都必然包含了社群中个人与他人在一定程度上的互动，通过这种互动，个人能将自己视为这个社群中的重要一员。与此不同的是，Astin（1984：297）将学生的参与（involvement）定义为"学生在学业上的身心投入情况"。这样一来，参与主要是指学生的行为，而不是行为产生的意义。与投入和融入两个概念相异的是，参与与内化无关，仅表示人与人之间的互动。有关高等教育参与的深入讨论，见 Harper 和 Quaye 的著作 *Student Engagement in Higher Education：Theoretical Perspectives and Practical Approaches for Diverse Population*，2008 年版。

2. 还有其他文献可供参考（Astin 1993；Berger and Braxton 1998；Billson and Terry 1987；Borglum and Kubala 2000；Braxton and McClendon 2001；Braxton and Mundy 2001-2002；Braxton，Vespar，and Hossler 1995；Carini，Kuh，and Klein 2006；Elkins，Braxton，and James 2000；Fischer 2007；Kuh et al. 2005；Malaney and Shively 1995；Nicpon et al. 2006；Pascarella and Chapman 1983；Pascarella and Terenzini 1980，1983；Polewchak 2002；Sand，Kurpuis，and Rayle 2004；Terenzini，Lorang，and Pascarella 1981；Tinto 1975，1987）。

3. 通过这些社团建立的参与对学业投入产生的影响，在一定程度上取决于社团中的成员个体对社会关系和学业的定位。例如，有些研究表明，女生联谊会对学习成绩产生积极影响（DeBard and Sacks，2010）。

4. 这一结论与 Bowen、Chingos 和 McPherson（2009：228）的研究结果类似。他们发现，在学业基础相当的情况下，就读于优质生源高校的黑人学生的毕业率，要比就读于一般高校的黑人学生高。

5. 很多研究结论支持这一说法（Attinasi 1989；Fries-Britt and Turner 2001；Gonzales 2002；Hausmann，Ye，Schofifield，and

Woods 2009；Hurtado and Carter 1996，1997；Hurtado，Carter，and Spuler 1996；Nora 1987；Nora and Cabrera 1996；Ostrove and Long 2007；Pavel 1991；Suen 1983）。

6. 不论种族、民族或其他身份标签，这一结论对于将自己与他人区别开来的学生群体或者学生个体而言，也基本适用。

7. 特拉华大学拥有一个非常好的基于问题式学习中心，该中心于 1999 年获得了赫斯堡卓越证书（Hesburgh Certificate of Excellence）。感兴趣的读者可以访问 http：//www.udel.edu/pbl。

8. 还有其他研究结论支持这一观点（Bonwell and Eison 1991；Cooper et al. 1990；Cooper，Robinson，and McKinney 1994；Garth 1999；Johnson and Johnson 1994；Johnson，Johnson，and Smith 1991，1998；Millis 2010；Millis and Cottell 1998）。

9. 还有其他研究结论支持这一观点（Allen，Duch，and Groh 1996；Duch 1995；Duch，Gron，and Allen 2001；Major and Palmer 2001）。很多两年制学院和四年制大学，如马里科帕社区学院、桑佛大学（Samford University）和特拉华大学，都开设了基于问题式学习中心。

10. 还有其他研究结论支持这一观点（Amador，Miles，and Peters 2006；Cooper and Robinson 1995；Major and Palmer 2001；Ravitz 2009；Strobel and Barneveld 2008；Springer，Stanne，and Donovan 1999；Wilkerson and Gijselaers 1996）。

11. 与此不同但相关的结论参见 Steele（1999）、Steele 和 Aronson（1998）的研究。他们的研究表明，学生对于自我与同学关系的认知会影响他们在标准能力测试中的表现。

12. 欲了解更多相关信息，可访问基于问题式学习中心网站（http：// www.udel.edu/pbl）。

13. 欲了解更多相关项目信息，可与 Judith Kamber 联系（jkamber@necc.mass.edu）或访问 http：//cit.necc.mass.edu/ofsd/index.php。

14. 欲了解更多信息，可联系特拉华大学教育评估办公室主任 Kathleen Langan Pusecker（klp@udel.edu）。

15. 可参见其他相关研究（Baker and Pomerantz 2001；Castro-Cedeno 2005；Engstrom and Tinto 2007，2008；Hoffman，Richmond，Morrow，and Salomone 2003；Johnson 2000；Pike 1999；Pike，Schroeder，and Berry 1997；Scrivener 2007；Tinto 1997；Tinto，Goodsell，and Russo 1993；Tinto and Russo 1994；Rocconi 2010；Wathington，Pretlow，and Mitchell 2010-2011；Zhao and Kuh 2004）。

16. 大部分材料摘自 LinC 网站（http：//www.deanza.edu/linc）。

17. 感兴趣的读者可以访问全国服务式学习信息交换站（National Service-Learning Clearinghouse）网站（http：//www.servicelearning.org/）。此外，另一个网站（http：//evergreen.loyola.edu/）还列出了一系列服务式学习项目。

18. 欲了解该项目的更多相关信息，可访问 http：//www.raritanval.edu/academics/servlearn/program.html。

19. 访问 http：//www.hofstra.edu/faculty/ctse/cte_links.cfm，可获取全美更多教学中心网站的链接。也可访问 http：// www.cte.ku.edu/。

20. 俄亥俄州的迈阿密大学教学提升中心的网站提供了关于教师学习社群的宝贵资源（http：//www.units.muohio.edu/celt/flcs/）。

21. 同上。该网站还提供了一份全世界大学的名单，名单上的大学都将教师学习社群作为教师发展计划的一部分。

22. 感兴趣的读者可以访问高等教育专业与组织发展网络（POD）的网站（http：//www.podnetwork.org）。

23. 可访问未来教师培养项目网站（http：//www.preparing-faculty.org）。

第六章

1. 卢米娜教育基金会的"实现梦想"计划以及 John Gardner 负责的第一学年卓越项目基金会的立场都与此一致。欲了解更多信息，可访问 www.luminafoun-dation.org 和 www.fyfoundations.org/。

2. 美国人力资源开发和研究公司最近对参与"实现梦想"计划的高校进行了评估。他们发现，尽管这些高校都形成了证据文化，并实施了一系列学生留校项目，然而这些措施尚未形成一定规模，不足以使学生留校率和毕业率得到实质性的提升（Rutschow et al. 2011）。

3. 感兴趣的读者可以访问 http：//www.sbctc.edu/college/e_student achievement.aspx，也可以联系塔科马社区学院学校效能办公室。

4. 欲了解更多信息，请访问 http：//www.unc.edu/carolina-covenant/。

5. 以学习社群为例，经验证明，大多数学习社群项目通常要在实施3~4年后才能完全显现成效。

6. 然而，学校内部不同部门之间依然缺乏合作与共享意识，这种状况会持续阻碍学校推动更广泛的变革。教职工常常对学校其他部门提升学生留校率的行动一无所知。这并非因为教职工对此缺乏兴趣，而是因为学校普遍存在跨部门、跨机构交流困难的情况，不同院系的教职工很少有机会能聚在一起相互学习，分享他们所了解的情况。而且如果没有激励措施,这样的面对面交流和丰富的学习收获就难以持续。

7. 既然业已证明,生源不同是导致毕业率存在差异的一个主要因素,那么提出如下这一问题也是合情合理的,即毕业率的提升是否主要取决于生源质量的变化?Carey(2005a,2005b)研究的三所私立大学中,有两所(雪城大学和圣母大学)就在一定程度上证实了生源质量的改善可以促进毕业率的提升。不过公立大学不大可能出现这种情况,尤其是艾尔康州立大学和伊丽莎白城州立大学,因为这两所大学的生源质量一直不高,它们录取的高中平均绩点约为2.8的生源占比不少于70%。就算是私立大学,生源选择与提升学生留校率和毕业率行动之间的关系仍较为复杂。在很多但并非所有情况下,学校采取的措施行之有效,不仅改善了学生体验,而且最终提升了留校率和毕业率,因而能不断吸引更多优质生源,进而促进留校率的持续提升。

8. 可通过相关文献全面了解有关实施学习社群项目的讨论(Levine-Laufgraben and Shapiro 2004)。

9. 有时,学校也会采用最为有效的、多元的评价方式(Upcraft and Schuh 1996)。

10. 扩大项目规模也是各个专业和院系共同面临的问题。问题的关键在于,某个特定专业和院系在扩大项目规模时,需考虑该项目能否对整个专业和院系产生影响。与整个学校一样,我们必须也要了解,对于专业和院系的发展而言,什么时候最有可能扩大项目规模。答案是相同的,即当一个专业和院系的学生拥有大致相同的学习经历和体验时,项目规模得以扩大的可能性最大。

11. 项目价值的体现不是单一的。项目价值有时体现为学业成功率的提升,有时则体现为留校率提升给学校带来的收入超过了学校的支出。此外,项目价值还可能体现为项目成了学校的一大特色,从而提升了学校声誉，这样今后就能吸引更多学生就读该校。

12. 留校率的提升能为学校创造若干收入来源。更多学生留校意味着学费收入增加，学生为学校提供的各项服务支付费用也是学校的收入来源之一。与此同时，由于学校无需重新招生以填补学生人数空缺，招生成本也降低了。

13. 对很多高校和学生来说，第一学年的开始要早于正式的秋季开学时间。通常，除了针对需要额外学业支持的学生开办的暑期衔接项目，还有一些项目会激励学生提前进入大学进行专业学习。比如纽约城市大学的"大学现在时"项目（第六章已讨论过），以及雪城大学的"预备项目"。据报道，参加了"大学现在时"项目的学生入学后的学业表现一般优于其他学生。雪城大学的"预备项目"属同类项目中规模最大的一个，缅因州、马萨诸塞州、新泽西州和纽约州的170余所高中的500多名教师和8000多名学生参与了该项目。这些高中为符合条件的毕业班学生提供修读雪城大学学分课程的机会。这些课程是日常的高中课堂教学的一部分，授课教师是高中教师，这些教师都完成了各自教授科目的研究生研讨班学习，并被聘为雪城大学的兼职教师。这些课程与雪城大学主校区面向大一和大二学生开设的课程别无二致，但课程费用便宜不少。

比尔和梅琳达·盖茨基金会赞助的早期大学—高中项目（Early College High School program）不同于其他由大学发起的项目，因为该项目是由高中发起的，主要面向低收入家庭学生、父母未受过高等教育的学生，母语为非英语的学习者，有色人种学生，以及在高等教育中受到忽视的学生。该项目旨在帮助学生获得高中文凭和副学士学位，或者帮助他们获得学士学位所需的两学年学分且学费全免。该项目设立于2002年，全美24个州的160多所高中参与了该项目。

14. 第一学年的学生流失率过高导致的一个后果就是，许多项目（专业）因为高年级学生人数不足而无法继续开展。

15. Arum 和 Roksa（2010）近期一项针对大学学习的研究也提出了相同的观点。

16. 访问该中心网站：http：//www.center.rpi.edu/。

17. 欲了解详情，可访问 http：//communities.usc.edu/education/nai.html。

18. 感兴趣的读者可访问纽约城市大学"大学现在时"项目网站（http：// collegenow.cuny.edu/）。

19. 了解有关"长滩承诺"计划的更多信息，可访问以下网站 http：//www.lbusd.k12.ca.us/Main _ Offices/Superintendent/Success _ Initiative/col-lege _ promise.cfm 和 http：//www.csulb.edu/misc/inside/archives/v60n7/stories/4.htm。

20. Hunter 等（2009）的著作非常有用，该书介绍了一系列可供高校采纳的做法，以满足学生在第一学年结束后的各种需求。

21. Adelman（2006）在调查中发现，有 16% 的学生在进入大二时，要么学业基础不够扎实，要么在获得学位方面的进展不理想。

22. 关于这一点，我们应当确保能使用动量点分析来避免这些问题，因为这种分析方法不以学年为衡量依据，而是以具体的学业进展为指标。

23. 欲了解更多大二学年项目详情，读者可以访问全国高校第一学年体验和过渡期学生资源中心（National Resource Center for the First-Year Experience and Students in Transition）网站（http：//www.sc.edu/fye/resources/soph/school.html）。

24. 美国全国学业指导协会每年都会对杰出的指导项目进行表彰。其中有些奖项是专为第二学年项目设立的。可访问 http：//www.nacada.ksu.edu/Programs/Awards/index.htm，获取更多信息。

25. 项目描述摘自全国高校第一学年体验和过渡期学生资源中心网站（http：//www. sc. edu/fye/resources/soph/）。

26. 显然，这里所说的课程衔接与高中课程和大学课程的衔接没有本质区别（Kirst and Venezia 2004）。作为美国 K-16 教育体系的一部分，美国很多州（如加利福尼亚州、佐治亚州、伊利诺伊州、马里兰州、俄勒冈州和得克萨斯州）的高中和大学教师、管理人员已就如何更好地实现高中与大学的课程衔接展开了讨论。

27. 感兴趣的读者可以通过第一学年卓越项目基金会官网（http：//www. fyfoundations. org/transfer. aspx），进入全国高校第一学年体验和过渡期学生资源中心的网站。

28. 然而，我们应当注意到，学校通常会对学生提出一些要求，尽管几乎无法证明这样做一定会带来变化。就拿普遍采用的专业先修课程来说，除个别高校外，大多数高校都没有去证实没有修读先修课程的学生成绩不如修读了的学生。但是，这也不能说明先修课程不重要，只不过很多高校没有去证实这一点。相反，我们也可以反思一下：如果事实证明某些课程、项目或者体验对学生有益，高校却不要求学生参与，当然这个假设也不是毫无道理可言，其中的原因又是什么呢？

29. 欲了解更多有关卓越项目基金会的信息，请访问 http：//fyfoundations. org/index. aspx。

30. 有的高校使用了软件程序（如 ASTRA），通过软件程序对课程供需进行比较，学校就能更好地安排课程，满足学生的现有需求。

31. 这是社区学院受托人联盟（Association of Community College Trustees）和得克萨斯大学奥斯汀分校的社区学院领导项目（Community College Leadership Program）中的一项计划，由比尔和梅琳达·盖茨基金会资助。感兴趣的读者可访问 http：//www. governance-institute. org。

第七章

1. 这是"实现梦想：社区学院在行动"（Achieving the Dream：Community Colleges Count）全国性项目的目标之一。该项目已实施了多年，由卢米娜教育基金会资助。欲了解更多信息，可访问 http：//www.achievingthedream.org。

2. 在家庭年收入超过70000美元的学生中，有超过56%的人能在入学后六年内获得四年制学士学位，相比之下，低收入家庭（家庭年收入少于25000美元）的学生相应比例仅为26%。

3. 近六分之一的四年制大学新生能在六年内获得学士学位，而两年制公立院校新生中的相应比例仅为十分之一（National Center for Education Statistics 2003，见表2.1a）。

4. 很多基金会，尤其是卢米娜教育基金会与比尔和梅琳达·盖茨基金会，都对提升大学尤其是社区学院学生毕业率的项目进行了投资。与此同时，为达到同一目的，美国联邦政府最近也打算创建总额25亿美元的大学入学与毕业基金。

5. 卢米娜教育基金会近期的一项报道称，美国各州应采取一系列措施来提高学生成绩，比如完善评价和实习政策；鼓励项目创新、实施和评估；构建学业考核方法，即采用激励手段更好地促进学业成功（Collins 2009）。基金会也需如此，包括比尔和梅琳达·盖茨基金会，卢米娜教育基金会，威廉和弗洛拉·休利特基金会和卡耐基促进教学基金会等在内的很多基金会，都已针对一系列旨在改善发展性教育的项目进行了投资。

6. 正如第四章提到的一样，这类学校往往必须把视线拓展至校外，采取措施，消除外界因素对校内行动的不利影响，或者至少要将外界因素纳入考虑范围。

7. 在这种情况下，使用动量点分析法会比较有用，因为这种分析法将完成大学学业的整个过程分解为一个个步骤，以便学校能在相对较短的时间内解决相关问题。

8. "完成大学学业"计划是一项由比尔和梅琳达·盖茨基金会投资、涉及多个州的计划。该计划的目标之一是推动参与其中的社区学院规划清晰的毕业路径，以便学生能顺利地获得学历和学位证书。

9. 越来越多的高校采用了行动分析措施帮助学生获得学业成功，这值得我们借鉴（Norris et al. 2008）。采取行动分析措施的学校有卡佩拉大学、世纪学院（Century College）、欧文谷学院、里奥萨拉多学院、鞍峰学院和辛克莱社区学院。这些学校采用了各种各样的商业项目，如 GPS 生活计划（GPS LifePlan）、海星（Starfish）项目、MAP 行之有效（MAP-Works）项目和设计学习（Design2Learn）项目，以及当地开发的其他项目，如信号项目和 SHERPA 项目。

附录 A

1. 在衡量学生坚持程度的时候，我们很难区分学生中止学业的形式，这种形式根据中止学业时间的长短而有所不同。其中，有的学生在停止学业后一段时间内，会返回学校继续学业，有的学生会转到其他学校继续学业，而有的学生则不会以任何形式再次入学（Porter 2003）。

2. 学生从入学到获得学位所花费的时间较之前更长，其中一个主要原因就是转学。学生转学时经常会改变专业，或者失去一部分先前所得的学分。

3. 一般来说，学生从入学到获得学位所需的时间跨度是合理的，但是一些本科学位（如工程学位）需要花费四年以上的时间才能获得。与此同时，在很多城市两年制学院中，非全日制学生占比越来越大，从入学到毕业，三年的时间实在是太短了。

4. 有的非全日制学生在第一学期或第一学年结束前就被迫离开了校园。而有的则已经开始兼职，因此获得的学分也寥寥无几。

5. 例如，高校中低收入家庭的学生就属于这种类型。与其他收入群体相比，他们进入两年制公立院校和某些四年制大学的入学率存在差异。此外，他们还存在学业基础薄弱的情况。因此，和其他收入群体相比，低收入家庭的学生四年制学位的总获得率要低一些，而这些学生所在的高校，学生留校率和毕业率也相对较低。

6. 不过，收入高低和学生坚持程度以及流失率之间并没有必然联系。

7. Adelman（2007）指出，有90％的学生能坚持到大学二年级。但相关估算得出的结果却与此相差甚远。两组数据的出入反映了一个事实，即Adelman使用的是美国国家教育纵向研究提供的数据。该研究数据是通过追踪进入大学的高中生计算出来的。此外，Adelman坚持在不考虑学校的情况下，以此数据来表示学生的入学率。这里，我们根据所有第二学年注册学生的数量来评估学校留校率，而非高中毕业后立即进入大学的学生数量。

8. 然而，并非所有一开始就进入四年制大学的学生都打算获得学士学位。1995—1996年首次进入高校的学生中，没打算获得学士学位的学生占比约为10％。相比之下，计划获得学位的学生，其毕业率要相对高一些（四年制公立大学毕业率为50％，私立大学为65.3％），这一点很好理解。

9. 感兴趣的读者可以访问 http：//www.collegeresults.org/。

10. 根据美国大学入学考试数据进行的分析也得出了同样的结论（ACT 2005，见表7和表8）。美国大学入学考试对四年制公立大学进行了调查，据此，我们发现，五年毕业率在各高校之间也存在差异。其中，择优录取的学校五年毕业率高达 74%，而普通大学五年毕业率仅为 32%。与此同时，在私立大学中，该比例分别为 84% 和 48%。然而，我们观察美国大学入学考试数据后可以发现，在择优录取的高校中，学校类型不同，其学业完成率也存在差异。针对同一类型的学校，衡量毕业率差异的标准也有存在偏差。某一类型中生源相对较差的学校，和下一类型中生源较好的学校相比，前者毕业率更高。

11. 以下网站为我们提供了一份题为《根据国家数据库创建国家级学位毕业率：探索性分析结果》的报告，见 http://www.nchems.org/c2sp/.../ClearinghouseProjectReport_June2008.pdf。

12. 假设其中有些差异的存在和社会身份的总体性差异（白人、美籍非裔、西班牙裔女性）有关。

13. 欲了解更多有关美国国家高等教育管理系统中心的详细信息以及获取完整的数据文件，请访问该中心网站（http://www.higheredinfo.org/）。

14. 尽管美国大学入学考试的数据源于不同学校，但是自 1983 年起，根据每年学校留校率调查得出的美国大学入学考试数据也说明毕业率几乎没有变化。

15. 如果将时间跨度拉长一点，我们会发现，分析 1986 年至 2007 年的美国大学入学考试数据后仍然会得到相同的结果。

16. 和 1995—1996 年的调查一样，最近的一次针对具有代表性的大学入校生的追踪调查也持续了六年。针对美国高校毕业率可能性变化，这次追踪调查的结果为我们提供了最直接的初步测试。

17. 研究人员指出，虽然这种测试对四年制公立大学来说意义重大，但对四年制私立大学来说却并非如此。

18. 特别感谢 MPR 联营公司（MPR Associates Inc.）的 Laura Horn 为表 A9 提供的数据。

19. 我们以阿拉斯加大学安克雷奇分校的情况为例。根据联邦政府的指导方针，我们只计算该校六年内毕业的全日制学生，结果发现毕业率仅为24.6%。但是，在该校中，每20名学生中就有大约19名没有被计入官方数据。因为该校存在许多非全日制学生，这些学生完成学业需要花费六年以上的时间，有的会转学，还有的并没打算获得学位。黑山州立大学（Black Hills State University）中有许多学生都是附近埃尔斯沃斯空军基地（Ellsworth Air Force Base）的军事人员。考虑到军事人员具有频繁的流动性，因此，该校六年毕业率仅为30%也就说得通了。

附录 B

1. Horn 和 Carroll（2006）针对全美国四年制大学中六年毕业率进行了一项研究。研究显示，随着低收入家庭学生入学率的提升，高校毕业率呈现出系统性的下降。即使根据卡耐基学校层级分类进行设定，情况也是如此。

2. 教育信托基金会将分析结果公布在网站上，以便访问者获取对比数据和纵向数据（这些数据难以从其他渠道获取）。其网址为 http://collegeresults.org。

3. 目前比较各高校行动有效性的方式本质上都是横向的，也就是说，对各个高校的毕业率进行的比较研究都是共时的。由此得出的分析就会忽略一个事实，即每年的高校毕业率可能会存在差异，不过这些差异对高校行动有效性的影响可能微乎其微（比如学生的性格）。高校采取行动的有效性可能某一年高，其他年份低。

4. 对此感兴趣的读者可访问 http://www.voluntarysystem.org。

5. 对此感兴趣的读者可访问 http://www.ucan-network.org。

6. 2007年6月8日《走进高等教育》中的一篇报告描述了堪萨斯大学（University of Kansas）希望提高入学标准而在州内引发的争论。从某种程度上来说，提高入学标准是因为该校六年毕业率与同类州立大学相比不太理想（Redden 2007）。

7. 见教育信托基金会网站（http：//www2.edtrust.org/）。

8. 学生出勤模式强调了学业咨询对学生获得学业成功的作用，并且也针对学校责任提出了一些基础性的问题。比如，如果学生想在其他学校选修课程，那么他们是否能获得相关课程的准确信息？选修这些课程对完成学业能起到多大的作用？各高校的学生获取的信息是否一致？考虑到堪萨斯州所扮演的角色，我们提出了一个更基础的问题：在不考虑学生所在学校的情况下，堪萨斯州如何保证所有学生能够轻易获得州内各高校课程的准确信息？

主要参考文献

ACT. 2005. *National Collegiate Retention and Persistence to Degree Rates* 2005. Iowa City: American College Testing Program.

Adelman, C. 1998. "What Proportion of College Students Earn a Degree?" *AAHE Bulletin* 51 (2): 7-10.

——. 1999a. *Answers in the Toolbox: Academic Intensity, Attendance Patterns, and Bachelor's Degree Attainment.* Washington, DC: U. S. Department of Education, Office of Educational Research and Improvement.

——. 1999b. *The New College Course Map and Transcript File: Changes in Course-Taking and Achievement, 1972-1993,* 2nd. ed. Washington, DC: U. S. Department of Education, Office of Educational Research and Improvement.

——. 2004. *Principal Indicators of Student Academic Histories in Postsecondary Education, 1972-2000.* Washington, DC: U. S. Department of Education, Institute of Educational Sciences.

——. 2006. *The Toolbox Revisited: Paths to Degree Completion from High School through College.* Washington, DC: U. S. Department of Education.

——. 2007. "Do We Really Have a College Access Problem?" *Change* 39 (4): 48-51.

Advisory Committee on Student Financial Assistance. 2006. *Reflections on College Access and Persistence*. Proceedings and papers from a symposium held in Washington, DC, September 8, 2005.

——. 2010. *The Rising Price of Inequality: How Inadequate Grant Aid Limits College Access and Persistence*. Washington, DC: U.S. Office of Education.

Albrecht, N. 2003. "University Faculty Collaboration: A Transformational Model." International Learning Conference, University of London, UK.

Allen, D., B. Duch, and S. Groh. 1996. "The Power of Problem-Based Learning in Teaching Introductory Science Courses." In *Bringing Problem-Based Learning to Higher Education: Theory and Practice: Teaching and Learning*, no. 68, edited by L. Wilkerson and W. Gijselaers, 43-52. San Francisco: Jossey-Bass.

Allen, E., and M. Madden. 2006. "Chilly Classrooms for Female Undergraduates: A Question of Method?" *Journal of Higher Education* 77 (4): 684-711.

Allen, M. 2003. *Assessing Academic Programs in Higher Education*. San Francisco: Jossey-Bass.

Altschuler, G., and I. Krammick. 1999. "A Better Idea has Replaced 'In Loco Parentis.'" *Chronicle of Higher Education*, November 5.

Amador, J., L. Miles, and C. Peters. 2006. *The Practice of Problem-Based Learning: A Guide to Implementing PBL in the Classroom*. San Francisco: Jossey-Bass.

American Association for Higher Education. 1998. *Powerful Partnerships: A Shared Responsibility for Learning*. A Joint Report of the American Association for Higher Education, the American College Personnel Association, and the National Association of Student Personnel Administrators. Washington, DC.

American Association of State Colleges and Universities. 2005. *Student Success in State Colleges and Universities: A Matter of Culture and Leadership*. Washington DC.

——. 2006. *Graduation Rates and Students Success: Squaring Means and Ends—Perspectives*. Washington, DC.

Anderson, J., and R. Ekstrom. 1996. "Improving the Retention of African-American Undergraduates in Predominantly White Colleges and Universities: Evidence from 45 Institutions." Paper presented at the American Educational Research Association, New York, April.

Angelo, T. 1991. "Ten Easy Pieces: Assessing Higher Learning in Four Dimensions." In *Classroom Research: Early Lessons from Success*. San Francisco: Jossey-Bass.

——, ed. 1998. *Classroom Assessment and Research: An Update on Uses, Approaches, and Research Findings: Teaching and Learning*, no. 75. San Francisco: Jossey-Bass.

Angelo, T., and P. Cross. 1993. *Classroom Assessment Techniques: A Handbook for College Teachers*. 2nd ed. San Francisco: Jossey-Bass.

Archibald, R., and D. Feldman. 2008. "Graduation Rates and Accountability: Regressions versus Production Frontiers." *Research in Higher Education* 49 (1): 80-100.

Arum, R., and J. Roska. 2011. *Academically Adrift: Limited Learning on College Campuses*. Chicago: University of Chicago Press.

Astin, A. 1975. *Preventing Students from Dropping Out*. San Francisco: Jossey-Bass.

———. 1984. "Student Involvement: A Developmental Theory for Higher Education." *Journal of College Student Personnel* 25 (4): 297-308.

———. 1993. *What Matters in College? Four Critical Years Revisited*. San Francisco: Jossey-Bass.

———. 2005. "Making Sense Out of Degree Completion Rates." *Journal of College Student Retention: Research, Theory and Practice* 7 (1-2): 5-17.

Astin, A., and L. Oseguera. 2002. *Degree Attainment Rates at American Colleges and Universities*. Revised edition. Los Angeles: Higher Education Research Institute, University of California Los Angeles.

———. 2005. *Degree Attainment Rates at American Colleges and Universities*. Revised edition. Los Angeles: Higher Education Research Institute, University of California Los Angeles.

Astin, A., L. Vogelgesang, E. Ikeda, and J. Yee. 2000. *How Service Learning Affects Students*. Los Angeles: Higher Education Research Institute, University of California Los Angeles.

Attewell, P., and D. Lavin. 2007a. *Passing the Torch: Does Higher Education for the Disadvantaged Pay Off Across the Generations?* New York: Russell Sage Foundation.

———. 2007b. "Distorted Statistics on Graduation Rates." *Chronicle of Higher Education*, July 7.

Attewell, P., D. Lavin, T. Domina, and T. Levey. 2006. "New Evidence on College Remediation." *Journal of Higher Education* 77 (5): 886-924.

Attinasi, L., Jr. 1989. "Getting in: Mexican Americans'

Perceptions of University Attendance and Implications for Freshman Year Persistence."*Journal of Higher Education* 60 (3): 247-277.

Austin, A., and R. Baldwin. 1991. *Faculty Collaboration: Enhancing the Quality of Scholarship and Teaching*. San Francisco: Jossey-Bass.

Bahr, P. 2008. "Cooling Out in the Community College: What is the Effect of Academic Advising on Students' Chance of Success?" *Research in Higher Education* 49 (8): 704-732.

Bailey, T. 2009a. *Rethinking Developmental Education in Community College*. CCRC Brief, no. 40. New York: Community College Research Center, Teachers College, Columbia University.

——. 2009b. "Challenge and Opportunity: Rethinking the Role and Function of Developmental Education in Community College." In *Policies and Practices to Improve Student Preparation and Success. New Directions for Community Colleges*, no. 145, edited by A. Bueschel and A. Venezia, 1-106. San Francisco: Jossey-Bass.

Bailey, T., and M. Alfonso. 2005. *Paths to Persistence: An Analysis of Research on Program Effectiveness at Community College*. New York: Community College Research Center, Teachers College, Columbia University.

Bailey, T., J. Calcagno, D. Jenkins, G. Kienzl, and T. Leinbach. 2005. *Community College Success: What Institutional Characteristics Make a Difference?* New York: Community College Research Center, Teachers College, Columbia University.

Bailey, T., P. Crosta, and D. Jenkins. 2006. *What Can Student Right-to-Know Graduation Rates Tell Us about Community College Performance?* New York: Community College Research

Center, Teachers College, Columbia University.

Bailey, T., D. Jeong, and S. Cho. 2009a. *Referral, Enrollment, and Completion in Developmental Education Sequences in Community Colleges*. Presentation given at the 89th Annual Convention of the American Association of Community Colleges. Phoenix.

———. 2009b. *Referral, Enrollment, and Completion in Developmental Education Sequences in Community Colleges*. CCRC Brief, no. 45. New York: Community College Research Center, Teachers College, Columbia University.

———. 2010. *Student Progression through Developmental Sequences in Community Colleges*. CCRC Working Paper, no. 15. New York: Community College Research Center, Teachers College, Columbia University.

Baker, S., and N. Pomerantz. 2001. "Impact of Learning Communities on Retention at a Metropolitan University." *Journal of College Student Retention: Research, Theory and Practice* 2 (2): 115-126.

Baldridge, V. 1971. *Power and Conflict in the University; Research in the Sociology of Complex Organizations*. New York: John Wiley.

Bandura, A. 1986. *Social Foundation of Thought and Action: A Social Cognitive Theory*. Englewood Cliffs: Prentice-Hall.

Bank, B., R. Slavings, and B. Biddle. 1990. "Effects of Peer, Faculty, and Parental Influences on Students' Persistence." *Sociology of Education* 63 (3): 209-225.

Banta, T. 1993. *Outcomes of Decade of Assessment in Higher Education*. Boulder: National Center for Higher Education Management Systems.

——. 2001. *Assessment Update: Progress, Trends and Practices in Higher Education*. San Francisco: Jossey-Bass.

Banta, T., E. Jones, and K. Black. 2009. *Developing Effective Assessment: Principles and Profiles of Good Practice*. San Francisco: Jossey-Bass.

Banta, T., J. Lund, K. Black, and F. Oblander. 1995. *Assessment in Practice: Putting Principles to Work on College Campuses*. San Francisco: Jossey-Bass.

Barefoot, B. ed. 1993. *Exploring the Evidence: Reporting Outcomes of Freshman Seminars*. Monograph, no. 11. Columbia: National Resource Center for the Freshman Year Experience, University of South Carolina.

——. 2005. "Current Institutional Practice in the First College Year." In *Challenging and Supporting the First-Year Student: A Handbook for Improving the First Year of College*, edited by M. Upcraft, J. Gardner, and B. Barefoot. San Francisco: Jossey-Bass.

Barefoot, B., J. Gardner, M. Cutright, L. Morris, C. Schroeder, S. Schwartz, M. Siegal, and R. Swing. 2005. *Achieving and Sustaining Institutional Excellence for the First Year of College*. San Francisco: Jossey-Bass.

Barkley, E. 2010. *Student Engagement Techniques: A Handbook for College Faculty*. San Francisco: Jossey-Bass.

Barkley, E., P. Cross, and C. Major. 2005. *Collaborative Learning Techniques: A Handbook for College Faculty*. San Francisco: Jossey-Bass.

Barnett, E. 2011. "Validation Experiences and Persistence among Community College Students." *Review of Higher Education* 34 (2): 193-230.

Barr, R. , and J. Tagg. 1995. "From Teaching to Learning: A New Paradigm for Undergraduate Education." *Change* 27 (6): 12-25.

Barton, J. , and A. Collins, eds. 1997. *Portfolio Assessment: A Handbook for Educators*. Menlo Park: Addison-Wesley.

Baum, S. , and K. Payea. 2004. *Education Pays 2004*. New York: The College Board.

——. 2005. *Education Pays Update*. New York: The College Board.

Baum, S. , and J. Ma. 2007. *Education Pays: The Benefits of Higher Education for Individuals and Society*. New York: The College Board.

Baxter Magolda, M. 1999. *Creating Contexts for Learning and Self-Authorship: Constructive-Developmental Pedagogy*. Nashville: Vanderbilt University Press.

Beal, P. , and L. Noel. 1980. *What Works in Student Retention*. Iowa City: American College Testing Program and the National Center for Higher Education Management Systems.

Bean, J. 1980. "Dropouts and Turnover: The Synthesis and Test of a Causal Model of Student Attrition." *Research in Higher Education* 12 (2): 155-187.

Beatty, I. 2004. "Transforming Student Learning with Classroom Communication Systems." *Research Bulletin*, 3. Boulder, CO: EDUCAUSE Center for Applied Research.

Becker, D. , and M. Devine. 2007. "Automated Assessments and Student Learning." *International Journal of Learning Technology* 3 (1): 5-17.

Becker, D. , and S. Haugen. 2001. "Classroom Assessment

Techniques and Student Intrinsic Motivation." *Accounting Instructors' Report*, Spring.

Beeson, M., and R. Wessel. 2002. "The Impact of Working on Campus on the Academic Persistence of Freshmen." *Journal of Student Financial Aid* 32 (2): 37-45.

Belcheir, M. 2001. *What Predicts Perceived Gains in Learning and in Satisfaction?* Report, no. BSU-RR-2001-02. Boise, ID: Office of Institutional Advancement. ERIC Document Reproduction Service, no. ED480921.

Belgarde, M., and R. Lore. 2003. "The Retention/Intervention Study of Native American Undergraduates at the University of New Mexico."*Journal of College Student Retention: Research, Theory and Practice* 5 (2): 175-203.

Berger, J. 1997. "Students' Sense of Community in Residence Halls, Social Integration, and First-Year Persistence." *Journal of College Student Retention: Research, Theory and Practice* 38 (5): 441-452.

——. 2001. "Understanding the Organizational Nature of Student Persistence: Recommendations for practice." *Journal of College Student Retention: Research, Theory and Practice* 3 (1): 3-21.

Berger, J., and J. Braxton. 1998. "Revising Tinto's Interactionalist Theory of Student Departure through Theory Elaboration: Examining the Role of Organizational Attributes in the Persistence Process." *Research in Higher Education* 39 (2): 103-119.

Berkner, L., S. He, M. Mason, S. Wheeless, and T. Hunt-White. 2007. *Persistence and Attainment of 2003-2004 Beginning Postsecondary Students: After Three Years*. NCES 2007-169.

Washington, DC: National Center for Education Statistics, U. S. Department of Education.

Berger, J., and J. Milem. 2000. "Organizational Behavior in Higher Education and Student Outcomes." In *Higher Education: Handbook of Theory and Research*, vol. 15, edited by John Smart, 268-338. New York: Agathon Press.

Bettinger, E. 2004. "How Financial Aid Affects Persistence." In *College Choices*, edited by C. Hoxby, 207-238. Chicago: University of Chicago Press.

Bettinger, E., and B. Terry Long. 2004a. *Shape Up or Ship Out: The Effects of Remediation on Students at Four-Year Colleges*. Cambridge, MA: National Bureau of Economic Research.

——. 2004b. *Do College Instructors Matter? The Effects of Adjuncts and Graduate Assistants on Students' Interests and Success*. NBER Working Paper, no. 10370. JEL, no. 12, H4. http://www.nber.org/papers/w10370.

——. 2005. "Remediation at the Community College: Student Participation and Outcomes." In *Responding to the Challenges of Developmental Education. New Directions for Community Colleges*, no. 129, edited by C. Kozeracki, 17-26. San Francisco: Jossey-Bass.

Billson, J., and M. Terry. 1987. "A Student Retention Model for Higher Education."*College and University* 62 (Summer): 290-305.

Blanc, R., L. DeBuhr, and D. Martin. 1983. "Breaking the Attrition Cycle: The Effects of Supplemental Instruction on Undergraduate Performance and Attrition." *Journal of Higher Education* 54 (1): 80-90.

Blanc, R., and D. Martin. 1994. "Supplemental Instruction:

Increasing Student Performance and Persistence in Difficult Academic Courses." *Academic Medicine* 69 (6): 452-454.

Blanco, C. 2005. *Early Commitment Financial Aid Programs: Promises, Practices, and Policies*. Boulder, CO: Western Interstate Commission on Higher Education.

Bligh, D. 2000. *What's The Use of Lectures?* 2nd ed. San Francisco: Jossey-Bass.

Bloom, D, and C. Sommo. 2005. *Building Learning Communities: Early Results from the Opening Doors Demonstration at Kingsborough Community College*. New York: MDRC.

Blumberg, P. 2000. "Evaluating the Evidence That Problem-Based Learners Are Self-Directed Learners: A Review of the Literature," In *Problem-based Learning: A Research Perspective on Learning Interactions*, edited by D. Evensen and C. Hmelo, 199-226. Mahwah, NJ: Erlbaum.

Blumenfeld, P., E. Soloway, R. Marx, J. Krajcik, M. Guzdial, and A. Palincsar. 1991. "Motivating Project-Based Learning: Sustaining the Doing, Supporting the Learning." *Educational Psychologist* 26 (3): 369-398.

Boggs, G. 1984. "An Evaluation of the Instructional Effectiveness of Part-Time Community College Development Writing Faculty." PhD dissertation, University of Texas at Austin.

Bolge, R. 1995. *Examination of Student Learning as a Function of Instructor Status (Full Time vs. Part Time) at Mercer Community College*. ERIC Document 382 241.

Bonham, S. 2007. "Measuring Student Effort and Engagement in an Introductory Physics Course." Physics Education Research

Conference. *American Institute of Physics Conference Proceedings* 951 (1): 57-60.

Bonous-Hammarth, M. 2000. "Value Congruence and Organizational Climates for Undergraduate Persistence." In *Higher Education: Handbook of Theory and Research*, vol. 15, edited by J. Smart, 339-370. New York: Agathon Press.

Bonous-Hammarth, M., and W. Allen. 1994. "A Dream Deferred: The Critical Factor of Timing in College Preparation and Outreach." In *Preparing for College: Nine Elements of Effective Outreach*, edited by W. Tierney, Z. Corwin, and J. Colyar, 155-72. Albany: State University of New York Press.

Bontrager, B. 2004a. "Enrollment Management: An Introduction to Concepts and Structures." *College and University* 79 (3): 11-16.

——. 2004b. "Strategic Enrollment Management: Core Strategies and Best Practices." *College and University* 79 (4): 9-15.

Bonwell, C., and J. Eison. 1991. *Active Learning: Creating Excitement in the Classroom*. ASHE-ERIC Higher Education Report, no. 1. ERIC Clearinghouse on Higher Education. Washington, DC: George Washington University.

Borglum, K., and T. Kubala. 2000. "Academic and Social Integration of Community College Students: A Case Study." *Community College Journal of Research and Practice* 24 (7): 567-576.

Bothell, T., and T. Henderson. 2004. "Evaluating the Return on Investment of Faculty Development." In *To Improve the Academy: Resources for Faculty, Instructional, and Organizational Development*, vol. 22, edited by C. Wehlburg and S. Chadwick-

Blossey. San Francisco: Anker Publication.

Boud, D. 2001. "Introduction: Making the Move to Peer Learning." *Peer Learning in Higher Education: Learning From and With Each Other*, edited by D. Boud, R. Cohen, and J. Sampson, 1-17. Sterling: Stylus Publishing.

Bound, J., M. Lovenheim, and S. Turner. 2007. *Understanding the Increased Time to the Baccalaureate Degree*. Population Studies Center Research Report 07-626, November. Ann Arbor: University of Michigan, Institute for Social Research.

——. 2009. *Why Have College Completion Rates Declined? An Analysis of Changing Student Preparation and Collegiate Resources*. NBER Working Paper, no. 15566. Cambridge, MA: National Bureau of Economic Research.

Bourdieu, P. 1986. "The Forms of Capital." In *Handbook of Theory and Research for the Sociology of Education*, edited by John Richardson. New York, Greenwood, 241-258.

Bowen, W., M. Chingos, and M. McPherson. 2009. *Crossing the Finish Line: Completing College at America's Public Universities*. Princeton: Princeton University Press.

Bowen, W., M. Kurzweil, and E. Tobin. 2005. *Access and Excellence in American Higher Education*. Charlottesville: University of Virginia Press.

Bowles, T., and J. Jones. 2004. "The Effect of Supplemental Instruction on Retention: A Bivariate Probit Model." *Journal of College Student Retention: Research, Theory and Practice* 5(4): 431-437.

Boyland, H. 2002. *What Works: Research-Based Best Practices* in Developmental Education. Boone: Appalachian State University.

Braxton, J., ed. 2000. *Reworking the Student Departure Puzzle*. Nashville: Vanderbilt University Press.

——, ed. 2001. "Using Theory and Research to Improve College Student Retention." Special Issue of *College Student Retention: Research, Theory and Practice* 3 (1). Amityville: Baywood Publishing Company.

——, ed. 2008. *The Role of the Classroom in College Student Persistence. New Directions for Teaching and Learning*, no. 115. San Francisco: Jossey-Bass.

Braxton, J., N. Bray, and J. Berger. 2000. "Faculty Teaching Skills and Their Influence on the College Student Departure Process." *Journal of College Student Development* 41 (2): 215-227.

Braxton, J., A. Hirschy, and S. McClendon, 2004. *Understanding and Reducing College Student Departure*. ASHE-ERIC Higher Education Report 30 (3). San Francisco: Jossey-Bass.

Braxton, J., W. Jones, A. Hirschy, and H. Hartley Ⅲ. 2008. "The Role of Active Learning in College Student Persistence." In *The Role of the Classroom in College Student Persistence. New Directions for Teaching and Learning*, no. 115, edited by J. Braxton, 71-83. San Francisco: Jossey-Bass.

Braxton, J., and S. McClendon. 2001. "The Fostering of Social Integration and Retention through Institutional Practice." *Journal of College Student Retention: Research, Theory, and Practice* 3 (1): 57-71.

Braxton, J., J. Milem, and A. Sullivan. 2000. "The Influence of Active Learning on the College Student Departure Process." *Journal of Higher Education* 71 (5): 569-590.

Braxton, J., and M. Mundy. 2001-2002. "Powerful Institutional Levers to Reduce College Student Departure." *Journal of College Student Retention: Research, Theory, and Practice* 3 (1): 91-118.

Braxton, J., N. Vespar, and D. Hossler. 1995. "Expectations for College and Student Persistence." *Research in Higher Education* 36 (5): 595-612.

Bresciani, M. 2005. "Electronic Co-curricular Student Portfolios: Putting Them into Practice." In *New Directions in Student Services*, no. 112, edited by K. Kruger, 69-76. San Francisco: Jossey-Bass.

——. 2006. *Outcomes-Based Academic and Co-Curricular Program Review: A Compilation of Institutional Good Practices*. Sterling: Stylus Publishing.

Bresciani, M., M. Gardner, and J. Hickmott. 2010. *Demonstrating Student Success: A Practical Guide to Outcomes-Based Assessment of Learning and Development*. Sterling: Stylus Publishing.

Bringle, R. 1996. *Service Learning in Higher Education: Concepts and Practices*. San Francisco: Jossey-Bass.

Bringle, R., and J. Hatcher. 1996. "Implementing Service Learning in Higher Education." *Journal of Higher Education* 67 (2): 221-239. Brookhart, S. 1999. *The Art and Science of Classroom Assessment: The Missing Part of Pedagogy*. Washington, DC: George Washington Press.

Broughton, E., and S. Otto. 1999. "On-Campus Student Employment: Intentional Learning Outcomes." *Journal of College Student Development* 40 (1): 87-89.

Brown, R. 2011. "University of Alaska Researcher Presses More-Inclusive Approach to Measuring Student Achievement." *Chronicle of*

Higher Education (on-line), July 17.

Bruff, D. 2009. *Teaching with Classroom Response Systems: Creating Active Learning Environments*. San Francisco: Jossey-Bass.

——. 2010. "Multiple-Choice Questions You Wouldn't Put on a Test: Promoting Deep Learning Using Clickers." *Essays on Teaching Excellence* 21 (3): 1-6.

Bruffee, K. 1995. "Sharing our Toys: Cooperative verses Collaborative Learning."*Change* 27 (1): 12-18.

Buck, C. 1985. "Summer Bridge: A Residential Learning Experience for High-Risk Freshmen at the University of California." Paper presented at the National Conference on the Freshmen Year Experience, San Diego.

Burd, S. 2004. "Graduation Rates Called a Poor Measure of Colleges." *Chronicle of Higher Education*, April 2.

Burgess, L., and C. Samuels. 1999. "Impact of Full-Time versus Part-Time Instructor Status on College Student Retention and Academic Performance in Sequential Course." *Community College Journal of Research and Practice* 23 (5): 487-498.

Cabrera, A., K. Burkum, and S. La Nasa. 2005. "Pathways to a Four-Year Degree: Determinants of Transfer and Degree Completion." In *College Student Retention: A Formula for Student Success*, edited by A. Seidman. 155-214. Westport: ACE/ Praeger Series on Higher Education.

Cabrera, A., M. Castaneda, A. Nora, and D. Hengstler. 1992. "The Convergence between Two Theories of College Persistence."*Journal of Higher Education* 63 (2): 143-64.

Cabrera, A., A. Nora, and M. Castaneda. 1992. "The Role of

Finances in the Persistence Process: A Structural Model." *Research in Higher Education* 33 (5): 571-593.

Cabrera, A., A. Nora, P. Terenzini, E. Pascarella, and L. Hagedorn. 1999. "Campus Racial Climate and the Adjustment of Students to College: A Comparison between White and African-American Students." *Journal of Higher Education* 70 (2): 134-160.

Calhoun, C. 1992. *Bourdieu: Critical Perspectives*. Chicago: University of Chicago Press.

Campbell, T., and D. Campbell. 1997. "Faculty/Student Mentor Program: Effects on Academic Performance and Retention." *Research in Higher Education* 38 (6): 727-742.

Cambridge, D. 2010. *E-Portfolios for Lifelong Learning and Assessment*. San Francisco: Jossey-Bass.

Campus Computing Project. 2009. *Managing Online Education: The 2009 WCET-Campus Computing Project Survey of Online Education*. Encino: Campus Computing.

Capaldi, E., J. Lombardi, and V. Yellen. 2006. "Improving Graduation Rate: A Simple Method that Works." *Change* 38 (4): 44-50.

Carey, K. 2004. *A Matter of Degree: Improving Graduation Rates in Four-Year Colleges and Universities*. New York: Education Trust.

——. 2005a. *One Step From the Finish Line: Higher Education Graduation Rates are Within our Reach*. New York: Education Trust.

——. 2005b. *Choosing to Improve: Voices from Colleges and Universities with Better Graduation Rates*. New York: Education Trust.

Carey, K., and F. Hess. 2009. *Diplomas and Dropouts: Which Colleges Actually Graduate Their Students (and Which Don't)*. Washington DC: Education Sector.

Carini, R., G. Kuh, and S. Klein. 2006. "Student Engagement and Student Learning: Testing the Linkages." *Research in Higher Education* 47 (1): 1-32.

Carnegie Foundation for the Advancement of Teaching. 2008. *Basic Skills for Complex Lives: Designs for Learning in the Community College*. A Report from Strengthening Pre-collegiate Education in Community Colleges. Stanford.

Carnevale, A., and Rose, S. 2003. *Socioeconomic Status, Race/Ethnicity and Selective College Admissions*. New York: Century Foundation.

——. 2011. *The Undereducated American*. Washington DC: Georgetown University, Center on Education and the Workforce.

Carroll, J. 1988. "Freshman Retention and Attrition Factors at a Predominately Black Urban Community College." *Journal of College Student Development* 29 (1): 52-59.

Carter, D. 2006. "Key Issues in the Persistence of Underrepresented Minority Students." *New Directions for Institutional Research* 130 (Summer): 33-46.

Castro-Cedeno, M. 2005. "A Quantitative Assessment of the Benefit of a Learning Community Environment." Presented at the 35th Annual Conference of the ASEE/IEEE Frontiers in Education Conference, Indianapolis.

Catt, S. 1998. "Adjustment Problems of Freshmen Attending Distant, Non-Residential Community College." PhD dissertation,

University of Pittsburgh.

CCSSE. *See* Community College Survey of Student Engagement.

Center for Student Success. 2007. *Basic Skills as a Foundation for Student Success in California Community Colleges*. Sacramento: Research and Planning Group for California Community Colleges.

Center for Community College Student Engagement. 2009. *Benchmarking and Benchmarks: Effective Practices with Entering Students*. Austin: University of Texas at Austin, Community College Leadership Program.

Chaney, B., L. Muraskin, M. Cahalen, and R. Rak. 1997. *National Study of Student Support Services: Third-Year Longitudinal Study of Results and Program Implementation Study Update*. Washington, DC: U.S. Department of Education.

Chemers, M., L. Hu, and B. Garcia. 2001. "Academic Self-Efficacy and First-Year College Student Performance and Adjustment." *Journal of Educational Psychology* 93 (1): 55-64.

Chen, X., and D. Carroll. 2005. *First-Generation Students in Postsecondary Education: A Look at Their College Transcripts*. Washington, DC: National Center for Education Statistics, U.S. Department of Education.

——. 2007. *Part-time Undergraduates in Postsecondary Education: 2003-2004*. Washington, DC: National Center for Education Statistics, U.S. Department of Education.

Chism, N., and T. Banta. 2007. "Enhancing Institutional Assessment Efforts through Qualitative Methods." *New Directions for Institutional Research* 136 (Winter): 15-28.

Chizmar, J., and A. Ostrosky. 1998. "The One Minute Paper: Some

Empirical Findings." *Journal of Economic Education* 1 (Winter): 3-10.

Clewell, B., and M. Ficklen. 1986. *Improving Minority Retention in Higher Education: A Search for Effective Institutional Practices*. Princeton: Educational Testing Service.

Coffman, D. 2002. "Social Support, Stress, and Self-Efficacy: Effects on Student Satisfaction." *Journal of College Student Retention: Research, Theory, and Practice* 4 (1): 53-66.

Coghlan, C., J. Fowler and M. Messel. 2010. "The Sophomore Experience: Identifying Factors Related to Second-Year Attrition." Paper presented at the annual meeting of the Consortium for Student Retention Data Exchange, Mobile.

Cohen, J., and P. Kugel, 1994. "The Class Committee and other Recipes for Gourmet Teaching." *College Teaching* 42 (3): 82-90.

College Board, 2009. *How Colleges Organize Themselves to Increase Student Persistence*. New York.

Collins, M. 2008. *It's Not About the Cut Score: Redesigning Placement Assessment Policy to Improve Student Success*. An Achieving the Dream Policy Brief. Indianapolis: Lumina Foundation for Education.

——. 2009. *Setting Up Success in Developmental Education: How State Policy can Help Community Colleges Improve Student Outcomes*. An Achieving the Dream Policy Brief. Indianapolis: Lumina Foundation for Education.

Commander, N., C. Stratton, C. Callahan, and B. Smith. 1996. "A Learning Assistance Model for Expanding Academic Support." *Journal of Developmental Education* 20 (2): 8-16.

Commander, N. , M. Valeri-Gold, and K. Darnell. 2004. "The Strategic Thinking and Learning Community: An Innovative Model for Providing Academic Assistance." *Journal of the First Year Experience* 16 (1): 61-76.

Community College Survey of Student Engagement (CCSSE). 2005. *Overview of 2005 National Survey: Community College Faculty Survey of Student Engagement.* Austin: University of Texas at Austin, Community College Leadership Program.

——. 2006. *Tips for Understanding and Using Your CCSSE Results.* Austin: University of Texas at Austin, Community College Leadership Program.

——. 2008. *High Expectations and High Support.* Austin: University of Texas at Austin, Community College Leadership Program.

——. 2009. *Benchmarking and Benchmarks: Effective Practice with Entering Students.* Austin: University of Texas at Austin, Community College Leadership Program.

——. 2010. *The Heart of Student Success: Teaching, Learning, and College Completion.* Austin: University of Texas at Austin, Community College Leadership Program.

Conley, D. 2005. *College Knowledge: What It Really Takes for Students to Succeed and What We Can Do to Get Them Ready.* San Francisco: Jossey-Bass.

——. 2007. *Toward a Comprehensive Conception of College Readiness.* Eugene, OR: Educational Policy Improvement Center.

Conley, D. , A. Lombardi, M. Seburn, and C. McGaughy. 2009. "Formative Assessment for College Readiness: Measuring Skill and Growth in Five Key Cognitive Strategies Associated with

Postsecondary Success." Paper presented at the annual conference of the American Educational Research Association, San Diego.

Congos, D. 2003. "Is Supplemental Instruction (SI) help helpful?" *Research and Teaching in Developmental Education* 19 (2): 79-90.

Congos, D., D. Langsam, and N. Schoeps. 1997. "Supplemental Instruction: A Successful Approach to Learning How to Learn College Introductory Biology." *Journal of Teaching and Learning* 2 (1): 2-17.

Congos, D., H. Schoeps, and N. Schoeps. 2003. "Inside Supplemental Instruction (SI) Sessions: One Model of What Happens That Improves Grades and Retention Revisited." *Journal of Student Centered Learning* 1 (3): 159-170.

Cooper, J., S. Prescott, L. Cook, L. Smith, R. Meuck, and J. Cuseo. 1990. *Cooperative Learning and College Instruction: Effective Use of Student Learning Teams*. Carson: California State University Foundation.

Cooper, J., and P. Robinson. 1995. *An Annotated Bibliography of Cooperative Learning in Higher Education, Part Ⅲ: The 1990's*. Stillwater: New Forums Press.

Cooper, J., and P. Robinson. 2000. "Getting Started: Informal Small Groups Strategies in Large Classes." In *Strategies for Energizing Large Classes. New Directions for Teaching and Learning*, no. 81, edited by J. MacGregor et al., 17-24. San Francisco: Jossey-Bass.

Cooper, J., P. Robinson, and M. McKinney. 1994. "Cooperative Learning in the Classroom." In *Changing College Classrooms: New Directions and Learning Strategies for an Increasingly Complex World*, edited by D. Halpern, 74-92. San Francisco: Jossey-Bass.

Corno, L. , and E. Mandinach. 1983. "The Role of Cognitive Engagement in Classroom Learning and Motivation." *Educational Psychologist* 18 (2): 88-108.

Cottell, P. , and E. Harwood. 1998. "Do Classroom Assessment Techniques (CATs) Improve Student Learning?" In *Classroom Assessment and Research: An Update on Uses, Approaches, and Research Findings. New Directions for Teaching and Learning*, no. 75, edited by T. Angelo, 37-46. San Francisco: Jossey-Bass.

Cox, M. 2001. "Faculty Learning Communities: Change Agents for Transformation of Institutions into Learning Organizations." In *To Improve the Academy*, edited by D. Lieberman and C. Wehlburg, 69-93. Boston: Anker Publishing.

——. 2003. "Proven Faculty Development Tools That Foster the Scholarship of Teaching in Faculty Learning Communities." In *To Improve the Academy*, edited by C. Wehlburg and S. Chadwick-Blossey, 109-142. Boston: Anker Publishing.

Cox, M. , and L. Richlin, eds. 2004. *Building Faculty Learning Communities. New Directions for Teaching and Learning*, no. 97. San Francisco: Jossey-Bass.

Crisp, G. 2010. "The Impact of Mentoring on the Success of Community College Students." *Review of Higher Education* 34 (4): 39-60.

Crisp, G. , and I. Cruz. 2009. "Mentoring College Students: A Critical Review of the Literature between 1990 and 2007."*Research in Higher Education* 50(6): 525-545.

Critical Issues Bibliography (CRIB): Summer Bridge Programs. 2001. Washington DC: ERIC Clearinghouse on Higher

Education. Document no. ED 466854.

Cross, P. 1998. "Classroom Research: Implementing the Scholarship of Teaching." In *Classroom Assessment and Research: An Update on Uses, Approaches, and Research Findings. New Directions for Teaching and Learning*, no. 75, edited by T. Angelo, 5-12. San Francisco: Jossey-Bass.

Cross, P., and M. Steadman. 1996. *Classroom Research: Implementing the Scholarship of Teaching*. San Francisco: Jossey-Bass.

Cruce, T., G. Wolniak, T. Seifert, and E. Pascarella. 2006. "Impacts of Good Practices on Cognitive Development, Learning Orientations, and Graduate Degree Plans during the First Year of College." *Journal of College Student Development* 47 (4): 365-383.

Davis, B., Jr. 1992. "Freshman Seminar: A Broad Spectrum of Effectiveness." *Journal of the Freshman Year Experience* 4 (1): 79-94.

DeBard, R., and C. Sacks. 2010. "Fraternity/Sorority Membership: Good News about First-Year Impact." *Oracle: The Research Journal of the Association of Fraternity/Sorority Advisors* 5 (1): 12-23.

DeNeef, A. 2002. "The Preparing Future Faculty Program: What Difference Does it Make?" In *Occasional Papers*. Washington, DC: Association of American Colleges and Universities.

DesJardins, S., D. Ahlberg and B. McCall. 2002, "A Temporal Investigation of Factors Related to Timely-Degree Completion." *Journal of Higher Education* 73 (5): 555-581.

——. 2002. "Simulating the Longitudinal Effects of Changes in Financial Aid on Student Departure from College." *Journal of Human Resources* 37 (3): 653-679.

Dey, E., H. Burn, and D. Gerdes. 2009. "Bringing the

Classroom to the Web: Effects of Using New Technologies to Capture and Deliver Lectures." *Research in Higher Education* 50 (4): 377-393.

Diaz, D. 2002. "As Distance Education Comes of Age, the Challenge is Keeping the Students." *Chronicle of Higher Education*, February 11.

Diel-Amen, R. 2011. "Socio-Academic Integrative Moments: Rethinking Academic and Social Integration among Two-Year College Students in Career-Related Programs." *Journal of Higher Education* 82 (1): 54-91.

Donaldson, J. 1999. "A Model of College Outcomes for Adults." *Adult Education Quarterly* 50 (1): 24-40.

Donaldson, J., S. Graham, W. Martindill, and S. Bradley. 2000. "Adult Undergraduate Students: How Do They Define their Experiences and Success?" *Journal of Continuing Higher Education* 48 (2): 2-11.

Dougherty, K. 1987. "The Effects of Community Colleges: Aid or Hindrance to Socioeconomic Attainment?" *Sociology of Education* 60 (2): 86-103.

Dougherty, K., and G. Kienzl. 2006. "Its Not Enough to Get through the Open Door: Inequalities by Social Background in Transfer from Community Colleges to Four-Year Colleges." *Teachers College Record* 108 (3): 452-487.

Douglas College. 2002. *Academic Probation Study: Transcript Analysis of Fall 98 Probationary Students*. New Westminster, BC: Douglas College.

Dowd, A., and T. Coury. 2006. "The Effect of Loans on the

Persistence and Attainment of Community College Students." *Research in Higher Education* 47(1): 33-62.

Duch, B. 1995. "Problem-Based Learning in Physics: The Power of Students Teaching Students."*About Teaching* 47 (1): 6-7.

Duch, B., S. Gron, and D. Allen, eds. 2001. *The Power of Problem-Based Learning: A Practical "How To" for Teaching Undergraduates.* Sterling: Stylus Publishing.

Duncan, D. 2005. *Clickers in the Classroom: How to Enhance Science Teaching Using Classroom Response Systems.* New York: Pearson Addison-Wesley.

Dynarski, S. 2002. "The Behavioral and Distributional Implicationsof Aid for College." *American Economic Review* 92(2): 279-285.

——. 2003. "Does Aid Matter? Measuring the Effect of Student Aid on College Attendance and Completion." *American Economic Review* 93 (1): 279-288.

Eagan, M., and A. Jaeger. 2009. "Part-time Faculty at Community Colleges: Implications for Student Persistence and Transfer." *Research in Higher Education* 50 (2): 168-188.

——. 2008. "Closing the Gate: Part-Time Faculty Instruction in Gatekeeper Courses and First-Year Persistence." In *The Role of the Classroom in College Student Persistence. New Directions for Teaching and Learning*, no. 115, edited by J. Braxton, 39-53. San Francisco: Jossey-Bass.

Ebert-May, D., C. Brewer, and S. Alfred. 1997. "Innovations in Large Lectures: Teaching for Active Learning."*BioScience* 47 (9): 601-607.

Edgecombe, N. 2011. *Accelerating the Academic Achievement of Students Referred to Developmental Education.* CCRC Working

Paper, no. 30. New York: Community College Research Center, Teachers College, Columbia University.

Ehrenberg, R., and L. Zhan. 2005. "Do Tenure and Tenure-Track Faculty Matter?" *Journal of Human Resources* 40 (3): 647-659.

Elkins, S., J. Braxton, and G. James. 2000. "Tinto's Separation Stage and Its Influence on First-Semester College Student Persistence." *Research in Higher Education* 41 (2): 251-268.

Elliott, K., and M. Healy. 2001. "Key Factors Influencing Student Satisfaction Related to Recruitment and Retention." *Journal of Marketing for Higher Education* 10 (4): 1-11.

Endo, J., and R. Harpel. 1982. "The Effect of Student-Faculty Interaction on Students' Educational Outcomes." *Research in Higher Education* 16 (2): 115-135.

Engle, J., A. Bermeo, and C. O'Brien. 2006. *Straight from the Source: What Works for First-Generation College Students*. Washington, DC: Pell Institute for the Study of Opportunity in Higher Education.

Engstrom, C. 2008. "Curricular Learning Communities and Unprepared Students: How Faculty Can Provide a Foundation for Success." In *The Role of the Classroom in College Student Persistence. New Directions for Teaching and Learning*, no. 115, edited by J. Braxton, 5-20. San Francisco: Jossey-Bass.

Engstrom, C., and V. Tinto. 2007. *Pathways to Student Success: The Impact of Learning Communities on the Success of Academically Under-Prepared College Students*. Final Report Prepared for the Lumina Foundation for Education. Syracuse:

Syracuse University.

———. 2008. "Access without Support Is Not Opportunity." *Change* 40 (1): 46-51.

Erickson, B., C. Peters, and D. Strommer. 2006. *Teaching First Year Students*. 2nd edition. San Francisco: Jossey-Bass.

Erickson, E. 1968. *Identity: Youth and Crisis*. New York: Faber & Faber.

Evans, R. 1999. "A Comparison of Success Indicators for Program and Non-Program Participants in a Community College Summer Bridge Program for Minority Students." *Visions: The Journal of Applied Research for the Florida Association of Community Colleges* 2 (2): 6-14.

Ewell, P. 1997. "Strengthening Assessment for Academic Quality Improvement." In *Planning and Management for a Changing Environment: A Handbook on Redesigning Postsecondary Institutions*, edited by M. Peterson, D. Dill, and L. Mets, 360-381. San Francisco: Jossey-Bass.

———. 2009. *Community College Data and Performance Measurement Toolkit*. Austin: Community College Bridges to Opportunity Initiative, University of Texas.

Ewell, P., and M. Boeke. 2007. *Critical Connections: Linking States' Unit Record Systems to Track Student Progress*. Indianapolis: Lumina Foundation for Education.

Ewell, P., and P. Kelly. 2009. *State-Level Completion and Transfer Rates: Harnessing a New National Resource*. Draft Report. Boulder: National Center for Higher Education Management Systems.

Eyler, J. 2002. "Reflection: Linking Service and Learning—Linking Students and Communities." *Journal of Social Issues* 58 (3): 517-534.

Eyler, J., D. Giles, Jr., C. Stenson, and C. Gray. 2001. *At a Glance: What We Know about The Effects of Service-Learning on College Students, Faculty, Institutions and Communities, 1993-2000*. 3rd edition. Nashville: Vanderbilt University.

Farrell, E. 2007. "High-Income Students Get Bulk of Merit Aid." *Chronicle of Higher Education*, February 2.

Fayne, H., and L. Ortquist-Ahrens. 2006. "Learning Communities for First-Year Faculty: Transition, Acculturation, and Transformation." In *To Improve the Academy*, edited by S. Chadwick-Blossey and D. Robertson, 277-290. Boston: Anker Publishing.

Fencl, H., and K. Scheel. 2005. "Engaging Students." *Journal of College Science Teaching* 35 (1): 20-24.

Fenske, R., C. Geranios, J. Keller, and D. Moore. 1997. *Early Intervention Programs: Opening the Door to Higher Education*. ERIC Clearinghouse on Higher Education. Document no. ED 412862.

Filkins, J., and S. Doyle. 2002. "First Generation and Low-Income Students: Using the NSSE Datato Study Effective Educational Practice and Students Self-Reported Gains." Paper presented at the annual forum of the Association for Institutional Research, Toronto.

Fischer, M. 2007. "Settling into Campus life: Differences by Race/Ethnicity in College Involvement and Outcomes." *Journal of Higher Education* 78 (2): 125-161.

Fleming, J. 1984. *Blacks in College*. San Francisco: Jossey-Bass.

Folsom, P. ed. 2007. *The New Advisor Guidebook: Mastering the Art of Academic Advising through the First Year and Beyond*. Monograph no. 16. Manhattan, KS: National Academic Advising Association.

Franklin, M. 1995. "The Effects of Differential College Environments on Academic Learning and Student Perceptions of Cognitive Development." *Research in Higher Education* 36 (2): 127-153.

Freedman, M. 1956. "The Passage Through College." *Journal of Social Issues* 12 (4): 13-28.

Friedlander, J. 1980. "Are College Support Programs and Services Reaching High-Risk Students?" *Journal of College Student Personnel* 21 (1): 23-28.

Friedman, D., and J. Alexander. 2007, "Investigating a First-Year Seminar as an Anchor Course in Learning Communities." *Journal of The First-Year Experience and Students in Transition* 19 (1): 63-74.

Fries-Britt, S., and B. Turner. 2001. "Facing Stereotypes: A Case Study of Black Students on a White Campus." *Journal of College Student Development* 42 (5): 420-429.

Frost, S. 1991. *Academic Advising for Student Success: A System of Shared Responsibility*. San Francisco: Jossey-Bass.

Gaffner, D., and R. Hazler. 2002. "Factors Related to Indecisiveness and Career Indecision in Undecided College Students." *Journal of College Student Development* 43 (3): 317-326.

Gahagan, J., and M. Hunter. 2006. "The Second-Year Experience: Turning Attention to the Academy's Middle Children."

About Campus 11 (3): 17-22.

Gancarz, C., A. Lowry, C. McIntyre, and R. Moss. 1998. "Increasing Enrollment by Preparing Underachievers for College." *Journal of College Admission* 160 (Summer): 6-13.

Gaide, S. 2004. "Best Practices for Helping Students Complete Online Degree Programs." *Distance Education Report* 8 (20): 8.

Gansermer-Topf, A., and J. Schuh. 2005. "Institutional Grants: Investing in Student Retention and Graduation." *Journal of Student Financial Aid* 35 (3): 5-20.

Garcia, P. 1991. "Summer Bridge: Improving Retention Rates for Underprepared Students." *Journal of the Freshman Year Experience* 3 (2): 91-105.

Gardner, J. 1996. "Helping America's First-Generation College Students." *About Campus* 1 (5): 31-32.

Gardner, P. 2000. "From Drift to Engagement: Finding Purpose and Making Career Connections in the Sophomore Year." In *Visible Solutions for Invisible Students: Helping Sophomores Succeed*, edited by L. Schreiner, and J. Pattengale, 67-77. Columbia, SC: National Resource Center for the First-Year Experience and Students in Transition.

Gardner, J., G. Van der Veer, and Associates. 1997. *The Senior year Experience: Facilitating Integration, Reflection, Closure, and Transition.* San Francisco: Jossey-Bass.

Garis, J., and J. Dalton. eds. 2007. *E-Portfolios: Emerging Opportunities for Student Affairs. New Directions for Student Services*, no. 119. San Francisco: Jossey-Bass.

Garth, R. 1999. "Group-Based Learning." In *Teaching and

Learning on the Edge of the Millennium. New Directions for Teaching and Learning, no. 80, edited by M. Svinicki, 55-60. San Francisco: Jossey-Bass.

Gather, G. ed. 2005. *Minority Retention: What Works?* San Francisco: Jossey-Bass.

Giaquinto, R. 2009-2010. "Instructional Issues and Retention of First-Year Students." *Journal of College Student Retention: Research, Theory, and Practice* 11 (2): 267-285.

Giddan, N. 1988. *Community and Social Support for Students.* Springfield, IL: Charles C. Thomas.

Gloria, A., and S. Kurpuis. 2001. "Influences of Self-Beliefs, Social Support, and Comfort in the University Environment on the Academic Nonpersistence Decisions of American Indian Undergraduates." *Cultural Diversity and Ethnic Minority Psychology* 7 (1): 88-102.

Gloria, A., S. Kurpius, S., K. Hamilton, K., and M. Wilson. 1999. "African American Students' Persistence at a Predominantly White University: Influences of Social Support, University Comfort, and Self-Beliefs." *Journal of College Student Development* 40 (3): 257-268.

Gohn, Lyle, J. Swartz, and S. Donnelly. 2000. "A Case Study of Second Year Student Persistence." *Journal of College Student Retention: Research, Theory, and Practice* 2 (4): 271-294.

Gold, M. 1992. "The Bridge: A Summer Enrichment Program to Retain African-American Collegians." *Journal of the Freshman Year Experience* 4 (2): 101-117.

Gold, L., and L. Albert. 2006. "Graduation Rates as a Measure of College Accountability." *American Academic* 2 (1): 89-106.

Golde, C., and D. Pribbenow. 2000. "Understanding Faculty Involvement in Residential Learning Communities." *Journal of College Student Development* 41 (1): 27-40.

Gonzales, K. 2002. "Campus Culture and the Experiences of Chicano Students in a Predominantly White Campus." *Urban Education* 37 (2): 193-218.

Goodman, K., and E. Pascarella. 2006. "First-Year Seminars Increase Persistence and Retention: A Summary of the Evidence from How College Affects Students." *Peer Review* 8 (3): 26-28.

Gordon, V. 2005. *Career Advising—An Academic Advisor's Guide*. San Francisco: Jossey Bass.

——. 2007. *The Undecided College Student: An Academic and Career Advising Challenge*. 3rd ed. Springfield, IL: Charles C. Thomas.

——. 2010. "Academic Advising: Helping Sophomores Succeed." In *Helping Sophomore Success: Understanding and Improving the Second-Year Experience*, edited by M. Hunter, B. Tobokowsky, J. Gardner, S. Evenbeck, J. Pattengale, M. Schiller, and L Schreiner. San Francisco: Jossey-Bass.

Gordon, V., and W. Habley. eds. 2000. *Academic Advising: A Comprehensive Handbook*. San Francisco: Jossey-Bass.

Gordon, V., W. Habley, and T. Grites. 2008. *Academic Advising: A Comprehensive Handbook*. 2nd ed. San Francisco: John Wiley and Sons.

Gordon, V., and G. Steele. 1992. "Advising Major Changers: Students in Transition." *NACADA Journal* 12 (1): 22-27.

Grant-Vallone, E. Reid, C. Umali, and E. Pohlert. 2003. "An

Analysis of the Effects of Self-Esteem, Social Support, and Participation in Student Support Services on Students' Adjustment and Commitment to College." *Journal of College Student Retention: Research, Theory, and Practice* 5 (3): 255-274.

Graunke, S., and S. Woolsey. 2005. "An Exploration of the Factors That Affect the Academic Success of College Sophomores." *College Student Journal* 39 (2): 367-376.

Greene, J., and G. Foster. 2003. *Public High School Graduation and College Readiness Rates in the United States*. Education Working Paper. New York: Manhattan Institute, Center for Civic Information.

Greene, T. 2005. *Bridging the Divide: Exploring the Relationship between Student Engagement and Educational Outcomes for African American and Hispanic Community College Students in the State of Florida*. Austin: University of Texas, Institute for Community College Research.

Grier-Reed, T., N. Madyun, and C. Buckley. 2008. "Low Black Student Retention on a Predominantly White Campus: Two Faculty Respond with the African American Student Network." *Journal of College Student Development* 49 (5): 476-485.

Griffin, A., and J. Romm, eds. 2008. *Exploring the Evidence*, vol. 4: *Reporting Research on First-Year Seminars*. Columbia, SC: National Resource Center for the First-Year Experience and Students in Transition. http://www.sc.edu/fye/resources/fyr/index.html. Retrieved October 30, 2010.

Grinnell College. 2008. *Issue Brief: Curricular Breadth*. Grinnell, IA.

Gross, J. Hossler, D., and Ziskin, M. 2007. "Institutional Aid and Student Persistence: An Analysis of the Effects of Campus-Based Financial Aid at Public Four-Year Institutions." *NASFAA Journal of Student Financial Aid* 37 (1): 29-39.

Grubb, N. 1991. "The Decline of Community College Transfer Rates: Evidence from National Longitudinal Surveys." *Journal of Higher Education* 62 (2): 194-217.

Grubb, W., and Associates. 1999. *Honored but Invisible: An Inside Look at Teaching in Community Colleges*. New York: Routledge.

Grubb, W., and R. Cox. 2005. "Pedagogical Alignment and Curricular Consistency: The Challenges for Developmental Education." In *Responding to the Challenges of Developmental Education. New Directions for Community Colleges*, no. 129, edited by C. Kozeracki, 93-103. San Francisco: Jossey-Bass.

Guiffrida, D. 2003. "African American Student Organizations as Agents of Social Integration." *Journal of College Student Development* 44 (3): 304-319.

Guskin, A. 1994. "Reducing Student Costs and Enhancing Student Learning: Restructuring the Role of Faculty." *Change* 26 (5): 16-25.

Hagedorn, L. 2005. "Transcript Analyses as a Tool to Understand Community College Student Academic Behaviors." *Journal of Applied Research in the Community College* 13 (1): 45-57.

Hagedorn, L., W. Maxwell, S. Cypers, H. Moon, and J. Lester. 2007. "Course Shopping in Urban Community Colleges: An

Analysis of student Drop and Add Activities." *Journal of Higher Education* 78 (4): 464-485.

Hagerty, B., et al. 1996. "Sense of Belonging and Indicators of Social and Psychological Functioning." *Archives of Psychiatric Nursing* 10 (4): 235-244.

Hall, J., and M. Ponton. 2005. "Mathematics Self-Efficacy of College Freshmen." *Journal of Developmental Education* 28 (3): 26-32.

Hamrick, F., N. Evans, and J. Schuh. 2002. *Foundations of Student Affairs Practice: How Philosophy, Theory, and Research Strengthen Educational Outcomes*. San Francisco: Jossey-Bass.

Hamrick, F., J. Schuh, and M. Shelley. 2004. "Predicting Higher Education Graduation Rates from Institutional Characteristics and Resource Allocation." *Education Policy Analysis Archives* 12 (19): 1-24.

Harper, S. 2007. "Using Qualitative Methods to Assess Student Trajectories and College Impact." *New Directions for Institutional Research* 136 (Winter): 55-68.

Harper, S., and S. Quaye. eds. 2008. *Student Engagement in Higher Education: Theoretical Perspectives and Practical Approaches for Diverse Populations*. London: Routledge.

Harrington, C., and T. Schibik. 2001. "Caveat Emptor: Is There a Relationship between Part-Time Faculty Utilization and Student Learning Outcomes and Retention?" Paper presented at the annual meeting of the Association for Institutional Research, Long Beach.

Harris, B. 2006. "The Importance of Creating a 'Sense of

Community.'" *Journal of College Student Retention: Research, Theory, and Practice* 8 (1): 83-105.

Haugen, S., and D. Becker. 2005. "Classroom Assessment and Accounting Student Performance." *International Journal of Innovation and Learning* 2 (1): 36-45.

Hatcher, J., R. Bringle, and R. Muthiah. 2004. "Designing Effective Reflection: What Matters to Service-Learning?" *Michigan Journal of Community Service Learning* 11 (1): 38-46.

Hausmann, L., F. Ye, J. Schofield, and R. Woods. 2007. "Sense of Belonging as a Predictor of Intentions to Persist among African American and White First-Year Students." *Research in Higher Education* 48 (7): 803-839.

——. 2009. "Sense of Belonging and Persistence among White and African American First-Year Students." *Research in Higher Education* 50 (7): 649-669.

Haycock, K. 2006. *Promised Abandoned: How Policy Choices and Institutional Practices Restrict College Opportunities*. New York: The Education Trust.

Heffernan, K. 2001. *Fundamentals of Service-Learning Course Construction*. Providence: Campus Compact, Brown University.

Heiberger, G., and R. Harper. 2008. "Have You Facebooked Astin Lately? Using Technology to Increase Student Involvement." In *Using Emerging Technologies to Enhance Student Engagement. New Directions for Student Services*, no. 124, edited by R. Junco and D. Timm, 19-35. San Francisco: Jossey-Bass.

Heller, D. 1996. "Rising Public Tuition Prices and Enrollment in Community Colleges and Four-Year Institutions." Presented at the

Annual Meeting of the Association for the Study of Higher Education, Memphis.

——. 2003. *Informing Public Policy: Financial Aid and Student Persistence*. Boulder: Western Interstate Commission on Higher Education.

——. 2008. "The Impact of Student Loans on College Access." In *The Effectives of Student Aid Policies: What the Research Tells Us?* edited by S. Baum, M. McPherson, and P. Steele, 39-68. New York: The College Board.

Henscheid, J., ed. 2004. *Integrating the First-Year Experience: The Role of First-Year Seminars in Learning Communities*. Columbia, SC: National Resource Center for the First-Year Experience and Students in Transition; and Olympia, WA: Washington Center for Improving the Quality of Undergraduate Education.

Herzog, S. 2005. "Measuring Determinants of Student Return vs. Dropout/Stopoutvs. Transfer: A First-to-Second Year Analysis of New Freshmen." *Research in Higher Education* 46 (8): 883-928.

Hess, F., M. Schneider, K. Carey, A. Kelly. 2009. *Diplomas and Dropouts: Which Colleges Actually Graduate Their Students (and Which Don't)*. Washington, DC: American Enterprise Institute.

Heverly, M. 1999. "Predicting Retention from Students' Experiences with College Processes." *Journal of College Student Retention: Research, Theory, and Practice* 1 (1): 3-11.

Hodges, L. 2010. "Engaging Students, Assessing Learning: Just a Click Away."*Essays on Teaching Excellence* 21 (4). http://www.podnetwork.org/publications/ teachingexcellence/09-10/V21_

N4_Hodges. pdf Retrieved October 21. 2010.

Hodges, R., C. Dochen, and D. Joy. 2001. "Increasing Students' Success: When Supplemental Instruction Becomes Mandatory." *Journal of College Reading and Learning* 31 (2): 143-156.

Hoffman, M., J. Richmond, J. Morrow, and K. Salomone. 2003. "Investigating 'Sense of Belonging' in First-Year College Students." *Journal of College Student Retention: Research, Theory, and Practice* 4 (3): 227-257.

Holmes, S., L. Ebbers, D. Robinson, and A. Mugenda. 2000. "Validating African-American Students at Predominantly White Institutions." *Journal of College Student Retention: Research, Theory, and Practice* 2 (1): 41-58.

Horn, L., R. Berger, and D. Carroll. 2004. *College Persistence on the Rise? Changes in 5-year Degree Completion and Postsecondary Persistence Rates between 1994 and 2000*. NCES 2005-156. Washington DC: National Center for Education Statistics, U.S. Department of Education.

Horn, L., and D. Carroll. 2006. *Placing College Graduation Rates in Context: How 4-Year College Graduation Rates Vary with Selectivity and the Size of Low-Income Enrollment*. NCES 2007-1610. Washington DC: National Center for Education Statistics, U.S. Department of Education.

Horn, L., and S. Lew. 2007a. "California Community College Transfer Rates: Who Is Counted Makes a Difference." In *MPR Research Brief*. Washington, DC: MPR Associates Inc.

——. 2007b. "Unexpected Pathways: Transfer Patterns of

California Community College Students." In *MPR Research Brief*. Washington, DC: MPR Associates Inc.

Horn, L., and S. Nevill. 2006. *Profile of Undergraduates in U.S. Postsecondary Education Institutions: 2003-2004, With a Special Analysis of Community College Students*. NCES 2006-184. Washington DC: National Center for Education Statistics, U. S. Department of Education.

Horn, L., and A. Nunez. 2000. *Mapping the Road to College: First-Generation Students' Math Track, Planning Strategies, and Context of Support*. NCES 2000153. Washington, DC: National Center for Education Statistics, U. S. Department of Education.

Hossler, D., J. Bena, & Associates, eds. 1990. *The Strategic Management of Enrollments*. San Francisco: Jossey-Bass.

Hossler D., A. Dadashova, M. Ziskin, J. Lucido and S. Schulz. 2010. "National Survey of Student Retention Practices." Report presented at the 2010 AIR Annual Forum. Chicago.

Hossler, D., J. Gross, and M. Ziskin. 2009. "Lessons Learned: A Final Look" In *Enhancing Institutional and State Initiatives to Increase Student Success: Studies of the Indiana Project on Academic Success*, edited by Hossler, D. J. Gross, and M. Ziskin. Readings in Equal Education, 24. New York: AMS Press.

Hossler, D., M. Ziskin, J. Gross, S. Kim, and O. Cekic. 2009. "Student Aid and Its Role in Encouraging Persistence." In *Higher Education: Handbook of Theory and Research*, edited by J. Smart. New York: Springer.

Hossler, D., M. Ziskin, S. Kim, O. Cekic, and J. Gross. 2008. "Student Aid and Its Role in Encouraging Persistence." In *The

Effectives of Student Aid Policies: What the Research Tells Us, edited by S. Baum, M. McPherson, and P. Steele. New York: The College Board.

Hossler, D., M. Ziskin, and P. Orehovec. 2007. "Developing the Big Picture: How Postsecondary Institutions Support Student Persistence." In *College Board Forum* 2007. New York, NY.

Hotchkiss, J., R. Moore, and M. Pitts, 2005. *Freshman Learning Communities, College Performance, and Retention*. Working Paper, no. 2005-22. Atlanta: Federal Bank of Atlanta.

Howell, J., M. Kurlaender, and E. Grodsky, 2010. "Postsecondary Preparation and Remediation: Examining the Effect of the Early Assessment Program at California State University." *Journal of Policy Analysis and Management* 29 (4): 726-748.

Huba, M, and J. Freed. 2000. *Learner-Centered Assessment on College Campuses: Shifting the Focus from Teaching to Learning*. Boston: Allyn and Bacon.

Huber, M. 2008. "The Promise of Faculty Inquiry for Teaching and Learning Basic Skills." In *Strengthening Pre-collegiate Education in Community Colleges* (SPECC). Stanford.: Carnegie Foundation for the Advancement of Teaching, Hunter, M., B. Tobokowsky, J. Gardner, S. Evenbeck, J. Pattengale, M. Schiller, and L. Schreiner, eds. 2010. *Helping Sophomore Success: Understanding and Improving the Second-Year Experience*. San Francisco: Jossey-Bass.

Hunter, M. S. 2006. "Lessons Learned: Achieving Institutional Change in Support of Students in Transition." In *Understanding Students in Transition. New Directions for Student Services* 114, edited by F. Laanan, 7-15. San Francisco: Jossey-Bass.

Hunter, M., and C. Linder. 2005. First-Year Seminars. In *Challenging and Supporting the First-Year Student: A Handbook for Improving the First Year of College*, edited by L. Upcraft, J. Gardner, and B. Barefoot. San Francisco: Jossey-Bass.

Hurd, S., and R. Stein. 2004. *Building and Sustaining Learning Communities: The Syracuse University Experience*. Bolton: Anker.

Hurley, M., G. Jacobs, and M. Gilbert. 2006. "The Basic SI Model." In *Supplemental Instruction. New Directions for Teaching and Learning*, no. 106, edited by M. Stone and G. Jacobs, 11-22. San Francisco: Jossey-Bass.

Hurtado, S. 1994. "The Institutional Climate for Talented Latino Students." *Research in Higher Education* 35 (1): 539-569.

Hurtado, S., and D. Carter. 1996. "Latino Students' Sense of Belonging in the College Community: Rethinking the Concept of Integration on Campus." In *College Students: The Evolving Nature of Research*, edited by F. Stage, J. Anaya, J. Bean, D. Hossler, and G. Kuh, 123-136. Needhan Heights, MA: Simon and Schuster Custom Publishing.

——. 1997. "Effects of College Transition and Perceptions of the Campus Racial Climate on Latino College Students' Sense of Belonging." *Sociology of Education* 70 (40): 324-345.

Hurtado, S., D. Carter, and A. Spuler. 1996. "Latino Student Transition to College: Understanding Racial and Ethnic Differences." *Journal of Higher Education* 72 (2): 265-286.

Inkelas, K., and J. Weisman. 2003. "Different by Design: An Examination of Student Outcomes among Participants in Three Types of Living-Learning Programs." *Journal of College Student*

Development 44 (3): 335-368.

Institute for Higher Education Policy (IHEP). 2011. "The Role of Mentoring in College Access and Success." *Research to Practice Brief*. Washington DC: Institute for Higher Education Policy.

Jackson, T., A. Soderlind, and K. Weiss. 2000. "Personality Traits and Quality of Relationships as Predictors of Future Loneliness among American College Students." *Social Behavior and Personality* 28 (5): 463-470.

Jacobi, M. 1991. "Mentoring and Undergraduate Academic Success: A Literature Review."*Review of Educational Research* 64 (4): 505-532.

Jacoby, D. 2006. "Effects of Part-Time Faculty Employment on Community College Graduation Rates."*Journal of Higher Education* 77 (6): 1081-1103.

Jaeger, A., and M. Eagan. 2009. "Effects of Exposure to Part-Time Faculty on Associate's Degree Completion." *Community College Review* 36 (3): 167-194.

Jaeger, A., and D. Hinz. 2008. "The Effects of Part-Time Faculty on First-Year Freshman Retention: A Predictive Model Using Logistic Regression." *Journal of College Student Retention: Research, Theory and Practice* 10 (3): 265-286.

Jaeger, A., C. Thornton, and K. Eagan. 2007. "Effects of Faculty Type on First Year Student Retention and Performance." Paper presented at the annual meeting of the Association for the Study of Higher Education, Louisville.

Jenkins, D. 2006. *What Community College Management Practices Are Effective in Promoting Student Success? A Study of*

High-and Low-Impact Institutions. New York: Community College Research Center, Teachers College, Columbia University.

Jenkins, D., D. McKusick, and P. Adams. 2011. "Preliminary Analysis of Effectiveness of the Accelerated Learning Program (ALP) at the Community College of Baltimore County." Presentation given at the 2011 Achieving the Dream Strategy Institute, Indianapolis.

Jenkins, D., C. Speroni, C. Belfield, S. Jaggers, and N. Edgecombe. 2010. A Model for Accelerating Academic Success of Community College Remedial English Students: Is the Accelerated Learning Program (ALP) Effective and Affordable? *CCRC Working Paper no. 21*. New York: Columbia University, Teachers College, Community College Research Center.

Jenkins, D., M. Zeidenberg, and G. Kienzl. 2009. *Building Bridges to Postsecondary Training for Low-Skill Adults: Outcomes of Washington State's I-BEST Program*. CCRC Brief, no. 42. New York: Community College Research Center Teachers College, Columbia University.

Johnson, J. 2000. "Learning Communities and Special Efforts in the Retention of University Students: What Works, What Doesn't, and Is the Return Worth the Investment?" *Journal of College Student Development* 2 (3): 219-238.

Johnson, D., and R. Johnson. 1994. *Learning Together and Alone: Cooperative and Individualistic Learning*. Boston: Allyn and Bacon.

Johnson, D., R. Johnson, and K. Smith. 1991. "Cooperative Learning: Increasing College Faculty Instructional Productivity." In *Social Psychological Applications to Education*, edited by R.

Feldman. Cambridge: Cambridge University Press.

———. 1998a. *Active learning: Cooperation in the College Classroom*. 2nd ed. Edina: Interaction Books.

———. 1998b. "Cooperative Learning Returns to College: What Evidence Is There That It Works?" *Change* 30 (4): 26-35.

Johnson, D., S. Matthew, J. Leonard, P. Alvarez, K. Inkelas, H. Rowan-Keyan, and S. Longerbeam. 2007. "Examining Sense of Belonging among First-Year Undergraduates from Different Racial/Ethnic Groups." *Journal of College Student Development* 48 (5): 525-542.

Johnson, J., J. Richkind, with A. Ott and S. DuPont, 2009. *With Their Whole Lives Ahead of Them*. Seattle: Bill and Melinda Gates Foundation.

Johnston, G. 2006. "The Date of Course Enrollment as a Predictor of Success and Persistence." Paper presented at the annual forum of the Association for Institutional Research, Chicago.

Jones, L., J. Castellanos, and D. Cole. 2002. "Examining The Ethnic Minority Student Experience at Predominantly White Institutions: A Case Study." *Journal of Hispanic Higher Education* 1 (1): 19-39.

Jones, S., and E. Abes. 2004. "Enduring Influences of Service-Learning on College Students' Identity Development." *Journal of College Student Development* 45 (2): 149-166.

Kadar, R. 2001. "A Counseling Liaison Model of Academic Advising."*Journal of College Counseling* 4 (2): 174-178.

Kaleta, R., and T. Joosten. 2007. "Student Response Systems: A University of Wisconsin System Studyof Clickers." In *Research*

Bulletin, Issue 10. Boulder: EDUCAUSE Center for Applied Research.

Kanoy, K., and J. Bruhn. 1996. "Effects of a First-Year Living and Learning Residence Hall on Retention and Academic Performance." *Journal of the Freshman Year Experience and Students in Transition* 8 (1): 7-23.

Karp, M., K. Hughes, and L. O'Gara. 2010. "An Exploration of Tinto's Integration Framework for Community College Students." *Journal of College Student Retention: Research, Theory and Practice* 12 (1): 69-86.

Kaya, N. 2004. "Residence Hall Climate: Predicting First-Year Students' Adjustment to College." *Journal of the First-Year Experience* 16 (1): 101-118.

Kegan, R. 1994. *In Over Our Heads: The Mental Demands of Modern Life*. Cambridge, MA: Harvard University Press.

Kennedy, G., and Q. Cutts. 2005. "The Association between Students' Use of an Electronic Voting System and Their Learning Outcomes." *Journal of Computer Assisted Learning* 21 (4): 260-268.

Kenney, P., and J. Kallison Jr. 1994. "Research Studies on the Effectiveness of Supplemental Instruction in Mathematics." In *Supplemental Instruction: Increasing Achievement and Retention. New Directions in Teaching and Learning*, no. 60, edited by D. Martin, and D. Arendale 75-82. San Francisco: Jossey-Bass.

Kezar, A. 2000. *Summer Bridge Programs: Supporting All Students*. Washington DC: ERIC Clearinghouse on Higher Education. Document Number ED 442421.

Kezar, A., and P. Eckel. 2007. "Ensuring Success for Students of Color."*Change* 39 (4): 18-24.

Khuri, M. 2004. "Working with Emotion in Educational Intergroup Dialogue." *Journal of Intercultural Relations* 28 (6): 595-612.

King, J. 2004. *Missed Opportunities: Students Who Do Not Apply for Financial Aid*. Washington DC: American Council on Education.

King, M. 2003. "Organizational Models and Delivery Systems for Faculty Advising." In *Faculty Advising Examined*, edited by G. Kramer, 125-43. Bolton: Anker.

King, M., and T. Kerr. 2005. "Academic Advising." In *Challenging and Supporting the First-Year Student: A Handbook for Improving the First Year of College*, edited by M. Upcraft, J. Gardner, and B. Barefoot, 320-338. San Francisco: Jossey-Bass.

Kinzie, J. 2005. "Promoting Student Success: What Faculty Members Can Do." In *Occasional Paper*, no. 6. Bloomington: Indiana University Center for Postsecondary Research.

Kinzie, J., R. Gonyea, R. Shoup, and G. Kuh. 2008. "Promoting Persistence and Success of Underrepresented Students: Lessons for Teaching and Learning." In *The Role of the Classroom in College Student Persistence. New Directions for Teaching and Learning*, no. 115, edited by J. Braxton, 21-38. San Francisco: Jossey-Bass.

Kirk, D. 2005. *Taking Back the Classroom: Tips for the College Professor on Becoming a More Effective Teacher*. Des Moines: Tiberius Publications.

Kirst, M., and A. Venezia, eds. 2004. *From High School to College: Improving Opportunities for Success in Postsecondary Education*. San Francisco: Jossey-Bass.

Kisker, C., R. Wagoner, and A. Cohen. 2011. *Implementing Statewide Transfer and Articulation Reform*. Center for the Study of Community Colleges Report 11-1. Los Angeles: University of California Los Angeles.

Knapp, L., J. Kelly-Reid, and S. Ginder. 2010. *Enrollment in Postsecondary Institutions, Fall 2008; Graduation Rates, 2002 & 2005 Cohorts and Financial Statistics, Fiscal Year 2008*. NCES 2010-152. Washington, DC: National Center for Education Statistics, U.S. Department of Education.

Knight, W. 2003. "Learning Communities and First-Year Programs: Lessons for Planners." *Planning for Higher Education* 31 (4): 5-12.

Koring, H., and S. Campbell, eds. 2005. *Peer Advising: Intentional Connections to Support Student Learning*. Monograph no. M13. Manhattan, KS: National Academic Advising Association.

Korschgen, A., and J. Hageseth. 1997. "Undecided Students: How One College Developed a Collaborative Approach to Help Students Choose Majors and Careers." *Journal of Career Planning and Employment* 57 (3): 49-51.

Kozeracki, C. 2005. "Preparing Faculty to Meet the Needs of Developmental Students." *New Directions for Institutional Research* 125 (Spring): 39-49.

Kramer, G. 2000. "Advising Students at Different Educational Levels." In *Academic Advising: A Comprehensive Handbook*, edited by V. Gordon and W. Habley, 84-104. San Francisco: Jossey-Bass.

Kramer, G., H. Higley, and D. Olsen. 1994. "Changes in Academic Major among Undergraduate Students." *College and University* 69 (2): 88-98.

Kreaden, M. 2001. "Mandatory Faculty Development Works." *To Improve the Academy* 20 (Fall): 107-127.

Krellwitz, A., J. Pole, and W. Potter. 2005. "Collaborating for Student Success: Teaming Support Center Staff with Study Skill Courses." *Learning Assistance Review* 10 (1): 15-23.

Kuh, G. 1994. "Creating Campus Climates That Foster Student Learning." In *Realizing the Educational Potential of Residence Halls*, edited by C. Schroeder and P. Mable, 109-132. San Francisco: Jossey-Bass.

——. 2003. "What We're Learning about Student Engagement from NSSE: Benchmarks for Effective Educational Practices." *Change* 35 (2): 24-32.

Kuh, G., R. Carini, and S. Klein. 2004. "Student Engagement and Student Learning: Insights from a Construct Validation Study." Paper presented at the annual meeting of the American Educational Research Association. San Diego.

Kuh, G, T. Cruce, R. Shoup, J. Kinzie, and R. Gonyea. 2008. "Unmasking the Effects of Student Engagement on First Year College Grades and Persistence." *Journal of Higher Education* 79 (5): 540-563.

Kuh, G., J. Kinzie, T. Cruce, R. Shoup and R. Gonyea. 2007. *Connecting the Dots: Multi-Faceted Analyses of the Relationships between Student Engagement Results from the NSSE, and the Institutional*

Practices and Conditions That Foster Student Success. Revised final report prepared for the Lumina Foundation for Education. Indiana University Bloomington: Center for Postsecondary Research.

Kuh, G., J. Kinzie, J. Schuh, E. Whitt, and Associates. 2005. *Student Success in College: Creating Conditions that Matter*. San Francisco: Jossey-Bass.

Kuh, G., J. Schuh, E. Whitt, and Associates. 1991. *Involving Colleges: Successful Approaches to Fostering Student Learning and Development Outside the Classroom*. San Francisco: Jossey-Bass.

Kwan, F. 2010. "Formative Assessment: The One-Minute Paper vs. The Daily Quiz." *Journal of Instructional Pedagogies* 5 (May): 1-8.

Laird, N., T. Buckley, and J. Schwarz. 2005. *Student Engagement and Faculty Development: Faculty Perceptions and Practices*. Bloomington: National Survey of Student Engagement, Indiana University.

Laird, T., D. Chen, and G. Kuh. 2008. "Classroom Practices at Institutions with Higher Than Expected Persistence Rates: What Student Engagement Data Tell Us." In *The Role of the Classroom in College Student Persistence. New Directions for Teaching and Learning*, no. 115, edited by J. Braxton, 85-99. San Francisco: Jossey-Bass.

Larimore, J., and G. McClellan, 2005. "Native American Student Retention in U.S. Postsecondary Education." In *Serving Native American Students. New Directions for Student Services* 109, edited by M. Tippeconnic Fox, S. Lowe, and G. McClellon, 17-32. San Francisco: Jossey-Bass.

Lavin, D., R Alba, and R. Silberstein. 1981. *Right versus Privilege: The Open Admissions Experiment at the City University of New York*. New York: Free Press.

Lee, D., A. Olson. B. Locke, S. Michelson, and E. Odes. 2009. "The Effects of College Counseling Services on Academic Performance and Retention."*Journal of College Student Development* 50 (3): 305-319.

Lee, J., W. Donlan, and E. Brown. 2010-2011. "American Indian/Alaskan Native Undergraduate Retention at Predominantly White Institutions: An Elaboration of Tinto's Theory of College Student Departure." *Journal of College Student Retention: Research, Theory and Practice* 12 (3): 257-276.

Leinbach, T., and D. Jenkins. 2008. *Using Longitudinal Data to Increase Community College Student Success: A Guide to Measuring Milestone and Momentum Point Attainment*. New York: Community College Research Center, Teachers College, Columbia University.

Lemons, L., and D. Richmond. 1987. "A Developmental Perspective of Sophomore Slump." *NASPA Journal* 24 (3): 15-19.

Lent, R., S. Brown, and K. Lark. 1984. "Relation of Self-Efficacy Expectations to Academic Achievement and Persistence." *Journal of Counseling Psychology* 31 (3): 356-362.

Levin, M., and J. Levin. 1991. "A Critical Examination of Academic Retention Programs for At-Risk Minority College Students." *Journal of College Student Development* 32 (4): 323-334.

Levine, J., and N. Shapiro. 2000. "Hogwarts: The Learning Community."*About Campus* 5 (4): 8-13.

Levine-Laufgraben, J., and N. Shapiro. 2004. *Sustaining and Improving Learning Communities*. San Francisco: Jossey-Bass.

Lewallen, W. 1993. "The Impact of Being 'Undecided' on College Student Persistence." *Journal of College Student Development* 34 (2): 103-112.

Lichtenstein, M. 2005. "The Importance of Classroom Environments in the Assessment of Learning Community Outcomes." *Journal of College Student Development* 46 (4): 341-356.

Lidy, K., and J. Kahn. 2006. "Personality as a Predictor of First-Semester Adjustment to College: The Mediational Role of Perceived Social Support." *Journal of College Counseling* 9 (2): 123-134.

Light, R. 1990. *The Harvard Assessment Seminars*. Cambridge, MA: Harvard University Press.

Lohfink, M., and M. Paulsen. 2005. "Comparing the Determinants of Persistence for First-Generation and Continuing Generation Students." *Journal of College Student Development* 46 (4): 409-428.

London, H. 1989. "Breaking Away: A Study of First Generation College Students and their Families." *The American Journal of Sociology* 97 (1): 144-170.

Lotkowski, V., S. Robbins, and R. Noeth. 2004. *The Role of Academic and Non-Academic Factors in Improving College Retention*. ACT Policy Report. Washington, DC: American College Testing Program.

Lowe, H., and A. Cook. 2003. "Mind the Gap: Are Students Prepared for Higher Education?" *Journal of Further and Higher Education* 27 (1): 53-76.

Lundberg, C., and L. Schreiner. 2004. "Quality and Frequency of Faculty Student Interaction as Predictors of Learning: An Analysis by Student Race/Ethnicity." *Journal of College Student Development* 45 (5): 549-565.

Luzzo, D. ed. 2000. *Career Counseling of College Students: An Empirical Guide to Strategies that Work*. Washington DC: American Psychological Association.

Mabrito, M. 2004. "Guidelines for Establishing Interactivity in Online Courses." *Innovate* 1: 1. http://www.innovateonline.info/index.php?view=article&id=12. Retrieved October 27, 2009.

MacGregor, J. 2000. "Restructuring Large Classes to Create Communities of Learners." In *Strategies for Energizing Large Classes. New Directions for Teaching and Learning*, no. 81, edited by J. MacGregor et al., 47-61. San Francisco: Jossey-Bass.

Major, C., and B. Palmer. 2001. "Assessing the Effectiveness of Problem-Based Learning in Higher Education." *Academic Exchange Quarterly* 5 (1): 4-9.

Malaney, G. D., and M. Shively. 1995. "Academic and Social Expectations and Experiences of First-Year Students of Color." *NASPA Journal* 32 (1): 3-18.

Mallinckrodt, B. 1988. "Student Retention, Social Support and Dropout Intentions: Comparison of Black and White Students." *Journal of College Student Development* 29 (1): 60-64.

Malnarich, G., B. Sloan, van Slyck, P., P. Dusenberry, and J. Swinton. 2003. *The Pedagogy of Possibilities: Developmental Education, College-Level Studies, and Learning Communities*. Olympia, WA: Washington Center for Improving the Quality of

Undergraduate Education, in cooperation with the American Association for Community Colleges.

Martin, D., and R. Blanc. 2001. "Video-Based Supplemental Instruction (VSI)." *Journal of Developmental Education* 24 (3): 12-19.

Martinez, M. 2003. "High Attrition Rates in e-Learning: Challenges, Predictors, and Solutions." *The e-Learning Developers Journal*, July 14: 1-7.

Martyn, M. 2007. "Clickers in the Classroom: An Active Learning Approach." Educause Quarterly 30 (2): 71-74.

Maxwell, W. 1998. "Supplemental Instruction, Learning Communities, and Studying Together." *Community College Review* 26 (2): 1-18.

McClenney, K., and E. Waiwaiole. 2005. "Focus on Student Retention: Promising Practices in Community Colleges." *Community College Journal* 75 (6): 36-41.

McClenney, K., B. McClenney, and G. Peterson. 2007. "A Culture of Evidence: What Is It? Do We Have One?" *Planning for Higher Education* 35 (3): 26-33.

McCormick, A. 2003. *Swirling and Double-Dipping: New Patterns of Student Attendance and Their Implications for Higher Education*. New Directions for Higher Education, 121 (Spring): 13-24.

McCracken, H. 2008. "Best Practices in Supporting Persistence of Distance Education Students through Integrated Web-Based Systems." *Journal of College Student Retention: Research, Theory and Practice* 10 (1): 65-91.

McGee Banks, C. 2005. *Improving Multicultural Education: Lessons from the Intergroup Education Movement*. New York: Teachers College.

McGrath, M., and A. Braunstein. 1997. "The Prediction of Freshman Attrition: An Examination of the Importance of Certain Demographic, Academic, Financial, and Social Factors." *College Student Journal* 31 (3): 396-408.

McGuire, S. 2006. "The Impact of Supplemental Instruction on Teaching Students How to Learn." In *Supplemental Instruction. New Directions for Teaching and Learning*, no. 106, edited by M. Stone and G. Jacobs, 3-10. San Francisco: Jossey-Bass.

McKeachie, W. 1986. *Teaching and Learning in the College Classroom: A Review of the Research Literature*. Ann Arbor: University of Michigan.

McLeod, W., and J. Young. 2005. "A Chancellor's Vision: Establishing an Institutional Culture of Student Success." *New Directions for Institutional Research* 125 (Spring): 73-85.

McShannon, J. 2002. "Gaining Retention and Achievement for Students Program (GRASP): A Faculty Development Program to Increase Student Success." Paper presented at the ASEE Gulf-Southwest annual conference, University of Louisiana, March 20-22.

Merisotis, J., and K. McCarthy. 2005. "Retention and Student Success at Minority Serving Institutions." *New Directions for Institutional Research* 125 (Spring): 45-58.

Merriam, S., T. Thomas, and C. Zeph. 1987. "Mentoring in Higher Education: What We Know Now." *Review of Higher Education* 11(2): 199-210.

Merton, R. 1936. "The Unanticipated Consequences of Purposive Social Action." *American Sociological Review* 1(6): 894-904.

Metzner, B. 1989. "Perceived Quality of Academic Advising: The Effect on Freshman Attrition." *American Educational Research Journal* 26 (3): 422-442.

Meyer, K. ed. 2002. *Quality in Distance Education: Focus on On-Line Learning*. ASHE-ERIC Higher Education Report 29 (4). San Francisco: Jossey-Bass.

Michaels, J., and T. Miethe. 1989. "Academic Efforts and College Grades." *Social Forces* 68 (1): 309-319.

Michaelsen, L., and L. Pelton-Sweet. 2008. "The Essential Elements of Team-Based Learning." In *Team-Based Learning. New Directions for Teaching and Learning*, no. 116, edited by L. Michaelson et al., 7-27. San Francisco: Jossey-Bass.

Miller, C., M. Binder, V. Harris, and K. Krause. 2011. *Staying on Track: Early Findings from a Performance-Based Scholarship Program at the University of New Mexico*. New York: MDRC.

Millis, B. 2010. *Cooperative Learning in Higher Education*. Sterling: Stylus Publishing.

Millis, B., and P. Cottell, Jr. 1998. *Cooperative Learning for Higher Education Faculty*. Phoenix: Oryx Press.

Mina, L., J. Cabrales, C. Juarez, and F. Rodriguez-Vasquez. 2004. "Support Programs That Work." In *Addressing the Unique Needs of Latino American Students. New Directions for Student Services*, no. 105, edited by A. Ortiz, 79-88. San Francisco: Jossey-Bass.

Morales, E. 2009. "Legitimizing Hope: An Exploration of Effective Mentoring for Dominican American Male College Students." *Journal of College Student Retention: Research, Theory and Practice* 11 (3): 385-406.

Morest, V., and D. Jenkins. 2007. *Institutional Research and the Culture of Evidence at Community Colleges.* New York: Community College Research Center, Teachers College, Columbia University.

Morris, L., and C. Finnegan. 2008. "Best Practices in Predicting and Encouraging Student Persistence and Achievement Online." *Journal of College Student Retention: Research, Theory, and Practice* 10 (1): 55-64.

Mortenson, T. 2009a. *Access to What? Restricted Educational Opportunities for Students from Low and Lower-Middle Income Families, FY1974 to FY 2009.* Oskaloosa, IA: Postsecondary Education Opportunity.

——. 2009b. *ACT National Persistence Rates, 1983 to 2009.* Oskaloosa, IA: Postsecondary Education Opportunity.

Muhr, C., and D. Martin. 2006. "TeamSI: A Resource for Integrating and Improving Learning." In *Supplemental Instruction. New Directions for Teaching and Learning*, no. 106, edited by M. Stone and G. Jacobs, 85-93. San Francisco: Jossey Bass.

Mulcare, D., and V. Ruget. 2010. "Team-Based Learning: A Faculty Learning Community at Salem State College." Paper presented at the American Political Science Association, 2010 Teaching and Learning Conference. Available at SSRN: http://ssrn.com/abstract=1546479.

Mullendore, R., and L. Banahan. 2005. "Designing Orientation Programs." In *Challenging and Supporting the First-Year Student: A Handbook for Improving the First-Year of College*, edited by L. Upcraft, J. Gardner, and B. Barefoot, 391-409. San Francisco: Jossey-Bass.

Mullendore, R., and C. Hatch. 2000. *Helping Your First-Year College Student Succeed: A Guide for Parents*. Columbia, SC: National Resource Center for the First-Year Experience and Students in Transition.

Multon, K., S. Brown, and R. Lent. 1991. "Relation of Self-Efficacy Beliefs to Academic Outcomes: A Meta-Analytic Investigation." *Journal of Counseling Psychology* 38 (1): 30-38.

Muraskin, L., and J. Lee. 2004. *Raising the Graduation Rates of Low-Income Students*. Washington, DC: Pell Institute for the Study of Opportunity in Higher Education.

Museus, S. 2009. "Understanding Racial Differences in the Effects of Loans on Degree Attainment: A Path Analysis." *Journal of College Student Retention: Research, Theory and Practice* 11 (4): 499-527.

Myers, C., and S. Myers. 2006. "Assessing Assessment: The Effects of Two Exam Formats on Course Achievement and Evaluation." *Innovative Higher Education* 31 (4): 227-236.

Nagda, B., et al. 1995. "Bridging Differences through Intergroup Dialogues." In *Peer Programs on a College Campus: Theory, Training, and "Voice of Peers"*, edited by S. Hatcher, 378-414. San Jose: Resources Publications.

National Center for Education Statistics. 2000. *Descriptive*

Summary of 1995-1996 *Beginning Postsecondary Students: Three Years Later.* NCES Statistical Analysis Report 2000-154. Washington DC: U. S. Department of Education, Office of Educational Research and Improvement.

National Center for Education Statistics. 2003. *Descriptive Summary of* 1995-96 *Beginning Postsecondary Students: Six Years Later.* NCES Statistical Analysis Report 2003-151. Washington, DC: U. S. Department of Education, Office of Educational Research and Improvement.

——. 2004. *Remedial Education at Degree-Granting Postsecondary Institutions in Fall* 2000. NCES Statistical Analysis Report 2004-2010. Washington, DC: U. S. Department of Education, Office of Educational Research and Improvement.

——. 2005. *The Condition of Education* 2005. Washington DC: U. S. Department of Education, Office of Educational Research and Improvement.

National Center for Public Policy and Higher Education. 2006. *Measuring Up: The National Report on Higher Education.* San Jose.

National Survey of Student Engagement. 2006a. *Engaged Learning: Fostering Success for All Students, Annual Report* 2006. Bloomington: National Survey of Student Engagement.

——. 2006b. "Using Student Engagement Data for Institutional Improvement." Presentation at the Annual Conference of the Tennessee Association of Institutional Research, Brentwood, TN.

NCES. See National Center for Education Statistics Newcomb, T. 1966. "The General Nature of Peer Group Influence." In *College*

Peer Groups: Problems and Prospects for Research, edited by T. Wilson and E. Wilson, 2-16. Chicago: Aldine.

Nicholson-Crotty, J., and K. Meier. 2003. "Politics, Structure, and Public Policy." *Educational Policy* 17 (1): 80-97.

Nicpon, M., L. Huser, E. Blanks, S. Sollenberger, C. Befort, and S. Kurpius. 2006. "The Relationship of Loneliness and Social Support with College Freshmen's Academic Performance and Persistence." *Journal of College Student Retention: Research, Theory and Practice* 8 (3): 345-358.

Nora, A. 1987. "Determinants of Retention among Chicano College Students: A Structural Model." *Research in Higher Education* 26 (1): 31-59.

———. 2001. "The Depiction of Significant Others in Tinto's 'Rites of Passage': A Reconceptualization of the Influence of Family and Community in the Persistence Process." *College Student Retention: Research, Theory and Practice* 3 (1): 41-40.

Nora, A., and A. Cabrera. 1996. "The Role of Perceptions of Prejudice and Discrimination on the Adjustment of Minority Students to College." *Journal of Higher Education* 67 (2): 119-148.

Norris, D., L. Baer, J. Leonard, L. Pugliese, and R. Lefrere. 2008. "Action Analytics: Measuring and Improving Performance That Matters in Higher Education." *EDUCAUSE Review* 43 (1): 42-67.

Nulden, U. 2000. "Computer Support for Formative Assessment." *Information and Technology*. 1 (4): 329-350.

Nutt, C. 2003. "Academic Advising and Student Retention and Persistence." *NACADA Clearinghouse of Academic Advising Resources*.

http://www.nacada.ksu.edu/Clearinghouse/AdvisingIssues. Retrieved June 4, 2010.

Nutt, C., et al. 2003. *Advisor Training: Exemplary Practices in the Development of Advisor Skills*. Monograph no. 9. Manhattan, KS: National Academic Advising Association.

O'Banion, T. 1997. *A Learning College for the 21st Century*. Phoenix: American Council on Education / Oryx Press Series on Higher Education.

Obetz, W. 1998. "Using Cluster Analysis for Transcript Analysis of Course-Taking Patterns of General Studies Graduates at Community College of Philadelphia." PhD dissertation, University of Pennsylvania.

O'Gara, L., M. Karp, and K. Hughes. 2009. "Student Success Courses in the Community College: An Exploratory Study of Student Perspectives." *Community College Review* 36 (3): 195-218.

Ogden, P., D. Thompson, A. Russell, and C. Simons. 2003. "Supplemental Instruction: Short-and Long-Term Impact." *Journal of Developmental Education* 26 (3): 2-8.

O'Neil Green, D. 2007. "Using Qualitative Methods to Assess Academic Success and Retention Programs for Underrepresented Minority Students." *New Directions for Institutional Research* 136 (Winter): 41-53.

Ory, J., and L. Braskamp. 1988. "Involvement and Growth of Students in Three Academic Programs." *Research in Higher Education* 28 (2): 116-129.

Oseguera, L., and B. Rhee. 2009. "The Influence of Institutional Retention Climates on Student Persistence to Degree

Completion: A Multilevel Approach." *Research in Higher Education* 50 (6): 548-569.

Ostrove, J., and S. Long. 2007. "Social Class and Belonging: Implications for College Adjustment." *Review of Higher Education* 30 (4): 363-389.

Ostrow, E., S. Paul, V. Dark, and J. Berhman. 1986. "Adjustment of College Women on Campus: Effects of Stressful Life Events, Social Support, and Personal Competencies." In *Stress, Social Support, and Women*, edited by S. Hobfoll, 29-46. Washington, DC: Hemisphere.

Pace, R. 1980. *Measuring the Quality of Student Effort*. Los Angeles: Laboratory for Research in Higher Education, University of California.

——. 1984. *Measuring the Quality of College Student Experience*. Los Angeles: Higher Education Research Institute, University of California.

Padilla, R. 1999. "College student retention: Focus on Success." *Journal of College Student Retention: Research, Theory and Practice* 1 (2): 131-145.

Pagan, R., and R. Edwards-Wilson. 2002. "A Mentoring Programfor Remedial Students." *Journal of College Student Retention: Research, Theory and Practice* 43 (3): 207-226.

Pajares, F. 1996. "Self-Efficacy Beliefs in Academic Settings." *Review of Educational Research* 66 (4): 543-578.

Palloff, R., and K. Pratt. 1999. *Building Learning Communities in Cyberspace*. San Francisco: Jossey-Bass.

Palsole, S., and C. Awalt. 2008. "Team-Based Learning in

Asynchronous Online Settings." In *Team-Based Learning. New Directions for Teaching and Learning*, no. 116, edited by L. Michaelson et al., 87-95. San Francisco: Jossey-Bass.

Pardee, C. 2000. "Organizational Models for Academic Advising." In *Academic Advising: A Comprehensive Handbook*, edited by V. Gordon, W. Habley, and Associates. San Francisco: Jossey-Bass.

Parker, J., and J. Schmidt. 1982. "Effects of College Experience." In *Encyclopedia of Educational Research*, 5th ed., edited by H. Mitzel. New York: Free Press.

Pascarella, E. 1980. "Student-Faculty Informal Contact and College Outcomes." *Review of Educational Research* 50 (4): 545-595.

Pascarella, E., et al. 2004. "First-Generation College Students: Additional Evidence on Experiences and Outcomes." *Journal of Higher Education* 75 (3): 249-284.

Pascarella, E., and D. Chapman. 1983. "A Multi-Institutional, Path Analytic Validation of Tinto's Model of College Withdrawal." *American Educational Research Journal* 20 (1): 87-102.

Pascarella, E., T. Seifert, and E. Whitt. 2008. "Effective Instruction and College Student Persistence: Some New Evidence." In *The Role of the Classroom in College Student Persistence. New Directions for Teaching and Learning*, no. 115, edited by J. Braxton, 55-70. San Francisco: Jossey-Bass.

Pascarella, E., and P. Terenzini. 1980. "Predicting Persistence and Voluntary Dropout Decisions from a Theoretical Model." *Journal of Higher Education* 51 (1): 60-75.

——. 1983. "Predicting Voluntary Freshman Year Persistence/Withdrawal Behavior in a Residential University: A Path Analytic Validation of Tinto's Model." *Journal of Educational Psychology* 75 (2): 215-226.

——. 1991. *How College Affects Students: Findings and Insights from Twenty Years of Research*. San Francisco: Jossey-Bass.

——. 2005. *How College Affects Students: A Third Decade of Research*. Vol. 2. San Francisco: Jossey-Bass.

Patry, M. 2009. "Clickers in Large Classes: From Student Perceptions Towards an Understanding of Best Practices." *International Journal of the Scholarship of Teaching and Learning* 3 (2): 1-11.

Paulsen, M., and E. St. John. 2002. "Social Class and College Costs: Examining the Financial Nexus between College Choice and Persistence." *Journal of Higher Education* 73 (2): 189-236.

Pavel, M. 1991. "Assessing Tinto's Model of Institutional Departure Using American Indian and Alaskan Native Longitudinal Data." Paper presented at the annual conference of the Association for the Study of Higher Education, Boston.

Perin, D. 2011. *Facilitating Student Learning through Contextualization*. CCRC Working Paper, no. 59, Assessment of Evidence Series. Community College Research Center. New York: Teachers College, Columbia University.

Perna, L. 2007. "The Sources of Racial-Ethnic Group Differences in College Enrollment: A Critical Examination." *New Directions for Institutional Research* 136 (Spring): 51-66.

Peterfreund, A., K. Rath, S. Xenos, and F. Bayliss. 2008, "The Impact of Supplemental Instruction on Students in STEM Courses: Results from San Francisco State University." *Journal of College Student Retention: Research, Theory and Practice* 9 (4): 487-503.

Pettit, M., and D. Prince. 2010. "Washington State's Student Achievement Initiative." *Journal of Applied Research in the Community College* 17 (2): 6-12.

Pike, G. 2000. "The Influence of Fraternity or Sorority Membership on Students' College Experiences and Cognitive Development."*Research in Higher Education* 41 (1): 117-139.

Pike, G., and G. Kuh. 2005. "First and Second-Generation College Students: A Comparison of their Engagement and Intellectual Development."*Journal of Higher Education* 76 (3): 276-300.

Pike, G., G. Kuh, and A. McCormick. 2008. " Learning community participation and educational outcomes: Direct, Indirect, and Contingent Relationships." Paper presented at the annual meeting of the Association for the Study of Higher Education. Jacksonville, FL.

Pike, G. 1999. "The Effects of Residential Learning Communities and Traditional Residential Living Arrangements on Educational Gains during the First Year of College." *Journal of College Student Development* 40 (3): 269-284.

Pike, G., C. Schroeder, and T. Berry. 1997. "Enhancing the Educational Impact of Residence Halls: The Relationship between Residential Learning Communities and First-Year College Experiences and Persistence." *Journal of College Student Development* 38 (6): 609-621.

Poirier, C., and R. Feldman. 2007. "Promoting Active Learning Using Individual Response Technology in Large Introductory Psychology Classes." *Teaching of Psychology* 34 (3): 194-196.

Polewchak, J. 2002. *The Effects of Social Support and Interpersonal Dependency upon Emotional Adjustment to College and Physical Health*. Virginia Beach: Virginia Consortium for Professional Psychology.

Polinsky, T. 2003. "Understanding Student Retention through a Look at Student Goals, Intentions, and Behavior." *Journal of College Student Retention: Research, Theory and Practice* 4 (4): 361-376.

Porter, S. 2003. "Understanding Retention Outcomes: Using Multiple Data Sources to Distinguish between Dropouts, Stopouts, and Transfer-Outs," *Journal of College Student Retention: Research, Theory and Practice* 5 (1): 53-70.

Portes, A. 1998. "Social Capital: Its Origins and Applications in Modern Society." *Annual Review of Sociology* 24: 1-24.

Prince, D., L. Seppanen, L., D. Stephens, and C. Stewart. 2010. "Turning State Data and Research into Information: An Example from Washington State's Student Achievement Initiative." *New Directions for Institutional Research* 147 (Fall): 47-64.

Quirk, K. 2005. "A Comprehensive Approach to Developmental Education." *New Directions for Community Colleges* 129 (Spring): 83-92.

Radford, A., L. Berkner, S. Wheeless, and B. Shepherd. 2010. *Persistence and Attainment of 2003-2004 Beginning Postsecondary Students: After 6 Years*. NCES 2011-151. U. S. Department of

Education, Office of Educational Research and Improvement.

Raftery, S. 2005. "Developmental Learning Communities at Metropolitan Community College." *New Directions for Community Colleges* 129 (Spring): 63-72.

Ramirez, G. 1997. "Supplemental Instruction: The Long-Term Impact." *Journal of Developmental Education* 21 (1): 2-10.

Rau, W., and A. Durand. 2000. "The Academic Ethic and College Grades: Does Hard Work Help Students to 'Make the Grade?'" *Sociology of Education* 73 (1): 19-38.

Ravitz, J. 2009. "Introduction: Summarizing Findings and Looking Ahead to a New Generation of PBL Research." *Interdisciplinary Journal of Problem-Based Learning* 3 (1): 4-11. Available at: http://docs.lib.purdue.edu/ijpbl/vol3/iss1/2/.

Rayle, A., and K. Chung. 2007. "Revisiting First-Year College Students' Mattering: Social Support, Academic Stress, and the Mattering Experience." *Journal of College Student Retention: Research, Theory and Practice* 9 (1): 21-37.

Reason, R, P. Terenzini, and R. Domingo. 2006. "First Things First: Developing Competence in the First Year of College." *Research in Higher Education* 47 (2): 149-176.

Reason, R., P. Terenzini, and R. Domingo. 2007. "Developing Social and Personal Competence in the First Year of College." *Review of Higher Education* 30 (3): 271-299.

Redden, E. 2007. "Automatic Accessor Raised Retention?" *Inside Higher Education*, January 10, 2007.

Reichard, C. 2001. "Will They Ever Graduate? An Analysis of Long-Term Students." Paper presented at the 2001 annual meeting of the Southern Association of InstitutionalResearch, Panama City.

Rendon, L. 1994. "Validating Culturally Diverse Students: Toward New Model of Learning and Student Development." *Innovative Higher Education* 19 (1): 33-51.

Rendon, L., R. Jalomo, and A. Nora. 2000. "Theoretical Considerations in the Study of Minority Retention in Higher Education." In *Reworking the Student Departure Puzzle*, edited by J. Braxton, 127-156. Nashville: Vanderbilt University Press.

Reumann-Moore, R., A. El-Haj, and E. Gold. 1997. *Friends for School Purposes: Learning Communities and Their Role in Building Community at a Large Urban University*. Philadelphia: Temple University.

Rice, N., and O. Lightsey. 2001. "Freshman Living Learning Community: Relationship to Academic Success and Affective Development." *Journal of College and University Housing* 30 (1): 11-17.

Richburg-Hayes, L., et al. 2009. *Rewarding Persistence: Effects of a Performance-Based Scholarship Program for Low-Income Parents*. New York: Manpower Demonstration Research Corporation.

Richmond, D., and L. Lemons. 1985. "Sophomore Slump: An Individual Approach to Recognition and Response." *Journal of College Student Personnel* 26 (2): 176-177.

Rocconi, L. 2010. "The Impact of Learning Communities on First Year Students' Growth and Development in College." *Research in Higher Education* 27 (2): 1-16.

Roksa, J., D. Jenkins, S. Jaggars, M. Zeidenberg, and S.

Cho. 2009. *Strategies for Promoting Gatekeeper Course Success among Students Needing Remediation: Research Report for the Virginia Community College System.* New York: Community College Research Center, Teachers College, Columbia University.

Roschelle, J., W. Penuel, and L. Abrahamson. 2004. *Classroom Response and Communication Systems: Research Review and Theory.* Paper presented at the annual meeting of the American Educational Research Association, San Diego.

Rotenberg, K., and J. Morrison. 1993. "Loneliness and College Achievement: Do Loneliness Scale Scores Predict College Dropout?" *Psychological Reports* 73 (3): 1283-1288.

Rucker, M., and S. Thomson. 2003. "Assessing Student Learning Outcomes: An Investigation of the Relationship among Feedback Measures." *College Student Journal* 37 (3): 400-404.

Rutschow, E. et al. 2011. *Turning the Tide: Five Years of Achieving the Dream in Community Colleges.* New York: MDRC.

Ryan, J. 2004. "The Relationship between Institutional Expenditures and Degree Attainment at Baccalaureate Colleges." *Research in Higher Education* 45 (2): 97-116.

Ryan, M., and P. Glenn. 2003. "Increasing One-Year Retention Rates by Focusing on Academic Competence: An Empirical Odyssey." *Journal of College Student Retention: Research, Theory and Practice* 4 (3): 297-324.

Saenz, V., S. Hurtado, D. Barrera, D. Wolf, and F. Yeung. 2007. "First in My Family: A Profile of First-Generation College Students at Four-Year Institutions Since 1971." Los Angeles: Cooperative Institutional Research Program, Higher Education

Research Institute, University of California, Los Angeles.

Salinitri, G. 2005. "The Effects of Formal Mentoring on the Retention Rates for First-Year, Low-Achieving Students." *Canadian Journal of Education* 28 (4): 853-873.

Sand, J., S. Robinson Kurpuis, and A. Dixon Rayle. 2004. "Academic Stress and Social Support Factors in Latino and Euro-American Male and Female College Students." Paper presented at the annual meeting of the American Psychological Association. Honolulu.

Sanford, N. 1966. *Self and Society: Social Change and Individual Development*. New York: Atherton.

Santos, S., and E. Riegadas. 2004. "Understanding the Student-Faculty Mentoring Process: Its Effects on At-Risk University Students." *Journal of College Student Retention: Research, Theory and Practice* 6 (3): 337-357.

Schaller, M. 2005. "Wandering and Wondering: Traversing the Uneven Terrain of the Second College Year." *About Campus* 10 (3): 17-24.

Schilling, K. M., and K. L. Schilling. 1999. "Increasing Expectations for Student Effort." *About Campus* 4 (2): 4-10.

Schlossberg, Nancy. 1989. "Marginality and Mattering: Key Issues in Building Community." In *Designing Campus Activities to Foster a Sense of Community. New Directions for Student Services*, no. 48, edited by D. Roberts. 5-15. San Francisco: Jossey-Bass.

Schreiner, L., and J. Pattengale, eds. 2000. *Visible Solutions for Invisible Students: Helping Sophomores Succeed*. Columbia, SC: National Resource Center for the First-Year Experience and Students in Transition.

Schroeder, C., F. Minor, and T. Tarkow. 1999. "Freshman Interest Groups: Partnership for Promoting Student Success." In *Creating Successful Partnerships Between Academic and Student Affairs. New Directions for Student Services*, no. 87, edited by J. Schuh and E. Whitt. 37-49. San Francisco: Jossey-Bass.

Scrivener, S. 2007. "The Opening Doors Demonstration and Evaluation." In *Community College Fellowship Seminar, The Hechinger Institute on Education and the Media*. New York: Community College Research Center, Teachers College, Columbia University.

Scrivener, S., et al. 2008. *A Good Start: Two-Year Effects of a Freshman Learning Community Program at Kingsborough Community College*. New York: Manpower Demonstration Research Corporation.

Scrivener, S., C. Sommo, and H. Collado. 2009. *Getting Back on Track: Effects of a Community College Program for Probationary Students*. New York: Manpower Demonstration Research Corporation.

Seidman, A. 1991. "The Evaluation of a Pre/Post Admission/Counseling Process at a Suburban Community College: Impact on Student Satisfaction with the Faculty and the Institution, Retention, and Academic Performance." *College and University* 66 (4): 223-232.

——, ed. 2005. *College Student Retention: Formula for Student Success*. Westport, CT: ACE/Praeger.

——, ed. 2007. *Minority Student Retention: The Best of the Journal of College Student Retention: Research, Theory and Practice*. Amityville, NY: Baywood Publishing Company.

Shapiro, N. , and J. Levine. 1999. *Creating Learning Communities: A Practical Guide to Winning Support, Organizing for Change, and Implementing Programs*. San Francisco: Jossey-Bass.

Sharkin, B. 2004. "College Counseling and Student Retention: Research Findings and Implications for Counseling Centers." *Journal of College Counseling* 7 (2): 99-108.

Shaw, K. 1997. "Remedial Education as Ideological Battleground: Emerging Remedial Education Policies and Their Implications for Community College Student Mobility." *Educational Evaluation and Policy Analysis* 19 (3): 284-296.

Shotton, H. , S. Oosahwe, and R. Cintron. 2007. "Stories of Success: Experiences of American Indian Students in a Peer-Mentoring Retention Program." *Review of Higher Education* 31 (1): 81-107.

Shulman, G. , M. Cox, and L. Richlin. 2004. "Institutional Considerations in Developing a Faculty Learning Community Program." In *Building Faculty Learning Communities. New Directions for Teaching and Learning*, no. 97, edited by M. Cox and L. Richlin, 41-49. San Francisco: Jossey-Bass.

Shultz, M. , and S. Zedeck. 2008. "Final Report: Identification, Development, and Validation of Predictors for Successful Lawyering." University of California, Berkeley, September. Available at http://www.law.berkeley.edu/files/LSAC REPORTfinal-12.pdf.

Simons, L. , and B. Cleary. 2006. "The Influence of Service Learning on Students' Personal and Social Development." *College Teaching* 54 (4): 307-319.

Simpson, O. 1999. *Student Retention in Online, Open, and*

Distance Learning. London: Kogan Page.

Singell, L. Jr. 2004. "Come and Stay a While: Does Financial Aid Affect Retention Conditioned on Enrollment at a Large Public University?"*Economics of Education Review* 23 (5): 459-471.

Skahill, M. 2002. "The Role of Social Support Network in College Persistence among Freshman Students." *Journal of College Student Retention: Research, Theory and Practice* 4 (1): 39-52.

Smith, A., M. Street, and A. Olivarez. 2002. "Early, Regular, and Late Registration and Community College Success." *Community College Journal of Research and Practice* 26 (3): 261-273.

Smith, B., J. MacGregor, R. Matthews, and F. Gabelnick. 2004. *Learning Communities: Reforming Undergraduate Education*. San Francisco: Jossey-Bass.

Smith, K. 2000. "Going Deeper: Formal Small-Group Learning in Large Classes." In *Strategies for Energizing Large Classes. New Directions for Teaching and Learning*, no. 81, edited by J. MacGregor et al., 25-46. San Francisco: Jossey-Bass.

Snyder, T., and S. Dillow. 2010. *Digest of Education Statistics* 2009. NCES 2010-013. Washington, DC: National Center for Education Statistics, U.S. Department of Education.

Solberg, V., and P. Villarreal. 1997. "Examination of Self-Efficacy, Social Support, and Stress as Predictors of Psychological Stress among Hispanic College Students." *Journal of the Behavioral Sciences* 19 (2): 182-201.

Solorzano, D., M. Ceja, and T. Yosso. 2000. "Critical Race Theory, Racial Microaggressions, and Campus Racial Climate: The

Experiences of African American College Students." *Journal of Negro Education* 69 (1-2): 60-73.

Somera, L., and B. Ellis. 1996. "Communication Networks and Perceptions of Social Support as Antecedents to College Adjustments: A Comparison between Student Commuters and Campus Residents." *Journal of the Association for Communication Administration* 2 (2): 97-110.

Song, B. 2006. "Content-Based ESL Instruction: Long-Term Effects and Outcomes." *English for Specific Purposes* 25 (4): 420-437.

Sorcinelli, M. 1991. "Research Findings on the Seven Principles." In *Applying the Seven Principles for Good Practice in Undergraduate Education. New Directions for Teaching and Learning*, no. 47, edited by A. Chickering and Z. Gamson, 13-25. San Francisco: Jossey-Bass.

Sorrentino, D. 2007. "The SEEK Mentoring Program: An Application of the Goal Setting Theory." *Journal of College Student Retention: Research, Theory and Practice* 8(2): 241-250.

Sporn, B. 1996. "Managing University Culture: An Analysis of the Relationship between Institutional Culture and Management Approaches." *Higher Education* 32 (1): 41-61.

Springer, L., M. Stanne, and S. Donovan. 1999. "Effects of Small-Group Learning on Undergraduates in Science, Mathematics, Engineering, and Technology: A Meta-Analysis." *Review of Educational Research* 69 (1): 50-80.

Stark, K. 2002. "Advising Undecided Students: What Works Best?" *Mentor: An Academic Advising Journal* 4 (3): 1-5. http://www.psu.edu/dus/mentor. Retrieved October 12, 2008.

Steadman, M. 1998. "CAT's: Using Classroom Assessment to Change Both Teaching and Learning." In *Classroom Assessment and Research: Uses, Approaches, and Research Findings. New Directions for Teaching and Learning*, no. 75, edited by T. Angelo, 23-35. San Francisco, Jossey-Bass.

Steadman, M., and M. Svinicki. 1998. "A Student's Gateway to Better Learning." In *Classroom Assessment and Research: Uses, Approaches, and Research Findings. New Directions for Teaching and Learning*, no. 75, edited by T. Angelo, 13-20. San Francisco, Jossey-Bass.

Steele, C. 1999. "Thin Ice: Stereotype Threat and Black College Students." *Atlantic Monthly* 284 (2): 44-54.

Steele, C., and J. Aronson. 1998. "Stereotype Threat and the Test Performance of Academically Successful African Americans." In *The Black-White Test Score Gap*, edited by C. Jencks and M. Phillips, 401-430. Washington, DC: Brookings Institution Press.

Steele, G. 2003. "A Research-Based Approach to Working with Undecided Students: A Case Study." *NACADA Journal* 23 (1-2): 10-20.

Steinke, P., and S. Buresh. 2002. "Cognitive Outcomes of Service-Learning: Reviewing the Past and Glimpsing the Future." *Michigan Journal of Community Service Learning* 8 (2): 5-14.

Stetson, N. 1993. "Professional Development for Two-Way Teaching and Learning." *Leadership Abstracts* 6: (7). ERIC Digest: ED367430.

Stevenson, C., R. Duran, K. Barrett, and G. Colarulli. 2005. "Fostering Faculty Collaboration in Learning Communities: A

Developmental Approach." *Innovative Higher Education* 30 (1): 23-36.

St. John, E. 1990. "Price Response in Enrollment Decisions: An Analysis of the High School and Beyond Sophomore Cohort." *Research in Higher Education* 31 (2): 161-176.

——. 1991. "The Impact of Student Financial Aid: A Review of Recent Research." *Journal of Student Financial Aid* 21 (1): 18-32.

——. 2001. "The Impact of Aid Packages on Educational Choices: High Tuition/High Loan and Educational Opportunity." *Journal of Student Financial Aid* 31 (2): 35-54.

——. 2004. "The Nexus between Finances and Student Involvement in Persistence." Paper presented at the annual meeting of the American Education Research Association, San Diego.

——. 2005. *Affordability of Postsecondary Education: Equity and Adequacy across the 50 States*. Report prepared for: Renewing Our Schools, Securing our Future. A National Task Force on Public Education. The Center for American Progress.

——. 2006. "Lessons Learned: Institutional Research as Support for Academic Improvement." *New Directions for Institutional Research* 130: 95-107.

St. John, E., S. Hu, and T. Tuttle. 2000. "Persistence in an Urban Public University: A Case Study of the Effects of Student Aid." *Journal of Student Financial Aid* 30 (2): 23-37.

St. John, E., S. Hu, and J. Weber. 2001. "State Policy and the Affordability of Public Higher Education: The Influence of State Grants on Persistence in Indiana." *Research in Higher Education* 42 (4): 401-428.

Stone, E., and G. Jacobs, eds. 2006. "Supplemental Instruction: New Visions for Empowering Student Learning." In *Supplemental Instruction. New Directions for Teaching and Learning*, no. 106, edited by M. Stone and G. Jacobs. San Francisco: Jossey Bass.

Strobel, J., and A. van Barneveld. 2008. "When is PBL More Effective? A Meta-Synthesis of Meta-Analyses Comparing PBL to Conventional Classrooms." *Interdisciplinary Journal of Problem-Based Learning* 3 (1): 44-58. Available at: http://docs.lib.purdue.edu/ijpbl/vol3/iss1/4.

Suen, H. 1983. "Alienation and Attrition of Black College Students on a Predominantly White Campus." *Journal of College Student Personnel* 24 (2): 117-121.

Supiano, B. 2011. "College Enrollments Continue to Climb, While Graduation Rates Hold Steady." *Chronicle of Higher Education*, February 2.

Svanum, S., and S. Bigatti. 2006. "The Influence of Course Effort and Outside Activities on Grades in a College Course." *Journal of College Student Development* 47 (5): 564-576.

Swail, S, K. Redd, and L. Perna. 2003. *Retaining Minority Students in Higher Education: A Framework for Success*. ASHE-ERIC Higher Education Report 30 (20). San Francisco: Jossey-Bass.

Sweet, M., and L. Pelton-Sweet. 2008. "The Social Foundation of Team-Based Learning: Students Accountable to Students." In *Team-Based Learning. New Directions for Teaching and Learning*, no. 116, edited by L. Michaelson et al., 29-40. San Francisco: Jossey-Bass.

Swenson, L. , A. Nordstrom, and M. Hiester. 2008. "The Role of Peer Relationships in Adjustment to College." *Journal of College Student Development* 49 (6): 551-567.

Swing, R. 2003. "What Matters in First-Year Seminars: Results from a National Survey." Paper presented at First Year Experience West Conference, Costa Mesa.

——. 2004. "The Improved Learning Outcomes of Linked versus Stand-Alone First-Year Seminars" In *Integrating the First-Year Experience: The Role of First-Year Seminars in Learning Communities*, 9-17. Columbia, SC: National Resource Center for the First-Year Experience and Students in Transition; and Olympia, WA: Washington Center for Improving the Quality of Undergraduate Education.

Tagg, J. 2003. *The Learning Paradigm College*. Boston: Anker.

Tatum, B. 2003. "Talking about Race, Learning about Racism: The Application of Racial Identity Development Theory in the Classroom." In *Race and Higher Education: Rethinking Pedagogy in a Diverse College Classroom*, edited by A. Howell and F. Tuitt, 139-162. Cambridge, MA: Harvard Education Press.

Taylor, K. , with W. Moore, J. MacGregor, and J. Lindblad. 2003. *Learning Community Research and Assessment: What We Know Now*. National Learning Communities Monograph Series. Olympia, WA: Washington Center for Improving the Quality of Undergraduate Education.

Terenzini, P. , et al. 1994. "The Transition to College: Diverse Students, Diverse Stories." *Research in Higher Education* 35 (1): 57-73.

Terenzini, P, W. Lorang, and E. Pascarella. 1981. "Predicting Freshman Persistence and Voluntary Dropout Decisions: A Replication."*Research in Higher Education* 15 (2): 109-127.

Terenzini, P., and E. Pascarella. 1980. "Student/faculty Relationships and Freshman Year Educational Outcomes: A Further Investigation."*Journal of College Student Development* 21 (6): 521-528.

Thayer, P. 2000. "Retaining First-Generation and Low-Income Students."*Opportunity Outlook* (May): 2-8.

Thomas, S. 2000. "Ties That Bind: A Social Network Approach to Understanding Student Integration and Persistence."*Journal of Higher Education* 75 (5): 591-615.

Tierney, T. 2006. "How Is American Higher Education Measuring Up? An Outsider's Perspective." In *American Higher Education: How Does it Measure Up for the 21st Century?* edited J. Hunt Jr., and T. Tierney. San Jose: National Center for Public Policy and Higher Education.

Tierney, W. 1992. "An Anthropological Analysis of Student Participation in College."*Journal of Higher Education* 63 (3): 603-618.

——. 2000. "Power, Identity, and the Dilemma of College Student Departure." In *Reworking the Student Departure Puzzle*, edited by J. Braxton, 213-234. Nashville: Vanderbilt University Press.

Tinto, V. 1975. "Dropouts from Higher Education: A Theoretical Synthesis of Recent Research."*Review of Educational Research* 45 (1): 89-125.

——. 1993. *Leaving College: Rethinking the Causes and Cures of Student Attrition*. 2nd. ed. Chicago: University of Chicago Press.

——. 1997. "Colleges as Communities: Exploring the Educational Character of Student Persistence." *Journal of Higher Education* 68 (6): 599-623.

——. 1999. "Adapting Learning Communities to the Needs of Development Education Students." Paper presented at the National Center for Postsecondary Improvement, Stanford University. Stanford.

——. 2005. "Epilogue: Moving from Theory to Action." In *College Student Retention: Formula for Student Success*, edited by A. Seidman, 317-334. Westport, CT: ACE/Praeger.

——. 2008. "Access without Support Is Not Opportunity." Keynote speech given at the annual Institute for Chief Academic Officers, Council of Independent Colleges, Seattle, Washington.

——. 2010. "From theory to Action: Exploring the Institutional Conditions for Student Retention." In *Higher Education: Handbook of Theory and Research*, vol. 25, edited by J. Smart, 51-90. New York: Springer.

Tinto, V., and A. Goodsell. 1994. "Freshman Interest Groups and the First Year Experience: Constructing Student Communities in a Large University." *Journal of the Freshman Year Experience* 6 (1): 7-28.

Tinto, V., A. Goodsell, and P. Russo. 1993. "Building Community among New College Students." *Liberal Education* 79 (1): 16-21.

Tinto, V., and P. Russo. 1994. "Coordinated Studies Programs: Their Effect on Student Involvement at a Community College." *Community College Review* 22 (2): 16-25.

Titley, W., and B. Titley. 1980. "The Major Changers: Are

Only the 'Undecided' Undecided?" *Journal of College Student Development* 21 (4): 293-298.

Tobolowsky, B., and B. Cox, eds. 2007. *Shedding Light on Sophomores: An Exploration of the Second Year of College*. Columbia, SC: National Resource Center for the First-Year Experience and Students in Transition.

Tobolowsky, B., B. Cox, and M. Wagner, eds. 2005. *Exploring the Evidence*, vol. 3: *Reporting Research on First-Year Seminars*. Columbia, SC: National Resource Center for the First Year Experience and Students in Transition.

Tokuno, K. 1993. "Long Term and Recent Student Outcomes of Freshman Interest Group Program." *Journal of the Freshman Year Experience* 5 (2): 7-28.

Torres, V. 2003a. "Influences on Ethnic Identify Development of Latino Students in the First Two Years of College." *Journal of College Student Development* 44 (4): 532-547.

——. 2003b. "Mi Casa is Not Exactly Like Your House." *About Campus* 8 (2): 2-8.

——. 2004. "Familial Influences on the Identity Development of Latino First Year Students." *Journal of College Student Development* 45 (4): 457-469.

——. 2006. "A Mixed Method Study Testing Data-Model Fit of a Retention Model for Latino/a Students at Urban Universities." *Journal of College Student Development* 47 (3): 299-318.

Torres, J., and S. Solberg. 2001. "Role of Self-Efficacy, Stress, Social Integration, and Family Support in Latino College Student Persistence and Health." *Journal of Vocational Behavior* 59

(1): 53-63.

Tucker, J. 1999. "Tinto's Model and Successful College Transitions." *Journal of College Student Retention: Research, Theory and Practice* 1 (2): 163-175.

Turner, A., and T. Berry. 2000. "Counseling Center Contributions to Student Retention and Graduation: A Longitudinal Assessment." *Journal of College Student Development* 41 (6): 627-636.

Twigg, C. 2005. *Increasing Success for Underserved Students: Redesigning Introductory Courses*. Saratoga Springs: National Center for Academic Transformation.

Twomey, J. 1991. *Academic Performance and Retention in a Peer Mentor Program of a Two-Year Campus of a Four-Year Institution*. Alamogordo: New Mexico State University Press.

Umbach, P., and S. Porter. 2002. "How Do Academic Departments Impact Student Satisfaction?" *Research in Higher Education* 43 (2): 209-234.

Umbach, P., and M. Wawrzynski. 2005. "Faculty Do matter: The Role of College Faculty in Student Learning and Engagement." *Research in Higher Education* 46 (2): 153-184.

Upcraft, M., J. Gardner, and Associates. 1989. *The Freshman Year Experience*. San Francisco: Jossey-Bass.

Upcraft, M., J. Gardner, and B. Barefoot, eds. 2005. *Challenging and Supporting: A Handbook for Improving the First Year of College*. San Francisco: Jossey-Bass.

Upcraft, M., and J. Schuh. 1996. *Assessment in Student Affairs: A Guide for Practitioners*. San Francisco: Jossey-Bass.

Valeri-Gold, M., M. Deming, and K. Stone. 1992. "The

Bridge: A Summer Enrichment Program to Retain African-American Collegians." *Journal of the Freshman Year Experience* 4 (2): 101-117.

Valley, P. 2004a. "Entertaining Strangers: Providing for the Development Needs of Part-Time Faculty." In *To Improve the Academy*, vol. 23, edited by S. Chadwick-Blossey and D. Robertson. Boston: Anker Publishing.

——. 2004b. "Faculty Development in Community Colleges: A Model for Part-Time Faculty" In *To Improve the Academy*, vol. 23, edited by Chadwick-Blossey, S., and D. Robertson. Boston: Anker Publishing.

Visher, M., E. Schneider, H. Wathington, and H. Collado. 2010. *Scaling Up Learning Communities: The Experience of Six Community Colleges*. New York: Manpower Demonstration Research Corporation.

Vogelgesang, L., and A. Astin. 2000. "Comparing the Effects of Community Service and Service Learning."*Michigan Journal of Community Service Learning* 7 (Fall): 25-34.

Voorhees, R. 1997. "Student Learning and Cognitive Development in College." In *Higher Education Handbook of Theory and Research*, vol. 12, edited by J. Smart and W. Tierney, 313-370. New York: Agathon Press.

Vuong, M., S. Brown-Welty, and S. Tracz. 2010. "The Effects of Self-Efficacy on Academic Success of First-Generation College Sophomore Students." *Journal of College Student Development* 51 (1): 50-64.

Wagner College. 2010. *Liberal Education and Reflective Practice: Faculty Guide to the First-Year Learning Community*.

Staten Island, NY: Wagner College.

Walpole, M., H. Simmerman, C. Mack, J. Mills, M. Scales, and D. Albano. 2008. "Bridge to Success: Insight into Summer Bridge Program Students' College Transition." *Journal of the First-Year Experience and Students in Transition* 20 (1): 11-30.

Walters, E. 2003. "Editors Choice: Becoming Student Centered via the One-Stop Shop Initiative: A Case Study of Onondaga Community College."*Community College Review* 31 (3): 40-54.

Wang, D. 2005. "Students' Learning and Locus of Control in Web-Supplemental Instruction." *Innovative Higher Education* 30 (1): 67-82.

Warburton, E. C., R. Bugarin, R., and A. Nunez. 2001. *Bridging the Gap: Academic Preparation and Postsecondary Success of First-Generation Students*. NCES 2001-153. Washington, DC: National Center for Education Statistics, U. S. Department of Education.

Ward, K., L. Trautvetter, and L Braskamp. 2005. "Putting Students First: Creating a Climate of Support and Challenge." *Journal of College and Character* 6 (8): 1-5.

Ward-Roof, J. 2010. *Designing Successful Transitions: A Guide to Orienting Students to College*. 3rd ed. Columbia, SC: National Resource Center for the First Year Experience and Students in Transition.

Ward-Roof, J., and C. Hatch. 2003. *Designing Successful Transitions: A Guide to Orienting Students to College*. 2nd ed. Columbia, SC: National Resource Center for the First Year Experience and Students in Transition.

Washington Center News. 1990. *Freshman Interest Groups at the University of Washington: Building Community for Freshmen at a Large University*. Olympia, WA: Washington Center for Improving the Quality of Undergraduate Education.

Wathington, H., J. Pretlow Ⅲ, and C. Mitchell. 2010-2011. "The Difference a Cohort Makes: Understanding Developmental Learning Communities in Community Colleges." *Journal of College Student Retention: Research, Theory and Practice* 12 (2): 225-242.

Wergin, J., and J. Swinger, eds. 2000. *Departmental Assessment: How Some Campuses Are Effectively Evaluating the Collective Work of Faculty*. A Publication of the AAHE Forum on Faculty Roles and Rewards, American Association of Higher Education, Sterling: Stylus Publishing.

White, C. 2005. "Student Portfolios: An Alternative Way of Encouraging and Evaluating Student Learning." In *Alternate Strategies for Evaluating Student Learning. New Directions for Teaching and Learning*, no. 100, edited by M. Achacoso and M. Svinicki, 37-42. San Francisco: Jossey-Bass.

Wholey, J., H. Hatry, and K. Newcomer, eds. 1994. *Handbook of Practical Program Evaluation*. San Francisco: Jossey-Bass.

Wilcox, P., S. Winn, and M. Fyvie-Gauld. 2005. "'It was nothing to do with the university, it was just the people': The Role of Social Support in The First-Year Experience of Higher Education." *Studies in Higher Education* 30 (6): 707-722.

Wilkerson, L., and W. Gijselaers, eds. 1996. *Bringing Problem-Based Learning to Higher Education: Theory and Practice. New Directions for*

Teaching and Learning, no. 68. San Francisco: Jossey-Bass.

Wilkie, C., and M. Jones. 1994. "Academic Benefits of On-Campus Employment to First Year Developmental Education Students."*Journal of the Freshman Year Experience* 6 (2): 37-56.

Wilson, R., L. Wood, and J. Gaff. 1974. "Social-Psychological Accessibility and Faculty Student Interaction Beyond the Classroom." *Sociology of Education* 47 (1): 74-92.

Wilson, S., T. Mason, and M. Ewing. 1997. "Evaluating the Impact of Receiving University-Based Counseling Services on Student Retention." *Journal of Counseling Psychology* 44 (3): 316-320.

Windham, P. 2006. *Taking Student Life Skills Course Increases Academic Success*. Data Trend, no. 31. Tallahassee: Florida Department of Education.

Wolfe, R. 1988. "A Model Retention Program for the Community College."*Maryland Association for Higher Education Journal* 11 (10): 18-20.

Wolf-Wendel, L., K. Tuttle, and C. Keller-Wolff. 1999. "Assessment of a Freshman Summer Transition Program in an Open-Admissions Institution." *Journal of the First-Year Experience and Students in Transition* 11 (2): 7-32.

Wolverton, M. 1998. "Treading the Tenure-Track Tightrope: Finding a Balance between Research Excellence and Quality Teaching." *Innovative Higher Education* 23 (1): 61-79.

Wolverton, M., and W. Gmelch. 2002. *College Deans: Leading from Within*. Westport: American Council on Education / Oryx Press.

Wright, G., R. Wright, and C. Lamb. 2002. "Developmental Mathematics Education and Supplemental Instruction: Pondering the

Potential."*Journal of Developmental Education* 26 (1): 30-35.

Yao, Y., and M. Grady. 2005. "How Do Faculty Make Formative Use of Student Evaluation Feedback? A Multiple Case Study." *Journal of Personnel Evaluation in Education* 18 (2): 107-126.

Young, R., R. Backer, and G. Rogers. 1989. "The Impact of Early Advising and Scheduling on Freshman Success." *Journal of College Student Development* 30 (3): 309-312.

Zachry, E., with E. Schneider. 2008. *Promising Instructional Reforms in Developmental Education: A Case Study of Three Achieving the Dream Colleges*. New York. MDRC.

Zajacova, A., S. Lynch, and T. Espenshade. 2005. "Self-Efficacy, Stress, and Academic Success in College." *Research in Higher Education* 46 (6): 677-708.

Zaritsky, J., and A. Toce. 2006. "Supplemental Instruction at a Community College: The Four Pillars." In *Supplemental Instruction. New Directions for Teaching and Learning*, no. 106, edited by M. Stone and G. Jacobs, 23-31. San Francisco: Jossey-Bass.

Zeidenberg, M., D. Jenkins, and J. Calcagno. 2007. *Do Student Success Courses Actually Help Community College Students Succeed?* CCRC Brief, no. 36. New York: Community College Research Center, Teachers College, Columbia University.

Zhai, M., S. Ronco, X. Feng, and A. Feiner. 2001. "Assessing Student Course-Taking Patterns and Their Impact on College Persistence." Paper presented at the 41st annual forum of the Association of Institutional Research, Long Beach.

Zhao, C., and G. Kuh. 2004. "Adding Value: Learning Communities and Student Engagement."*Research in Higher Education* 45 (2): 115-138.

Ziskin, M., J. Gross, and D. Hossler. 2006. "Institutional Practices and Student Persistence: Extending the Empirical Record." Paper presented at the 31st annual meeting of the Association for the Study of Higher Education, Anaheim.

Zubizarreta, J. 2009. *The Learning Portfolio: Reflective Practice for Improving Student Learning*. 2nd ed. San Francisco: Jossey-Bass.

Zuniga, X., A. Nagda, M. Chester, and A. Cytron-Walker. 2007. *Intergroup Dialogue in Higher Education: Meaningful Learning about Social Justice*. ASHE Higher Education Report, 32 (4). San Francisco: Jossey-Bass.

Zuniga, X., and T. Sevig. 1997. "Bridging the Us/Them Divide through Intergroup Dialogues and Peer Leadership."*Diversity Factor* 6 (2): 23-28.

致谢

首先，郑重感谢过去 20 年来与我共事过的教师以及相关管理人员。本书的完成在很大程度上得益于他们的智慧。我非常感激他们每一个人以及他们所在的学校。

在本书的撰写过程中，我得到了不少人的指导和支持。美国高等教育政策研究所的高级研究助理克利夫德·阿德尔曼（Clifford Adelman）针对一系列问题提出了意见，其中最重要的一条是，根据高等教育中的不同数据，可测算出不同学生的留校率和毕业率。印第安纳大学与普渡大学印第安纳波利斯联合分校负责规划与大学发展部的副校长特鲁迪·班塔（Trudy Banta），帮助我形成了关于学生评价和大学评估的思路。埃尔卡米诺学院负责补充教学项目的路易斯·巴鲁埃塔（Luis Barrueta）对学业支持的相关问题提出了宝贵意见。佩尔高等教育机会研究所的高级学者阿道夫·贝梅奥（Adolfo Bermeo）也是我的老朋友，他启发了我对以下问题的思考，即我们在高等教育研究中使用语言的方式，可能会对我们试图帮助的学生群体造成伤害。他对受忽视的少数族裔学生给予了热情的帮助，这份热忱一直激励着我。阿肯色大学小石城分校（University of Arkansas, Little Rock）副校长查尔斯·唐纳森（Charles Donaldoson）是我的老朋友，同时也是一位经验丰富的管理者。他在学生留校方案的组织和实施问题上提出了宝贵见解。雪城大学高等教育中心主任凯瑟琳·安格斯通（Catherine Engstrom）也是我的同事，她负责完成了有关学习社群的大部分研究，同时多亏她的帮助，我才能有幸倾听到学生的心声，这对于我们的研究是非常宝贵的，让我认识到要想挖掘学生学业成功的根源，倾听学生的心声至关重要。美国国家高等教育管理系统中心副主任彼得·埃威尔（Peter Ewell）在不同问题上都毫无保留地提出了自己的想法和建议。佩尔高等教育机会研究所咨询委员会的成员、宾夕法尼亚州立大学的唐·海勒（Don Heller）和密歇根大学（University of Michigan）的爱德华·圣约翰（Edward St. John）就助学金的相关问题贡献了宝贵的想法和批判性反馈。印第安纳大学招生办副主任、领导力与政策研究中心的教授唐·霍斯勒（Don Hossler）针对招生管理对学生留校率的影响提出了有用的建议。现已退休的斯卡奈塔县社区学院（Schenectady County Community College）学生发展中心前副主任、美国全国学业指导协会前任主席玛格丽特·金（Margaret King）为我提供了有关学业咨询特别是学业咨询方式的重要信息。得克萨斯大学奥斯汀分校的社区学院学生学习投入调查项目负责人凯·麦克伦尼（Kay McClenney），多年来在社区学院事务及其他事务上为我提供了帮助。一直以来，她都是我在评价高等教育研究和政策工作中的引路人。

我还要特别感谢两位匿名审稿人，他们针对本书原稿提出的坦率、有理有据的意见，对于本书的修改和完善起到了至关重要的作用。他们敦厚宽容，投入了大量时间，是同行中的楷模。

我还要特别感谢本书的编辑——芝加哥大学出版社的约翰·特林斯基（John Tryneski），非常感谢他的耐心、理解、充满智慧和幽默的建议。过去几年来，他一直给予我支持，直至本书最终完成，对此我深表感谢。希望所有作者都能像我这般幸运。

我非常感谢文字编辑玛格丽特·马汉（Margaret Mahan）。她是一位非常细心的编辑，为本书提供了深思熟虑的评论和修改建议，不厌其烦地回答我一个又一个问题，大幅提升了本书的质量。

最后，我要感谢已陪伴我走过44载春秋的终身伴侣、我的妻子派特（Pat），以及我的两个女儿凯蒂（Katie）和加布里埃（Gabrielle）。无论经历任何风雨，她们的爱、耐心和支持都一直陪伴着我。我无法用言语描述家人对于我的重要意义。生命中有些事情比著书立说更重要。

译后记

文森特·廷托是美国雪城大学教育学院的杰出教授，长期致力于研究美国高等教育中普遍存在的学生流失现象。他在这一领域的耕耘始于1975年，1987年出版了该领域的奠基之作《放弃大学学业：反思学生流失的原因与对策》(Leaving College: Rethinking the Causes and Cures of Student Attrition)。他在书中提出的学生留校率理论（theory of student retention）是这一研究领域的重要理论之一。1993年，该著作的第二版问世，廷托对该理论进行了修正和完善。不过，廷托教授并未止步于理论层面的探索，他希望通过实践层面的研究为美国高校提供切实有效的行动方案、具体措施和政策建议，指导学校改善学生在学体验，留住学生并帮助学生顺利毕业。又经过了近十年的深入思考和研究，《完成大学学业：反思高校行动》(Completing College: Rethinking Institutional Action) 正式出版，为这段长达30多年的探索历程画上了一个圆满的句号。

当初选择翻译这部学术著作，是因为作为一名高校教师的我想从中找寻一些问题的答案。20世纪90年代末以来，中国高等教育经历了一个快速发展的阶段，而高等教育普及化的弊端也随之显现。尽管辍学、退学或者转学的现象在国内大学中并不常见，但优质教育资源稀释、教育教学质量下滑、学生就业压力增大等问题依旧不容忽视。此外，我感触最深的是，如今不少大学生学业懈怠、目标缺失，出现心理问题的学生似乎也越来越多，学生之间的人际关系因过度竞争而异化。这部著作虽然不是一把万能钥匙，但能为高校管理者和教师反思与解决这些问题带来启示。在第五章，廷托教授分析了影响学生留校率的最重要因素——学业与社会参与。他认为，与教师、朋辈建立起紧密的人际联结，能让学生产生归属感，感受到大学学习与生活的价值和意义，能更好地促进学生取得学业成功。确实，在当今的大学校园，每个人都步履匆匆，很多人无暇顾及他人。"非升即走"或者"要么发表要么出局"（publish or perish）的压力，越来越多地挤占了教师理应投入在教学上以及与学生沟通交流的时间。如果能创造一个相对宽松的大学校园环境，让每位教师都能潜心教书育人，让每个学生都能得到支持和帮助，上述诸多问题是否都会迎刃而解呢？

这部教育学著作面向的读者主要是高校管理者，因此专业性不算很强，理解难度并不算大，但作品中包含了不少美国高等教育领域的专业术语、专有名词及特有表述。对于这些词语的翻译，需要反复查证。如果高等教育文献中已有权威的译名，则需要沿用这些译名；如果尚无，则需要在准确理解含义的基础上选择符合学术惯例的译文。比如，我在翻译第二章中的特有表述"university probation and progression standards"的时候就费了一番周折。当时我查阅了大量国内文献，没有找到现成的译文，也无法照搬词典上给出的汉语解释，只能在查阅"probation"和"progression"在美国高等教育领域中的确切含义之后，再进行翻译。其实，即便是一些日常词汇，在翻译中也不可大意，如第二章的标题"Expectations"，绝不能简单地译为"期望"或者"预期"，须结合章节内容和高等教育的专业语境，翻译为"学业要求"。作为一部学术著作，原文中不可避免地使用了大量逻辑关系复杂的长句，需要译者首先理清句子的主干结构以及小句之间的逻辑关联，再挣脱原文句子结构的束缚，依照汉语表达习惯重新组织语言，尽量避免"翻译腔"。在翻译这部著作时，我还有一个深切的体会：好的译文是改出来的。完成了一部作品的翻译，放一段时间后再读，总会发现一些问题，需要不断地修改、润色和打磨，正所谓"译无止境"。

由衷感谢华中科技大学出版社对我的信任，感谢出版社编辑严谨细致的审稿工作，让我意识到了翻译过程中没有留意到的一些细节问题。还要感谢我的几位翻译硕士李欣文、朱英杰、张宇欣、农晓璐和王怡，她们从读者的视角对译文的修改提出了不少好的建议。最后，非常感谢华中科技大学外国语学院资助这部译作的出版。

李菁

2022 年 6 月